翔安文物

香山文化丛书

 厦门市翔安区文体广电出版旅游局 编

靳维柏　潘志坚　主编

谨以此书献给翔安建区10周年

鸣谢以下单位为丛书出版提供帮助及经费支持：
中共厦门市翔安区委宣传部
厦门市翔安区教育局

编委会

顾　问：罗才福　陈永裕　陈飞铭　黄奋强　林进胜　张　岩

策　划：李云丽　曾东生　林奕田　朱丰收　邵文化

总主编：王才能

主　编：靳维柏　潘志坚

编　委：靳维柏　潘志坚　洪水乾　董丹其　陈海生　陈炳南　蔡伟璇

摄　影：陈海生　董丹其　潘志坚　洪水乾

版式设计：潘志坚

执行机构：  厦门市翔安区文化馆

总序

　　翔安山川毓秀、人文荟萃、历史悠久。

　　翔安前身为马巷厅，据《马巷厅志》记载，古马巷厅治广三十二里，袤五十里，辖翔风、民安、同禾三里共五十八保，辖区为今翔安的大嶝、新店、马巷、内厝、新圩及金门县等地。区名集翔风里、民安里古地名而得，寓意翱翔安康。

　　宋代理学宗师朱熹曾于翔安设堂讲学，翔安因"紫阳过化"而得誉"海滨邹鲁之乡，声名文物之邦"；邱葵、许獬等曾在香山隐居求学；理学名宦林希元、兵部侍郎洪朝选、文坛怪杰辜鸿铭、妇科名医林巧稚、交通部部长彭德清、中科院院士蔡启瑞、"七月诗派"代表鲁藜等翔安优秀儿女更是增光邑乘。因之，境内文化遗存无数，民俗活动丰富。

　　2003年，翔安新区成立伊始，文化部门就着手对区域内的民俗文化、民间艺术、文物古迹进行系统性的发掘、整理，香山文化丛书的编写也全面启动。编写人员采访民间传人，收集一手资料，取精华，去糟粕，汇文字资料一百多万字，集图片五千余幅，收集了大量翔实生动的素材。继而韦编三绝，披览典籍，求证方家，几易其稿，历时十年，终可付梓。

香山文化丛书第一辑收录《翔安印象》《翔安掌故》《翔安民俗》《翔安话本》《翔安文物》五册。《翔安印象》用一千余幅图片直观展示翔安的人文历史、自然景观。《翔安掌故》收录八十余则民间故事，详述间阎情事。《翔安民俗》较完整地描绘翔安的民俗风情，举凡婚丧嫁娶，乡规民约，皆可洞见，信乎"鸟去鸟来山色里，人歌人哭水声中"。《翔安文物》一书是文物普查的结果，通览该书，翔安区内现存文物风貌了然于心。方言是地域文化最重要的载体，是文化多元性的重要特征，《翔安话本》一书厚重而平实，文读雅驯，俚读幽趣，一卷卧看，既可得扪虱之乐，亦可窥乡先贤退食而事教化之功。

厦门文化的根在翔安，香山文化丛书集民间传说，民俗文化，文物古迹，方言文化于一体，是翔安"正简流风，紫阳过化，文教昌明，海滨邹鲁"历史文明的见证。该丛书以丰富的内容、图文并茂的形式阐述丰厚的文化，读者展卷，如阅翔安民俗风情和历史古迹的长卷。

丛书的出版是保护和传承民俗文化所需，是文化强区之举，是展示翔安风土人情之窗，也是联系海内外翔安人感情的桥梁和纽带。这些珍贵的文化遗产，更是供后人学习的乡土教材。

香山文化丛书的出版值翔安建区十周年，我们欣慰，翔安传统文化传承有序，我们期待，今后丛书内容更加丰富。

是为序！

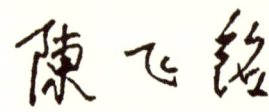

2013年8月于厦门翔安

（序者为厦门市翔安区人民政府区长）

　　翔安地处厦门东部，有悠久的历史和优越的地理环境。其西与厦门的同安区交界，东、北与泉州的南安市接壤，南隔海与大、小金门岛相望，居厦、漳、泉"金三角"中心地带，是闽南地区陆路江海四方通衢之地。自晋太康三年（282年）中央政府对翔安地区设制管辖，属同安县。其后，辖区建制几经变更，2003年区划调整后设立翔安区，辖新店、马巷、内厝、新圩、大嶝、大帽山等五镇一场。

　　经考古发现证实，早在新石器时代，翔安地区就有人类活动；据《厦门志》《马巷厅志》《同安县志》等史料记载，翔安自古以来就是文人荟萃的邹鲁之地。文化积淀深厚，具有丰富的历史遗存，翔安还拥有优秀的革命传统，在反帝、反封建以及对敌斗争中，做出重要贡献，英雄人物辈出。

　　文物是历史文化的载体，是中华民族灿烂文明的直接见证，是不可再生，也无可替代的文化遗产。翔安地区保留有丰富的文物遗存，境内现在保留有理学宗师朱熹题写的"同民安"碑刻，有闻名遐迩的香山岩寺，有见证两岸人民共同抗日的金门县政府旧址等一大批珍贵文物。经第三次全国文物普查，共登录各种、各类文物点433处，包括古遗址27处，古墓葬91处，其中，省级文物保护单位1处，市（区）级文物保护单位和涉台文物古迹19处。

本书以第三次全国文物普查和近年来考古发掘资料为基础，囊括了翔安目前已经掌握的全部文物遗存，集多年文物调查、考古发掘成果之大成，是区委区政府高度重视，文化文物主管部门有力领导和文物工作者辛勤劳动的成果。

本书的出版，将翔安文物遗存的面貌呈献给大家，可以为我区的规划区域发展决策提供参考，有利于文化遗产的保护和利用；也可帮助人民群众更深入地了解本地区的优秀历史与文化，丰富文化生活。本书在多年文物工作的基础上，又经数年编辑而成，书中对文物点的描述客观全面，数据详实，图文并茂，详尽介绍了我区主要文物点概况，是一部功在当代、利在后世的重要文献。

2013年8月

（作者系厦门市翔安区人民政府副区长）

XIANG AN WEN WU MU LU

【翔安文物】	总序	序	古遗址	古建筑	石碑石刻	古墓葬	近现代重要史迹	其他文物	消失文物	文物地图	文物普查掠影	后记
	/1	/1	/1	/28	/310	/328	/418	/456	/470	/484	/486	/487

翔安 古遗址

翔安地区的古代遗址包括聚落遗址、城寨、堡遗址、窑址、道路、桥梁等。

从大嶝岛田墘村东侧山坡采集到的磨制石锛和在琼头村曾山西南坡采集到的磨制石斧分析，早在商周时期翔安地区就已经有人类活动。

宋代，人类活动遗迹已经遍布翔安各地，沿海地区的农耕和渔业已经比较繁荣，如，琼头村的宋代曾山遗址上发现具有闽南建筑布局特点的房屋遗迹、水井遗迹，出土了砖、瓦、瓦当、陶瓷器等建筑构件和生产、生活用具，是东南沿海地区已发掘的面积最大、保存较好、出土文物种类最丰富的宋代聚落遗址。

明代，我国东南沿海地区倭患严重，厦门是福建沿海防倭抗倭的重镇之一，在厦门岛及大陆沿海建有所城、水寨、山寨、讯口、碉楼和烽火台设施，组成综合性防御体系。大嶝是沿海防倭要冲，保留了东蔡南、北寨遗址，义泉等抗倭遗迹。

清代翔安的航运业相当发达，有数支庞大的船队航行于各地，以邱大顺的船队最为著名，在大、小嶝岛有数处造船遗迹，沿海地区还出现和沿习下来许多与海神信仰有关的庙宇和遗址。

厦门地区目前发现的最早窑址属于唐代，翔安境内发现的东烧尾窑、端平山窑、坪边窑即属这一时期，根据其烧制技术的成熟和分布广泛性推断，可能在晋唐时期就开始烧制瓷器。黄厝窑、下宋厝窑为北宋至南宋初期窑址，生产缸胎陶器、青瓷，还生产少量黑瓷、酱釉瓷，部分产品极有可能在当时就销往海外。翔安古代窑址多分布于溪流两侧，这里既有充足的木材作烧制陶器的燃料，又可利用溪水淘洗瓷土、制作器物和产品外运运输。

- 东烧尾窑
- 端平山窑
- 坪边窑
- 黄厝窑
- 下宋厝窑
- 洪山窑
- 方田窑
- 曾山遗址
- 下店宋代居住遗址
- 茂林明代居住遗址
- 钟山遗址
- 肚脐坝遗址
- 虎头寨遗址
- 麒麟山山寨遗址
- 红架寨山山寨遗址
- 红架寨下炭窑遗址
- 金牌寨山寨遗址
- 猪槽寨山寨遗址
- 乌营寨遗址
- 十八弯古道
- 金柄布衣古道
- 古香山岩寺遗址
- 香山东古道
- 香山西古道
- 境仕院遗址
- 广化寺遗址
- 前浯清代排洪沟
- 前浯防御墙遗址

东烧尾窑

位于内厝镇黄厝村东烧尾自然村东北500米白岭溪南侧的东烧尾山坡上。唐代窑址，1974年考古调查时发现，1999年、2005年和第三次全国文物普查时均进行了复查，窑址地表堆积被雨水冲刷流失，窑址范围内堆积层和窑炉基础因挖山取土受到严重破坏。现仅见遗物散布面积约100平方米，未见堆积层。地表依稀可见局部的窑底烧结面及两侧窑壁底层，残长约3米、宽2米、残高0.05～0.15米。此窑以烧造青瓷为主，素面无纹饰，器形有碗、盏、碟、盆、盘口壶、罐，使用环形垫圈、锯齿形垫圈、三叉支钉及喇叭形垫柱等窑具。

端平山窑

位于内厝镇黄厝村内塘边自然村南500米端平山北麓。唐代窑址，1998年考古调查时发现。瓷片、窑具散布于山坡，面积约1 000平方米，遗物堆积层最厚为2米。2009年第三次全国文物普查时新发现山边梯田断壁暴露窑炉残基1处，长度不详，宽17米，残高0.3～0.5米。该窑以烧青瓷为主，器型有碗、碟、壶、罐，器物素面无纹饰，所使用的窑具有三叉支钉和喇叭形垫柱。

坪边窑

位于马巷镇舫阳村坪边自然村西南边村口（香厂旁三岔路口附近树林中），唐代窑址，20世纪90年代初发现，1998年、2005年及第三次全国文物普查时复查。现存遗物分布面积约200平方米，树林中及小路上地表散见碎瓷片及垫柱、三叉支钉等窑具，局部堆积厚度为0.3米。烧造青瓷产品，器型以碗、瓮、罐为主。1998年调查时曾在地层中采集到较完整的青瓷四系大罐，现因建盖香厂、修路及农田建设，窑址破坏严重。

黄厝窑

位于内厝镇黄厝村村内西部，建于宋代。窑址因村民修建房屋而受严重破坏，散落的瓷片、窑具分布于村民的房前屋后，面积约3 000平方米，发现龙窑窑炉遗迹3处，均暴露于房舍旁山坡断面，断面呈U字形，长度不详，宽度2.3～2.7米，残高0.4～1.5米。此窑以烧造青瓷和粗陶器为主，兼烧少量黑釉瓷、酱釉瓷，器形有碗、盏、盆、钵、壶、四系罐，使用直筒形垫柱及圆环形垫座等窑具。其中同类型的四系罐器曾在澎湖列岛及东南亚发现过。

下宋厝窑

位于内厝镇黄厝村内塘边自然村下宋厝村道旁屋后,宋代窑址。遗物堆积暴露于屋后山坡断层,长约5米,厚约3米,其中包含残窑遗迹1处,遗物分布面积约200平方米。产品以青瓷为主,器型有盆、壶、四系罐、带把器,使用环形垫圈、筒形垫柱等窑具。其中同类型的四系罐器曾在澎湖列岛及东南亚发现过。

洪山窑

位于内厝镇黄厝村村北1公里洪山南坡,东南面400米处为许塘内水库,宋代窑址。窑址遗物散见于灌木丛中,分布面积约6 000平方米,小路旁山坡断面暴露堆积层厚度约1米。以烧造青瓷为主,兼烧少量黑釉瓷,器型有盆、执壶、四系罐、带把煎钵,使用匣钵、直筒形垫柱等窑具。

方田窑

位于新圩镇金柄村方田自然村东北500米大帽山西南山麓,清代窑址。窑址已被开发成阶梯状,破坏严重,现为龙眼树林。窑址遗物分布面积约2 000平方米,断面可见最厚堆积1米。此窑以烧造盆、钵、大缸、大瓮等粗炻器为主,使用泥条状大垫圈。

曾山遗址

位于马巷镇山亭村东北1公里的曾山西南坡,为宋代聚落遗址。曾山地处海边,海拔高度约40米,因海水冲刷,部分遗址已经坍塌于海中,形成断崖,西南山腰断壁距地表0.3~0.5米处有房屋和水井遗迹,堆积层长20余米,厚0.2~0.7米。

2008年12月25日—2009年8月25日,经国家文物局批准《考执字(2009)第195号》对该遗址进行了考古发掘,发掘面积1500平方米。

发掘的主要收获

一是获得明确和清晰的层位关系，对该遗址堆积及其形成情况有了清晰的认识和了解。

第（1）层为灰褐色砂土层，现代层；此层下发现有清代墓葬3座。第（2）层为黄砂土层，明代层；此层下发现明代墓葬3座。第（3）a层为灰褐色土，宋代层；此层下发现宋代房址7座和水井1口，其中F1保存最为完整。第（3）b层为红褐色土，宋代层；此层下发现宋代房址3座和水井1口。第（3）b层下即为生土。

二是发现和清理宋代房址10座、水井2口、灰坑5个；明清时期墓葬6座。

二是出土各类文物、标本数百件。

遗址内有大量倒塌建筑堆积，出土大量板瓦、筒瓦、瓦当、花纹砖、铺地红砖及陶瓷碎片，其中瓷片来自众多瓷器品种，有青瓷、青白瓷、黑釉瓷、酱釉瓷、三彩瓷，瓷器主要有厦门同安汀溪窑的青瓷碗、盏；建窑的黑釉瓷碗、三彩瓷烛台；浙江龙泉窑的青瓷瓶、双耳瓶。陶器有瓮、罐、碗、盘、花纹砖等。此外还有铜镜、簪、铁制工具、网坠、海蚌、海螺壳等及开元通宝、元丰通宝、绍圣元宝等，获得各类文物、标本数百件。

学术价值及发掘意义

第一，这次发掘是为了配合厦门环东海域大道的建设而进行的抢救性考古发掘。从发掘的结果看，该遗址为宋代闽南人聚居的完整村落遗存，揭示了沿海居民生产生活的状况及文化面貌。这是厦门地区发掘面积最大的一次考古发掘，是我国沿海地区宋代考古的一次重要的发现。

第二，福建南部的厦门、泉州、漳州及所辖的县市约2.5万平方公里的地域称为闽南地区，晋唐时期汉人南迁，与当地的闽越人接触融合，创造了独具特色的闽南文化，闽南文化随闽南人的迁入和郑成功驱荷复台传入台湾、金门、澎湖。建筑是闽南文化的主要载体之一，闽南文化形成于宋代，但宋代建筑却未保存下来，闽南建筑最早的形式一直不得而知。

此次发现宋代房址10座，代表着早晚两个发展阶段。早期的以F3为代表，房间地面铺灰砖。F1则为晚期代表，它的前部虽局部受到破坏，但院落布局仍十分清晰，保存有房址、天井、水井和排水设施。其中水井（J1）为砖砌的深水井，井内径0.48米，外径0.68米，距现地面约深8.2米。建筑程序是先挖竖坑到含水层后即用红砖从井底层层砌筑井壁，直至井口，井的下部用砖砌成"人"字形结构的井壁，使井壁四周布满空隙，有利于地下水渗入井内；井的上部用红砖错缝叠砌井壁，井圈外还充填灰黑色胶泥，以防止上部雨水等渗入井内，保证井水的清净。井底出土青瓷壶、石网坠等。F1面阔三间，进深两间，大厅地面和门前廊道均铺红色方砖。顶厅后部地面上出土青瓷香炉、宋三彩瓷烛台等，说明这里是供奉祖先的地方。

第三，发现的房址地面均铺红色方砖，此外还发现宋代模印的花纹砖，图案精美而复杂；砌筑水井的砖也饰有水波纹；房基下布列陶制排水管等，这些都说明当时的建筑设计相当科学，有相当高的生活水准和审美观念。

第四,从房屋布局及分布情况看,这里的房屋依山布列,坐西北朝东南,形成较为完整的村落,它们的墙基都叠压在宋代最晚的地层(3)a下,此层为该遗址最晚期房屋的废弃堆积。从出土瓷片等看,当属南宋末年的堆积,从层位可以看出曾山遗址的最晚一期房屋毁灭于同一时期,联系厅内出土物的分布情况,加上厦门发现同类遗址有6处之多,出土的瓷片和砖瓦大体相同。根据史料记载,南宋末帝赵昺等人当时沿着厦门沿海一线南逃。南宋末年,厦门地区战火不断,因而这些村落的毁灭可能与元朝灭南宋的战争有关。

第五,遗址出土的瓷片种类丰富,有本地南宋时期汀溪窑的青瓷产品,有浙江龙泉窑的青瓷瓶、双耳瓶,还有福建建窑的碗、三彩瓷。这些瓷器大多制作精美、质量上乘,既反映当时的瓷器产品在全国各地流通的情况,也反映了当时商品经济的发展状况。

第六,曾山遗址地处曾山的南坡,背山面海且向阳,便于耕种和捕捞,非常适合居住和生活。出土的铁制犁铧形体较大,说明当时农耕技术也比较先进;出土了大量海蚌、贝、螺,且发现数量较多、不同质地、形制不一的陶网坠,说明当时农业和渔业都相当发达,使我们更了解宋代沿海地区的人们(特别是闽南地区的人们)的生产、生活方式,特别是确认了沿海岛屿当时也有较发达的农业,说明我国古代农耕文化的广泛性。

在曾山遗址旁断崖处还采集到商周时期石斧1件。

下店宋代居住遗址

　　位于新店镇西滨村下店自然村北400米的山体南坡，2005年4月厦门文化遗产保护中心与翔安文化部门配合翔安海底隧道翔安建设项目进行考古勘探时发现。遗迹分布面积约200平方米，在农田地表台阶状断层中可见明显的砖铺地面和砖石墙基，堆积厚度约0.5～0.8米，地层中夹杂大量的碎砖瓦和瓷片，其中有宋代风格的方砖、板瓦、筒瓦、莲花纹瓦当及青瓷碗残片，表明此处为宋代居住遗址。

茂林明代居住遗址

位于新店镇茂林村香山岩东北山腰，为明代的居住遗址。遗址坐东北朝西南，村落四面高山环抱，村前为盆地，山腰断壁靠地表处可见乱石叠砌的房基遗迹多处，最大一处长达3米左右，残高0.6米，周围到处可见砗石、水井、方形地砖、筒瓦、青瓷碗盘碎片。

潘林与邻村埔内、西房均由于远处深山，虎狼昼夜出没，人烟稀少，故居民分别迁至马巷林柄、内厝沙溪、新店陈坂等地居住。

钟山遗址

位于新圩镇乌山村大厝内自然村村北150米处的钟山香蕉埔，青铜时代遗址，遗址面积约2 000平方米。1972年发现时，采集到残石器、灰硬陶片和泥质灰陶片等。陶片纹饰有绳纹、篮纹，器型有罐、釜等。现钟山遗址被开垦为果树园，四周被龙眼树所包围。第三次全国文物普查时，在遗址所处地域发现大量砖块、瓦片等瓦砾堆积。

肚脐坝遗址

位于新圩镇新圩村与诗坂村之间，修建于明代，残长200余米。坝址呈东北—西南走向，基宽18～20米，顶宽7.5米，高3.5～4米，以粘土夯筑而成，断面呈梯形，两侧斜坡呈二三级台阶状，坝基表土中包含宋代青瓷片。现坝上生长杂草，有少量龙眼树，坝址两侧为农田和菜地。此坝原为溪中拦水坝，据传是明代一位施姓将军所建的水利设施，用于灌溉农田，现已废弃。

虎头寨遗址

位于大嶝镇东埕社区东蔡自然村东500米小山丘（虎头岩）上，古时称东蔡北寨，俗称"虎头寨"。虎头山现相对高度约25米，原四周为海，现已填海为田，距海约100余米，山丘下建有凭吊明代抗倭英雄的小庙。据大嶝田墘郑氏族谱《金嶝实录》记载："嘉靖丙午（1546年）间，倭寇奔驰，我嶝筑南北二寨，一曰'跨鳌'，一曰'虎头'。"嘉靖三十八年（1549年），抗倭民众在壮士谢三率领下英勇抗击渡海犯境之敌，但因被绊索绊倒而不幸殉难于寨下井旁，因失去指挥致使民勇溃退，敌寇则乘胜劫掠诸乡，谢三母亲亦被害。北寨即"虎头寨"，现在仅保留很少的部分，似孤立的土柱；南寨即"跨鳌"，位于大嶝岛南侧的阳塘社区，遗址今已不存。

麒麟山山寨遗址

麒麟山山寨遗址位于翔安区新店镇霄垅社区原耕山队队部对面的岩石山山冈上，西北距耕山队队部300米，距内厝镇黄厝村东烧尾自然村约3公里，西南为南安石子厂，地处厦门翔安与泉州南安交界，地理坐标为北纬24°37′48.5″，东经118°20′31.7″，海拔高度139米。

该山寨修建于明代，南北长约62米，东西宽约48米，占地面积约2876平方米。寨墙为块石与条石垒砌，内外两面砌筑石墙，中间填以鹅卵石，石墙砌筑比较规整，宽1.2~3.8米，高0.5~2.8米，现在寨址周围植被茂密，东北侧以松树、柏树为主，西南侧以马尾松居多。寨墙因雨水冲刷和植树造林搬动墙体的石块而受到局部破坏。

据当地群众传说，明代时，此山寨北侧200米处有一条古道，是刘五店附近沿海的商人到泉州、南安经商和学子赴泉州府赶考的必由之路，土匪修筑此山寨隐藏于其中，在光天化日之下明目张胆地拦路抢劫，因此，当地百姓将其俗称为"麒麟山土匪寨"。

红架寨山山寨遗址

　　红架寨山山寨遗址位于翔安区大帽山农场场部北1公里处的大寨山顶峰,西北山脚下为大帽山农场寨仔尾自然村,与东岭尾山遥遥相对,地理坐标为北纬24°46′59.4″,东经118°18′03.3″,海拔高度427米。

　　该山寨修建于明代,寨墙环山而筑,平面呈东北—西南走向,东西长约120米,南北宽约80米,占地面积约9 600平方米。寨墙东北处残宽3.2米,残高1.7米;西南处残墙宽2.5米,残高1.5米。寨墙为块石和条石垒砌,两面为石墙,中间填以黄土并夯实。现遗址及四周被杂草灌木所包围,地表采集不到文物标本,因此难以确定具体年代,有待进一步调查和考古发掘。

　　据当地群众介绍,明代东南沿海屡遭倭患,因此各地多建有山寨,以抵御倭寇的袭扰,红架寨即是当时闽南地区抗击倭寇的重要山寨。

红架寨下炭窑遗址

位于新圩镇金柄村金柄自然村红架寨下南坑山沟旁,距古宅以东大帽山坳1公里,明代炭窑遗址,坐西北朝东南。窑址所处地带灌木丛生,炭窑从外及里,从大到小,分为2个窑门,2个窑室(胆),占地面积约150平方米。窑壁四周为岩石,顶部左右设有两个排气孔。前窑门宽1.4米,高1.8米,窑室呈圆形,直径3.4米,高2.4米,排气孔长0.35米,宽0.20米;后窑门宽0.95米,高1.8米,窑室直径2.4米,高2米。

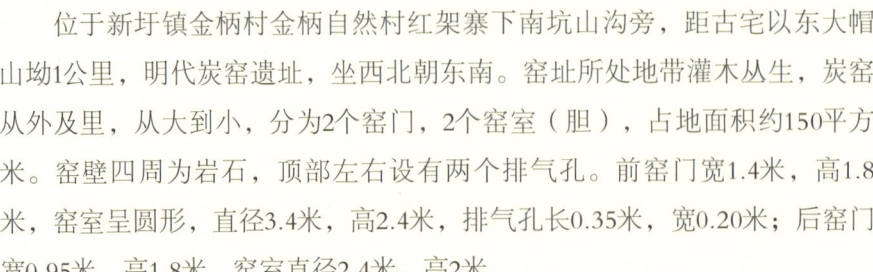

金牌寨山寨遗址

金牌寨山寨遗址位于翔安区新圩镇桂林村金牌寨山山顶,东北距桂林村果树场500米,地理坐标为北纬24°42′47.3″,东经118°17′07.8″,海拔高度280米。

金牌寨建于明代,寨墙环山而筑,南北长约50米,东西宽约30米,面积约1500平方米。寨门坐东北朝西南,寨墙宽约1.5~2.2米,残高0.5~2米,墙体为块石和条石垒筑,两面为石墙,中间填以黄土并夯实。据传,金牌寨的寨主与内厝镇新垵村乌营寨的寨主为同胞姐妹。

现在金牌寨遗址内及四周均为灌木和杂草,地表采集不到文物标本,具体年代难以确定。

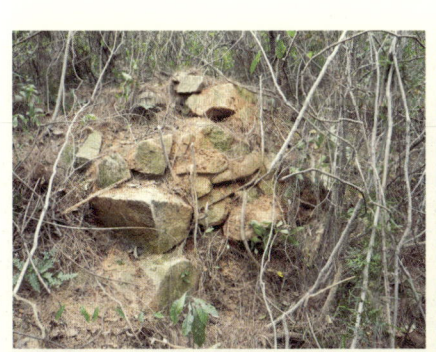

猪槽寨山寨遗址

猪槽寨山寨遗址位于翔安区大帽山农场猪槽寨山顶部，西南约1公里为大帽山三角梅风景区和发电站，地理坐标为北纬24°46′38.0″，东经118°19′45.7″，海拔高度216米。

该山寨建于明代，东北—西南宽30米，西北—东南长约300米，占地面积9 000平方米，因平面形似猪槽，故名猪槽寨。寨墙墙体由块石和条石垒砌而成，两侧为石墙，中间填以黄土并夯实，寨墙残高1.5米，厚2~2.6米。寨门坐东北朝西南，宽2.8米，厚2.5米，残高2.1米。遗址内及周围树木茂密，以杉木、水枫和相思树为主。此遗址是福建省同时期、同类遗址中规模最大的山寨之一。山寨石墙砌筑比较规整，且位于人迹罕至的山巅，保存得相当完好，但由于寨内林木茂密，除寨墙外其他遗迹无法了解，有待进一步调查和考古发掘。

乌营寨遗址

乌营寨遗址位于翔安区内厝镇新垵村东北部旗杆仑，山仑脚下为内厝镇新垵村的沙溪、花枞自然村，地理坐标为北纬24°41′32.9″，东经118°18′08.2″，海拔高度266米。

据传说，乌营寨修建于宋仁宗庆历三年（1043年）。山寨分为东西两寨。东寨在上世纪七八十年代因新垵村开荒种植茶园被拆毁，拆下来的石块被用来垒筑茶园的田埂。西寨东距内厝镇琼坑村约557米，海拔高度266米，占地面积约30万平方米，寨墙厚1～1.5米，残高0.8～2.5米，现在残存长度约250米。两面用块石和条石砌成石墙，中间填以卵石。寨门坐北朝南，门前原有一座占地面积6平方米的小楼，修建的年代不详，2008年修筑小路时被拆毁，小楼前有一条长约800米的山沟。现在山寨遗址四周植物茂密，以常绿林杉木、松柏和相思树为主。

据当地群众传说，乌营寨的寨主与新圩镇桂林村金牌寨的寨主为同胞姐妹，当年杨文广征西南，围剿此土匪寨时，牺牲于此的宋军士兵可谓血流成河，因此，当地群众将乌营寨寨门前的这条山沟称为"广卫坑"。按传说，乌营寨的年代为宋代，金牌寨的年代为明代，两寨主不可能是同胞姐妹，至少有一个是错误的。由于植物茂密，采集不到文物标本，因此，具体年代难以确定，只有通过考古发掘对两个山寨进行断代，才有可能判断其相互之间的关系。

十八弯古道

位于新圩镇古宅村后壁山西北坡，始建于唐代，宋代重新修整拓宽。古道现长约700米，宽0.8～2米，以不规则块石、卵石铺砌成坡状，逢陡坡处皆加砌石台阶。古道沿山坡蜿蜒盘转而上，直达山巅云中雁，因途中共有18个弯，故名"十八弯"。原大帽山农场寨仔尾自然村大埔路旁立有宋景定元年（1260年）石碑1方，碑高0.35米，宽0.38米，阴刻行书8行，碑文为"郑公祥化忌经并自舍，又僧妙谦十千足，计为（钱）乙伯（壹百）贯足，铺修此路，计八百余丈，以济往来。景定元年记"，载述郑祥化和僧人妙谦为方便旅人往来，合力捐款修路800余丈之事，石碑现藏同安博物馆。

古宅村自古就有"小官商"之称，古道是古代同安通往泉州的重要商贸通道，也是古代同安学子赴外赶考的主要道路。

1984年公布为县级文物保护单位。

金柄布衣古道

位于新圩镇金柄村金柄自然村东北方向的"上帝公宫"岩下，修建于明代，东西走向。古道现长约580米，宽0.8~1.5米，占地面积约667平方米。以不规则块石、卵石铺砌成坡状，古道沿山坡蜿蜒盘转而上，直达"上帝公宫"门口，向北拐与大帽山山路连接，近山峰路旁竖有一块石碑，镌刻"布衣古道"四个大字，碑高0.95米，宽0.62米。

古道为明晚期著名学者黄季韬（时人称之为"理学布衣"）倡修，故称"布衣古道"。此古道为翔安北部区域古代通往泉州的重要商贸和学子赴考的主要道路。

古香山岩寺遗址

位于香山南面山腰,始建于南宋年间,毁于清代。遗址分布在香山岩寺及徽国文公祠四周的空地及小山坡上,分布面积约15万平方米。其中香山岩寺后方东北20米、山体断面距地表0.3米处暴露有堆积层,长约5米,厚约0.5~0.8米,包含物可见宋代砖、瓦及青瓷片等,夹杂大量海蛎壳。香山岩寺前80米处的山体旁地表断层处发现遗物堆积层,包含物有宋代青瓷片及砖瓦等。香山岩寺前空地及徽国文公祠南侧空地在基建平整挖掘沟渠时发现大量遗物、遗迹,在地表下0.3~1米处发现大量早期庙宇、房基及石柱础等遗迹,采集到的标本有宋代青釉、青白釉、酱釉的碗、碟、盏等器物残片,莲花纹瓦当、筒瓦、板瓦以及多达22种的宋代铜钱,其中有典型的宋代同安汀溪窑生产"珠光青瓷"碗,还有明清时期的建筑砖瓦及青花瓷片等。

香山东古道

位于香山岩寺东南500米，莲叶西坡山腰，始建年代不晚于明清，后经多次修筑，自古是陈坂村方向游人和香客通往香山岩寺的主要通道。古道呈东南—西北走向，长约30余米，宽0.8～2米，由条石或块石顺山坡铺砌成坡道和石阶，并于坡道上方于岩石上凿刻19级石阶。今古道与通往寺院的水泥路交汇，路旁建有方亭，供行人歇息。

香山西古道

位于香山岩寺西面500米小西山西坡，始建年代不晚于明清，自古是吕塘村、大宅村方向的游人和香客通往香山岩的主要通道。古道长500余米，宽0.8～2米，东西走向，以块石顺山坡修筑，于近坡顶的大岩石上凿刻43级石阶，宽0.8～1米，长约15米，因长期使用，石阶平整光亮，棱角多有磨损，反映了古代香山岩寺院的香火鼎盛。

境仕院遗址

位于新圩镇桂林村七里自然村东北部，"出米岩"西面山麓在建的"大觉禅寺"西南80米处。宋代寺庙遗址，地表为龙眼树林，村民在掘开两个长1.5米，宽1.2米，深0.8米的树坑时，发现地下有砖块、地面砖和墙基遗迹。墙基共四层，波纹砖上面装贴边长0.38米，厚0.045米的花纹砖，花纹砖以双凤为题材，采用环形构图，四个角落配以蝙蝠纹样。还发现一块直径0.4米的柱础石。

据调查，遗址原寺名为"洞宫"（唐宫），后因有学者隐居寺中遂改"境仕院"。该寺供奉红脸清水祖师，村中前辈曾经在耕作中发现一尊樟木雕清水祖师神像，可惜毁于"文革"中。相传境仕院原住有99名和尚，均为武僧，属南少林一脉。

广化寺遗址

位于内厝镇前埯村沙溪自然村西北、乌营寨与小盈岭之间的山坳，海拔高约200米。始建于五代至宋，具体年代不详，寺院已废，依尚存寺院门埕之挡土墙体走向判断，寺院坐东北朝西南，占地面积约8 000平方米。遗址现场保存有2根圆柱，长2.35米，直径0.32～0.35米；1根残柱，长0.96米，直径0.376米；1个柱础，直径0.3米；1块挑檐石，长1.2米，宽0.25米；1块花岗岩阴榫石，长0.9米，宽0.25米；门埕挡土墙，长约35米，高2.8米。

"广化"意为扩大教化，《马巷厅志》载："广化山，在民安里九都，上有广化寺，故名。今寺颓废。寺后有寨，系民人筑以御寇，寨成而寇平号曰太平寨。"

前浯清代排洪沟

位于新店镇前浯社区的村落中部,始建于清道光八年(1828年),民国二十三年(1934年)重修,部分沟壁改以花岗岩条石砌筑,2005年水沟尾端再次重修,改为喇叭形沟面,水沟南北走向。原始沟壁以三合土和碎瓦砾夯筑,沟宽1.56~1.7米,沟深0.95~1.3米,通长约3 000米,占地面积约5 460平方米。清代在水沟的首尾两端各建有一座镇水宫,构造风格类同,花岗岩条石墙裙,红砖墙体,三合土抹面,硬山顶,"凤"字脊。源头为"英列堂",座东南朝西北,面阔5米,进深10.5米,主体进深5米,高4.5米,前有过水亭,面阔4.5米,进深3米。另,距前浯海岸线1 500米入海处有一座"九万堂",座北朝南,面阔4.5米,进深5.5米,高4.4米,越南归侨苏马驾为宫宇题撰对联"三弯九折水同归 万株一本泉渐进"。

排洪沟起点与终点各挖了一口小潭,距离出海口1 900米处(沟中段)有两口并列形如银镜的大潭,美称"美人窟曲"。水沟2 500米处,有一段完整的清代三合土沟壁,长约100米。排洪沟为越南华侨郑运金、石江汉、杨靴、苏马驾捐资所建。

前浯社区居民共有1 100人,7个姓氏:石、杨、苏、吴、陈、林、郑。各族群的自然村落以这条沟命名为"沟东"和"沟西","沟东"房屋坐东朝西;"沟西"坐北朝南。

前浯防御墙遗址

前浯防御墙遗址位于翔安区新店镇前浯社区东部，其西侧为前浯社区民居，东侧4米有一排百年大榕树，东南200米即为海岸线，地理坐标为北纬24°33′33.7″，东经118°15′19.2″，海拔高度为9米。

前浯防御墙修建于清代，绕前浯村修建，全长约6 000米，现残存三段，呈南北走向处于前浯村东48—51号民宅东侧之间，长度合计约30米，宽0.4米，高0.1～1.7米。墙体以乱毛石和三合土筑成，在墙的中部每隔1.5米有一个枪眼，直径约0.06米。

清代，由于前浯村地处福建沿海，全村约60%的青壮年漂洋过海外出谋生，村里只留下老幼和妇女儿童，当时沿海地区经常遭到海盗袭扰，为保护村寨安全，郑运金、石江汉、杨靴、苏马驾等越南华侨集资修建了这道防御墙。

2004年，前浯社区为配合新农村建设，在前浯防御墙遗址上新修建了400米新墙，与原保存下来的三段防御墙相接。

古建筑

  建筑是历史文化的重要载体，其时其地建筑代表了经济发展的水平、文化观念及风俗习惯，记录了时代的变迁。古代建筑大多原在地面上，随着年代的远去，许多逐步消失在人们的视野中，成为地下的遗迹；有些则由于不断地进行修缮和翻建，得以保存。翔安地区的古代建筑以民居、宗庙为主，寺院、碉楼也不少，学校等公共建筑较少。

宫庙寺庵

翔安宫庙寺庵建筑平面布局一般为前后两殿，中为天井或方亭，以闽南地产白色花岗岩为墙基和墙裙，砌红色砖墙，木构梁架建筑，始建年代多为明清，年代最早的当属位于大帽山农场的唐代甘露寺和小盈岭上的大士寺。由于年代久远、多雨潮湿、大风高温或战乱火灾等自然和人为原因，明清以前的建筑都没保存下来，明清以后的一般也都经过后代多次翻修或重建。这些建筑用各种纹饰繁缛的青石雕装饰，大量运用黄色或绿色琉璃筒瓦，彩色陶瓷，琉璃堆贴、堆塑及夸张翻卷的燕尾脊装饰屋顶。保存下来的建筑构件中清代的占绝大多数，一般有花岗岩的墙基、墙裙、墙堵及烟炙砖，各种石雕板、抱鼓石、石柱础。其中，元威殿的番莲纹柱础、青龙白虎纹青石壁板为境内所仅见；城隍庙、庆元堂、凤仪庙门廊及檐廊装饰考究，门旁两侧墙堵镶嵌对称的花岗岩麒麟纹石板、辉绿岩夔龙纹漏空窗及透雕人物故事纹石板；圆通庙的浮雕人物故事、飞禽走兽纹方形柱础及"佛号"石碑极具特色。

古代翔安的宫庙寺庵内除供祀佛教、道教、儒教等主要神祇外，还供祀诸多民间信仰神，主要有保生大帝、天后妈祖、开漳圣王、清水祖师、关帝圣君、玄天上帝、注生娘娘、池府王爷及三府王爷，这些神祇大多在清代及民国时期分炉至台湾、金门、澎湖，因此每年都有大量台湾民众返乡寻谒祖庙、进香祭拜。

保生大帝是翔安民间普遍信奉的神祇，保生大帝为宋代闽省著名民间医生吴夲的敕赐封号。吴夲（979—1036年），字华基，号云冲，同安白礁人，行医济世，医德高尚，医术高明，卒后被北宋仁宗追封为"妙道真人"。明成祖时，吴夲又被追封为"保生大帝"，被民间尊为"吴真人""大道公"。历代相沿以崇奉庙祀，明清时期香火远播台湾及东南亚地区。厦门青礁慈济宫为各地保生大帝分炉庙宇之祖宫。

马巷元威殿是闽台池王爷的开基祖庙，池王爷信仰于明末清初传入台湾，至今以其为主神的宫庙就有300多座。

- 马巷城隍庙
- 文武庙
- 元威殿
- 普玄宫
- 同美基督教堂
- 泉威殿
- 龙威殿
- 香山岩寺
- 清泉岩庙
- 龙腾宫
- 积善庵
- 双峰宫
- 庆元堂
- 普陀岩（狮岩）庙
- 圆通庙
- 澳头广应宫

- 金欧殿
- 白云寺
- 普佑宫
- 威显宫
- 盈岭古寺（大士寺）
- 三宝殿
- 崇春堂
- 凤仪庙
- 大寮灵宫
- 青龙寺
- 南泉堂
- 甘露寺
- 三王府（震威殿）
- 小嶝章法寺（隐藏院）
- 小嶝英灵殿

马巷城隍庙

该庙位于马巷镇翔安第一中学南侧100米。清乾隆四十年（1775年），析同安民安里，翔风里，同禾里的五、六、七都设"马巷厅"。按清朝祀典，"凡有地方官住所地，必须建城隍庙、文武庙、妈祖庙及保生大帝庙，为地方官员朔望拈香之所"，时任通判万友正依制建城隍庙于孔沟路头，嘉庆十二年（1807年）迁此重建，光绪十三年（1887年）重修。1933年废圮，1989—1991年重建。坐东朝西，前中后三殿，各殿之间相隔天井，天井两侧为六檩卷棚顶亭廊，屋面均以黄色琉璃筒瓦铺设。城隍庙面宽10.8米，总进深35.2米，占地380平方米。前为过殿，面阔三间，前部为檐廊，中为凹形门廊，设大门及两侧边门，门楼式屋顶，为歇山顶燕尾脊，正中屋顶高于两侧屋顶；中为正殿，厅堂宽敞高大，面阔三间10.8米，进深三间10.2米，抬梁构架，硬山顶，燕尾脊，殿内供奉城隍公、十八司官和注生娘娘等；后殿亦为厅堂，面阔三间10.8米，进深三间7.3米，抬梁式构架，硬山顶燕尾脊，供奉观音菩萨。前殿门廊仍保留有清代石构墙裙"柜台脚"及墙堵镶嵌的浮雕麒麟纹石板，龙凤牡丹纹枋板，透雕龙凤牡丹纹青石窗、楹联石柱等。

马巷设厅时，属泉州府，辖今翔安及金门等地，因此，今金门、澎湖一带多有马巷城隍庙分炉，善信众多。马巷供奉城隍公，每年春秋两祭，为翔安地区重大的民俗庙会活动。

1993年公布为县级文物保护单位，2001年公布为厦门市第一批涉台文物古迹。

文武庙

该庙位于马巷镇翔安第一中学南侧100米,即马巷城隍庙北侧。原庙于清嘉庆十三年(1808年)动工兴建,三年建成。民国时,庙宇荒凉,该庙先后成为过往军旅驻足之所,后又改建成地方学校校舍。2002—2005年,重新拆建落成。坐东朝西,前中后三殿,其平面布局及建筑规模、风格与城隍庙基本相同,仅屋顶不同,为绿色琉璃筒瓦。文武庙面宽三间10.8米,总进深35.2米,占地面积约380米。前殿面阔三间,前部为横向檐廊,中为凹形门廊,设大门及两侧边门,门楼式屋顶,为歇山顶燕尾脊,中间屋顶抬高于两侧屋顶。中殿为厅堂,宽敞高大,面阔三间10.8米,进深三间10.2米,硬山顶,燕尾脊,厅内供奉关帝。后殿亦为厅堂,面阔三间10.8米,进深三间7.3米,抬梁式构架,硬山顶燕尾脊,厅内供奉"文圣贤儒"三人,分别为"至圣孔子""至贤孟子""至尊朱子"。此庙保存少量清代建筑构件,有前殿檐廊两端檐墙石墙裙、"柜台脚"和门旁的一对雕花螺纹抱鼓石。

元威殿

又名元威堂，俗称池王宫，位于马巷镇马巷街218号。始建于明万历年间（1573—1620年），原址在马巷镇五谷市的榕树下，明天启年间（1621—1627年）迁建今址，先后经乾隆二十九年（1764年）、1915年、1982年重修、重建及拓建，民国六年（1917年）于殿前修建马路。现存庙宇翻建于1995—1996年。坐西朝东，前后两殿，中有卷棚顶方亭相连接，左右两侧各一小天井，面宽7.5米，总进深15.5米，占地面积约120平方米。前落为凹形门廊，中为正门，两侧边门，面阔三间，进深两间。穿斗梁，硬山顶，双燕尾脊，两坡各有四条垂脊，装饰华丽。后落为主殿，面阔三间7.5米，进深三间8.5米。抬梁式梁架，硬山顶，燕尾脊，殿内正中供奉池府王爷池然。殿内保存明代番莲纹石柱础、覆盆式柱础、灵芝纹抱鼓石、莲花纹台阶及清光绪六年（1880年）彩绘青龙、白虎石板。门前立有民国六年（1917年）《重修碑记》。

池府王爷，名池然，字逢春，南京人，明万历进士，相传其任职闽南时为拯救万千生灵服瘟神害民之毒而死，乡人感德建庙以祀。王爷崇拜是闽南沿海民俗文化的重要内容，明末清初对池王爷的信仰传入台湾，至今台湾以池王爷为主神的宫庙有300多座。此殿为闽台及东南亚池王爷的开基祖庙。

1991年公布为县级文物保护单位。2001年公布为厦门市第一批涉台文物古迹。

普玄宫

　　位于马巷镇同美社区塔埔自然村西。始建于明洪武年间,民国十五年(1926)重修,1988年再次重修,坐北朝南。前后两殿,中有卷棚顶方亭相连接,左右两侧各一小天井,面阔三间8.5米,总进深三柱14.5米,占地面积约221平方米,建筑面积123.25平方米。前落为凹形门廊,中为正门,两侧边门,檐廊侧堵泥塑两尊神像。通长檐廊与凹形门廊原为木制墙体,现改以清水烟炙砖砌筑,面阔三间4米,进深两间,过水亭进深2.5米,院墙上镶嵌彩绘青龙、白虎石板。内有楹联为"不受荣禄封大帝　无私奉献称真人",结构为穿斗梁,硬山顶,双燕尾脊,两坡各有四条垂脊。后落为主殿,面阔三间8.5米,进深三柱8米,抬梁式梁架,硬山顶,燕尾脊,殿内正中供奉保生大帝。

同美基督教堂

位于马巷镇同美社区同美自然村78号，建于清代，1994年重修。坐西北朝东南，为清同治四年（1865年）李贻胎创建的厦门首家基督教堂。单间礼堂式建筑，墙体砖木结构，面阔9.8米，进深一间15米，木构梁架置于砖墙上，双坡瓦楞屋面，硬山顶。前院进深10.5米，南侧为带阳台门面，"人"字形女儿墙浮雕"十"字的上方镌刻"同美基督教堂"，建筑面积147平方米，占地面积约350平方米。

"同美基督教堂"于清同治四年（1865年）由李贻胎创办；清同治十三年（1874年）由郑其文传道；民国二十年（1931年）起由于历史波折荒弃近八年；1966年"文革"开始，宗教活动被禁止；1980年杨民怀主持会馆恢复聚会。

泉威殿

位于马巷镇下苏巷55号旁，原殿址及始建年代不详，20世纪90年代，在刘氏家庙遗址上重建。坐北朝南，砖木石建筑，面阔一间，进深一间，正面开设三门，面宽3.8米，进深5.5米，通高约5米，条石墙体，木构梁架，硬山顶，燕尾脊。堂前设立神龛供桌，供刘锜像，悬匾"忠精贯日"，款落"宋高宗书赠刘武穆 马巷 刘氏裔孙 立"。

刘锜（1098—1162年），南宋抗金名将。曾任枢密副都承旨，卒后赠开府仪同三司。

龙威殿

　　位于马巷镇后滨社区后滨自然村中,始建于明万历七年(1579年),坐西朝东偏南,前后两殿,中有卷棚顶方亭相连接,左右两侧各一小天井,面宽6.3米,总进深11米,前埕进深45米,占地面积约353平方米。建筑面积69.3平方米。前落为凹形门廊,中为三川门,面阔一间,进深二间,穿斗梁,硬山顶,双燕尾脊,两坡各有四条垂脊,装饰华丽。后落为主殿,面阔6.3米,进深三柱8.5米,抬梁式梁架,硬山顶,燕尾脊,殿内正中供奉池府王爷池然。宫殿正面及塌寿内保存明代花岗岩麒麟浮雕、莲花纹台阶、柜台脚角牌等石构件,清乾隆年间历任福建海坛镇总兵、铜山参将,闽浙水师提督李长庚在殿三川门正中门柱题书楹联为"龙威昭日月有德而感四海　殿宇贯山河无私乃圣五洲",门前立有《池然简历碑记》(1996年)。

香山岩寺

位于新店镇红山果林场香山南面山腰,始建于南宋建炎元年(1127年),原坐西朝东,明洪武九年(1376年)重建时改为坐东朝西偏北,清代多次维修,1992年再修。寺为前后两殿,中为天井,面宽12.6米,总进深26米,近年于两侧仿闽南古厝形式增建护龙,总面宽为32米,占地面积800多平方米。前殿面阔三间,中立墙分隔出前后檐廊,正中设大门,门上悬匾"香山岩",落款"同治丙寅年三月",抬梁式梁架,明间高出两次间,明间为歇山顶,燕尾脊,次间为硬山顶,燕尾脊。后殿为厅堂,面阔三间12.6米,进深三间12.2米,抬梁式梁架,硬山顶,燕尾脊。前后殿之间天井两侧各凿方形丹池一口,引山泉流通庙前的放生池。寺前有广场和日月池,通道旁保留着清代莲花石柱、石狮柱及一对元明时的旗杆石。

此建筑保留较多明清时期建筑石构件，前殿门墙四周嵌有清同治五年（1866年）二十四孝题材、刀马人物故事及青龙、白虎等纹饰的辉绿岩浮雕石板，后殿还保留着文形、覆盆式石柱础及方形、梭形石柱，其中檐下梭形石柱题刻"道光甲午年""邑惠蔡文霸弟子石柱叩谢"。

寺内收藏有重建僧舍石刻，为长条形门楣石板，长1.6米，宽0.33米，厚0.168米，石刻两端浮雕花纹，中间阴刻楷书"明洪武丙辰年正月，香山岩兴（建僧舍）五间，同安嶝山保立石"。该石刻于1996年在香山岩遗址前30米处出土。该寺另藏有民国十一年（1922年）制石香炉1件。

该寺主祀清水祖师（大祖），自安溪分炉，信众遍布台湾各地，主要在台北、澎湖、金门等地。1996年公布为县级文物保护单位。

清泉岩庙

位于新店镇祥吴村后山自然村东面400米处的后山岩（天宝山），始建于明代，清嘉庆十八年（1813年）重修，20世纪60年代被毁，1981年、1998年重建，采用钢筋混凝土梁架。坐南朝北，前后两殿，中为天井及两侧廊道，面宽9.8米，总进深18.4米，占地面积约170平方米。前殿面阔三间，前部为檐廊，中为凹形门厅，门上嵌有"清泉岩"石匾，明间屋顶抬高，硬山顶，双燕尾脊。后殿面阔三间9米，进深三间9.5米，硬山顶，燕尾脊，奉祀清水祖师（二祖）、玄天上帝、注生娘娘。正面门廊檐柱有清同治元年（1862年）题刻的楹联"清似澄冰神光普照　泉如法雨德泽咸濡"，天井廊道两侧立有1981年"捐献清泉岩名碑"和"集体捐献碑"，后殿内神龛前陈设清嘉庆十八年（1813年）长方形龙纹双铺首四足石香炉一件。

寺庙两侧分列新建二层楼式的钟鼓楼，面阔一间7.2米，通进深三间19.4米，楼顶前部为歇山顶，后部为平台屋顶。

龙腾宫

位于新店镇刘五店东部,始建于明代隆庆年间(1567—1572年),清乾隆、光绪及1932年多次重建及修葺,1990年重新翻建。坐东朝西,前中后三殿,前中殿之间和中后殿之间均有小天井,两侧廊道,面宽9米,总进深26米,占地面积约240平方米。前殿面阔三间,前部为檐廊,中为门廊,门上悬匾"龙腾宫",背后为檐廊,硬山顶,双燕尾脊。中后殿均为钢筋混凝土结构,硬山顶,燕尾脊,中殿奉祀保生大帝、妈祖,后殿奉祀佛教神祇。宫庙中保留较多清代建筑石构件,前殿正面有1对清代蟠龙柱及柱础,门两侧墙裙有1对麒麟纹石雕板,中殿前有八棱形檐柱及八棱形石柱础,檐柱题刻楹联"慈航普济大振声灵 法界重光聿新气象",后墙墙裙有麒麟纹石雕板。宫内还保留有浮雕麒麟纹碑座。

积善庵

位于新店镇霞浯村南部,始建于明嘉靖年间(1522—1566年),清道光九年(1829年)重修,1985年翻建。单体建筑,面阔三间9米,进深三间8.5米,前部为檐廊,占地面积约80平方米,抬梁式梁架,硬山顶,燕尾脊,厅内悬匾"慈航普照",奉祀观音神祇。檐廊正面墙堵两侧嵌有清代凤凰麒麟纹、鹤鹿纹石雕板,檐廊两端边墙嵌有清道光九年(1829年)"重修积善庵捐金碑"和清道光十年(1830年)"朱夫子上大人诗"两方石碑。

双峰宫

位于新店镇炉前村双过山自然村西部,始建于清代,20世纪90年代重修。坐东朝西,前后两殿,中为天井及两侧廊道,面宽7.4米,总进深13米,占地面积约100平方米。前殿面阔三间,前部为檐廊,中为凹形门廊,正中大门,两侧边门,后部为廊道,明间抬高,硬山顶,双燕尾脊,绿色琉璃瓦屋面。后殿为厅堂,面阔三间7.4米,进深两间6米,抬梁式梁架,硬山顶,燕尾脊,厅堂内奉祀保生大帝。

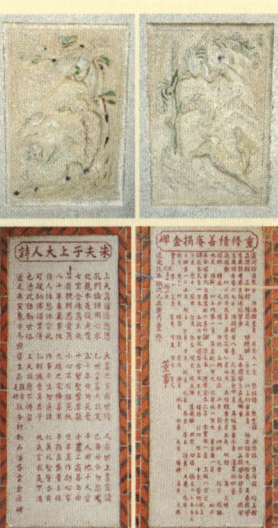

庆元堂

位于新店镇彭厝村南部环村路北20米。始建于清道光十三年（1833年），光绪三年（1877年）、民国八年（1919年）、1960年多次翻修、修葺。坐东北朝西南，前后两殿，中有方亭连接，两侧小天井，面宽8.5米，总进深15.5米，占地面积约132平方米。前殿前为檐廊，中为凹形门廊，中为大门，两侧开边门，背后为廊道，硬山顶，双燕尾脊，屋面两侧各饰有6条琉璃筒瓦。后殿为厅堂，面阔三间8.5米，进深三间8.5米，抬梁式梁架，硬山顶，燕尾脊，厅堂内奉祀保生大帝。堂内保留较多清代建筑构件，前殿门面及边墙嵌有镂雕圆窗、人物石雕板等，方亭及后殿保留较多精美的方形及鼓形石柱础。后殿厅墙上有近年制作的彩绘泥塑神话人物图案。

普陀岩（狮岩）庙

位于新店镇洪厝村杨厝自然村南约1公里狮岩顶，始建于元代，1978年翻建，现建筑为1996年重建。坐东朝西，前后两殿，中为天井，两侧廊道，面宽9米，总进深23米，占地面积约200余平方米。前殿面阔三间，中为凹形门廊，设正门及两边门，正门上嵌"普陀岩"石匾，两侧墙堵有"百福骈致""寿山福海"影雕石板，硬山顶，燕尾脊，砖石水泥结构。后殿为厅堂，面阔三间9米，进深三间8米，原木构梁架虫蛀，1996年改为水泥盖板，以花岗岩条石及砖柱为梁架。相传林希元（号次崖）建"艮斋"于此山，明天启年间（1621—1627年），林希元建寺庙于岩上，祀清水祖师（三祖）。神座下有一石，其引泉流入天井，虽旱而不涸。现奉祀三宝佛祖、南海观音、清水祖师，台湾有分炉。

寺庙内保存有清代石构件，门廊墙裙有石雕勒角，门边辉绿岩石狮1对，后落及天井有八角形、鼓形石柱础，收藏清代（佛历2539年）铁钟1座。

圆通庙

位于新店镇莲河村，建于清咸丰四年（1854年），民国二十一年（1932年）重建，1992年翻修。坐东北朝西南，前后两殿，两殿之间有方亭连接，方亭两侧为小天井，面宽8米，通进深18米，占地140多平方米。前殿面阔三间，前部为檐廊，开设左、中、右三门，殿前连建长方形六柱拜亭，歇山顶，屋脊装饰双龙。后殿面阔三间8米，进深三间8米，抬梁式梁架，硬山顶，燕尾脊，殿内奉祀金天太子。殿内墙壁嵌有咸丰四年（1854年）"佛号金天法力同天无极"石碑，前殿门边石狮及殿内方形、圆台形石柱础为清代遗物，其中浮雕人物故事、飞禽走兽纹方形柱础最具特色。庙前立有4方石碑，分别为清道光十年（1830年）"圆通堂静室碑"、清嘉庆二十四年（1819年）"孝子陈勋里"、清光绪十一年（1885年）"建修东西义冢碑"及清代"莲河渡码头建造捐金碑"。

澳头广应宫

又名澳头妈祖宫，位于新店镇澳头社区澳头自然南侧，即厦门刘五店南部杂货码头边。始建于明天启年间（1621—1627年）；民国二十四年（1935年），旅居新加坡乡贤蒋骥甫独资修建；1984年，旅新乡贤再次捐资重修。宫宇坐北朝南，前后两殿，中有卷棚顶方亭相连接，左右两侧各一小天井，面宽10米，总进深25米，占地面积约250平方米。前落为凹形门廊，中为正门，两侧边门，面阔三间，进深三间5.1米，穿斗梁，硬山顶，双燕尾脊，两坡各有四条垂脊，重檐飞翘，开局堂皇。中为主殿，连一后堂，面阔三间，进深三间10米，抬梁式梁架，硬山顶，燕尾脊，殿内正中供奉湄洲妈祖。殿内方亭保存2对石柱，柱上镌刻楹联为"广德无边周历五洲瑶岛　应时有赫指挥水伯天吴"；另一对为"母仪称后千秋豆俎重光　圣德流芳万古馨灵赫濯"，以崇颂妈祖济世救人，扬善除恶之美德。宫内供奉软驾神像三尊，神龛前的案桌上有一石雕双狮大香炉，系清光绪二十三年（1897年）所制，香炉直径0.7米，高0.25米，狮座高0.07米，直径0.45米，重量约50公斤；亭阁两侧各一口龙虎井，院墙镶嵌有清光绪时的彩绘青龙、白虎石板雕刻。

金瓯殿

位于新店镇欧厝社区欧厝菜市场东侧，始建于明洪武年间（1368-1398年），欧氏所建。历代曾修葺，1958年炮战炸塌，1984年重修。该殿为单体中西合璧二层宫宇建筑，中间为凹形门廊，面阔一间6.5米，进深两间7.2米，通高约7.3米，占地面积约46.8平方米，建筑面积93.6平方米。四面出檐，两侧各有3根圆柱，一层屋出檐剪瓷装饰，水车堵绘有鸟兽图案，木制楼板；二层正面廊柱雕有盘龙花纹，平台楼阁与屋顶五脊剪瓷花卉、四角边檐均有螭龙装饰，歇山顶，燕尾脊，殿内奉祀观音神祇。宫殿正面墙堵两侧龙虎彩绘浮雕，裙堵下柜台脚保存明清花岗岩石构件。

白云寺

位于新店镇东界村宋洋自然村刘氏宗祠东北50米处的池塘边，始建于清光绪年间，木构梁架及屋面1999年重修。坐西南朝东北，面宽4.9米，总进深10.4米。前后两落双翘脊，中间设门，两旁门披上分别题刻"日月"与"清风"。中为天井，天井中间四柱重檐歇山顶构筑一廊道，贯穿前后落。护龙两间，面宽3.28米，进深10.4米，榫头用简易木制架挑出。主殿供奉观世音菩萨，佛龛左右素画"王公"和"注生娘娘"神像。

普佑宫

俗称荣府王爷宫。位于新店镇沙美社区沙美自然村鹊峰南中心位置。始建于明万历年间，1987年重修，坐南朝北，前后两殿，主殿中有卷棚顶方亭相连接，面宽15米，总进深11.8米，占地面积约440平方米，建筑面积177平方米。前落为凹形门廊，中为正门，两侧边门，面阔三间，进深二间，穿斗梁，硬山顶，燕尾脊，后落为主殿，主体面阔三间8米，进深三柱6.8米，神龛两侧步柱楹联为"普济群生奉旨钦巡威显赫　佑安黎庶先锋主力法宏扬"，抬梁式梁架，硬山顶，燕尾脊，殿内正中供奉池府王爷池然及黑面清水祖师。东侧一列护龙，面阔三间。殿内保存明代覆盆式柱础，莲花纹台阶，庙前宽阔，正面一座大戏台。

威显宫

位于新店镇东园社区东园自然村沟仔北旁，始建于明万历年间（1573-1620年），1996年重修、坐西朝东，前后两殿，中有卷棚顶过水亭相连接，左右两侧各一小天井，面宽12米，总进深15.4米，占地面积约365平方米，建筑面积184.8平方米。前落为凹形门廊，中为正门，两侧边门，三级台阶，主体面阔三间8米，进深4米，天井进深3.4米，宫殿檐廊垂华拱等木作精雕细刻，大门楹联为"威势壮千城至今日苍生有福　显名传史册在当时铁面无私"。穿斗式梁架，硬山顶，双燕尾脊，两坡各有四条垂脊，装饰堂皇富丽。后落为主殿，面阔三间8米，进深三柱8米，内高4.6米，抬梁式梁架，硬山顶，燕尾脊，殿内正中供奉池府王爷，神龛两侧方柱对联为"威灵正道非人强求　显化神通信民祈敬"，殿内保存明代覆盆式柱础、天井两侧墙壁上镶入两方彩绘青龙、白虎石板。

盈岭古寺（大士寺）

位于内厝镇后垵村东北部小盈岭西南坡，"同民安"关隘东侧，原为大士寺，始建于唐代，清乾隆十七年（1752年）重建，1995年翻修。坐南朝北，前后两殿，中为天井及两侧廊道，面阔9米，总进深20米，占地面积约180平方米。前殿面阔三间，中为凹形门廊，背面为廊道，硬山顶，双燕尾脊。后殿面阔三间9米，进深三间12米，抬梁式梁架，重檐歇山顶。前部为廊道，大门上镌刻"盈岭古寺"，门两侧有花岗岩墙裙，夔龙纹"柜台脚"，"二十四孝"青斗石雕板，"登极乐天、跻欢喜地"砖雕对联和石雕竹节栏杆圆漏窗，门前有青斗石方形檐柱，殿内保存浮雕杂宝纹、菊瓣纹石柱础等，均为清代遗物。主殿东墙嵌砌清乾隆十七年（1752年）"盈岭大士寺业碑记"石碑，高2.2米，宽0.57米，基座长0.97米，宽0.38米，高0.23米。殿内供奉保生大帝。

三宝殿

　　位于内厝镇官路村出马池内自然村西北1.5公里出米岩旁，始建于明代，1992年重建。坐西北朝东南，前中后三殿，前低后高，均为双燕尾脊，硬山顶，面宽7.9米，总进深14米，占地面积约110平方米。1992年在遗址上重建时出土大型长方砖、瓦当等建筑构件，砖长0.55米，宽0.32米，厚0.09米，或长0.5米，宽0.3米，厚0.06米。宫殿旁散落有直筒形石柱础及方形马槽，马槽长1.65米，宽0.75米，高0.6米，槽深0.35米，壁厚0.12米。宫内礼祀奉弥勒佛、三宝佛、观音佛、三忠王、关帝等。

　　殿后山有天然巨石，据传，南宋末宋幼帝赵昺等被元兵追杀至此，兵疲粮绝，祈求天帝降神速赐粮，真诚感动上天，岩石洞穴忽然流出大米供宋军食用，从此称为"出米岩"。

崇春堂

位于内厝镇新垵村田中央自然村南。始建于清朝，1992年再次重修，坐东南朝西北。前后两殿，中有卷棚顶方亭相连接，左右两侧各一小天井，面阔三间7米，总进深三柱12.6米，占地面积约120平方米，建筑面积88.2平方米。前落为凹形门廊，中为正门，两侧边门，面阔三间3.8米，进深二柱，过水亭进深2.3米，院墙上镶嵌彩绘青龙、白虎雕刻。殿内神龛上匾刻"金龟宝殿"，两侧楹联为"普庵神威镇九都　崇春福星照八闽"，结构为穿斗梁，硬山顶，双燕尾脊，两坡各有四条垂脊。后落为主殿，面阔三间7米，进深三柱6.5米，抬梁式梁架，硬山顶，燕尾脊，殿内正中供奉普庵佛祖。

此宫庙前后两落的砛石、踏阶石、门墩、柜台脚、柱础及右侧望燎亭的基座均保留清代建筑石构件。

凤仪庙

位于新圩镇云头村西部。始建年代不详，现为清代建筑，部分木构梁架及屋面为1949年后重修。坐西南朝东北，左中右三殿一字排开，中为主殿，两侧各有配殿，总面宽23米，总进深13米，占地面积约300平方米。中殿分前后两落，中有拜亭及两侧小天井。前落正面中间为凹形门廊，背为廊道，门上悬挂"凤仪庙"木匾，抬梁式梁架结构，硬山顶，双燕尾脊，两坡屋面前后各有4条垂脊。后落面阔一间5.5米，进深三间9米，穿斗抬梁混合式结构。左右配殿均为前后两落，中有拜亭，两侧小天井，前落穿斗与抬梁混合结构，两侧各有一小厢房，后落面阔三间，进深三间，中为厅，两侧厢房，穿斗式梁架，硬山顶，燕尾脊。

该建筑保存的清代遗物有正面墙堵和门廊两侧墙堵下部的"柜台脚"夔龙纹青石雕、柱础以及正殿大门两侧的镂空青石窗雕等。

大寮灵宫

位于大帽山农场后炉自然村南部村边，距场部约3公里。始建于北宋太平兴国年间（976—984年），明中后期及清乾隆时重建，1952年、1995年、1999年多次翻建、重修。坐北朝南，前后两殿，中有方亭及两侧小天井，面宽7米，总进深15米，殿前有庭院，占地面积约150平方米。前殿为厅堂，面阔三间，前为檐廊，中设门，两侧影雕墙面，硬山顶，双燕尾脊。后殿为厅堂，面阔三间7米，进深三间6米，外墙以卵石叠砌，硬山顶，燕尾脊。殿内神龛奉祀李府元帅哪吒三太子。今宫庙前散落7件清代直筒形素面石柱础。

青龙寺

俗称"娘妈宫",位于大嶝街道嶝崎村崎口下自然村海边,后倚海礁七星,面观仙山鸿渐。始建于明代,历代多次修葺,1991年重建,坐南向北,前后两殿,两殿之间有方亭连接并有两侧小天井。面宽7.2米,总进深16.3米,占地约118平方米。前殿面阔三间,前为檐廊,后为廊道,中间大门上嵌"青龙寺"石匾,正面墙堵满嵌龙凤、山水、花鸟等纹饰的青石雕板,屋顶中间高,两侧稍低,双翘脊,两坡各四条垂脊。后殿面阔三间7.2米,进深三间8.2米,抬梁式梁架,硬山顶,翘脊,中厅神龛供祀七星娘娘。青龙寺前有新建"青龙塔",为花岗岩七级八角实心塔,塔旁建有放生池。

七星娘娘,亦称七圣夫人,系天界神明。传说七星娘妈会治病救人,特别是为船民指引航向,在海上平风浪,不迷航,因此闽台船员经过大嶝时,都要泊岸祈求。往返台湾的船民平安抵达后,就建庙宇供祀。现台南、台北有分炉。寺内现保存有清代的石香炉。

据传,福建水师提督、江南提督林君升年少贫困时曾栖身于此,后于乾隆年间升迁台湾总兵时,重修该宫并携带香火入台,此后哪吒太子爷香火分炉台湾及东南亚新加坡、马来西亚等地。

南泉堂

位于新圩镇桂林村草埔宫村内,始建于宋代,明代翻建,清代重修,1992年再次翻修,坐北朝南,前后两殿,两侧护厝,中有卷棚顶方亭相连,左右两侧各一小天井,墙上新雕有青龙、白虎石板,总面阔16.5米,主体面阔10米,总进深15.7米,建筑面积258.05平方米,占地面积约423平方米。前落前为长檐廊,中为凹形门廊,石框大门,两侧边门,面阔三间10米,进深4.2米,大门楹联为"南山钟灵开圣地 泉水毓秀法心此慈",身堵分别浮雕麒麟、鹿、龙、鹤穿斗梁,硬山顶,双燕尾脊,两坡各有四条垂脊。后落为主殿,面阔三间10米,进深四柱9米,天井进深2.5米,内高5.2米,抬梁式梁架,板瓦屋面,两侧各3列筒瓦,硬山顶,燕尾脊,殿内供奉清水祖师,神龛左右两对联为"清正廉明称至德 水木土金赖相生"、"求神先自呕亏心 拜佛庇佑善良人"。殿内保存明清时期鼓形柱础3组、前埕竖立旗杆石座1对。

甘露寺

位于大帽山农场,始建于唐代,后数度兴废,顺治年间(1644—1661年),僧无疑修建。原为三落硬山布瓦顶砖木结构,前有尼姑庵,中为大雄宝殿,后座为观音堂,均毁于战火,1981年、1994年,在原址重建前中两殿。坐西北朝东南,两殿之间以方亭相连,面宽11米,总进深22米,占地面积约240平方米,前殿面阔三间,开三门,门上悬挂"甘露禅寺"匾额(原匾为明代大书法家张瑞图所书),青斗石雕门面及龙柱,硬山顶,双燕尾脊,后殿为大雄宝殿,祀三宝佛,面阔三间,进深三间,硬山顶,燕尾脊,祀奉三宝佛、观音佛。寺内方亭两侧小天井保留小卵石散水遗迹,寺院周围散落石柱、柱础、石槽等遗物。清初,同安梵天寺住持高僧无疑曾遁居并圆寂于此寺。

今寺南约150米处有新建僧无疑墓塔,朝东南,上镌"开山无疑师塔"字样,塔身呈宝瓶状,莲瓣纹基座高0.4米,直径3.7米,塔通高3.8米。寺院不远处有九十九洞、红架山寨抗倭遗迹等。

三王府（震威殿）

位于大嶝街道嶝崎村崎口下自然村，始建于明末，清代多次修建，后又坍塌，残墙断壁，只留基地。1995—1996年，本境和金门、台湾的信仰者及新加坡的分炉筹集资金重建。坐东朝西，前后两殿，两殿间方亭相连，两侧小天井。面宽8米，总进深14.5米，殿四周有石栏杆砌围，殿前多级台阶并建有山门，门上有"玉旨敕封代天巡狩震威殿蔡"木匾，总宽12.4米，总长23.3米，占地面积约289平方米。前殿面阔三间，前为檐廊，中为门廊，门额上嵌"三王府"（蔡池刘），门面墙体饰以大量青斗石雕，门后檐廊有"马使爷""韩老爷"神龛，屋顶中间高，两侧低，双翘脊，两坡各有四条垂脊。后殿面阔三间8米，进深三间8米，抬梁式梁架，硬山顶，翘脊，中厅神龛祀池王及蔡府王爷、刘府王爷。

震威殿原供奉池王爷，为明末马巷元威殿分炉，清乾隆、嘉庆年间增祀刘府王爷和蔡府王爷。

蔡王爷，即蔡攀龙，字君宠，号跃洲，金门平林（蔡厝口）人。身材魁梧，声如洪钟，力大无比，善武功韬略。从戎后因功提升为厦门提标千总。在厦平海盗有功，因政绩擢升厦门守备，迁游击将军。乾隆五十一年（1786年），蔡攀龙在台湾诸罗平乱有功，任台湾总兵，升福建陆路提督。赐"强胜勇士"称号，图像列紫光阁前二十名功臣。乾隆帝誉他是"台湾战将中巨擘"，加参赞大臣，署江南提督。嘉庆三年（1798年）逝，赐封为"代天巡狩蔡府王爷"。《清史稿》及《同安县志》有载。

小嶝章法寺（隐藏院）

位于大嶝街道小嶝岛东钟鼓山南麓。始建于宋，因朱熹弟子理学名士邱葵隐居于此而改名"隐藏院"。1991年，村民于原址重建，名为"隐藏寺"，奉祀观音菩萨。该建筑为前后两殿，硬山顶。此建筑群坐东北朝西南，由中殿、左右配殿及后殿组成，总面宽18米，总进深27.5米，占地面积约495平方米。中殿为"正明堂"，前后两殿，中为方亭及两侧小天井，后殿檐枋有"王道昭彰"匾，厅堂神龛上悬有"正宗威雄"匾，祀五府王爷；中殿两侧为左右两列配殿，下层通长三间，上部各建亭阁，左右配殿正门上分别镶嵌"注生娘娘"和"夫人妈宫"石匾；后殿建于方形台基上，面阔五间17.8米，进深三间10米，为大厅堂及两端小堂屋，厅内中祀观音，两侧分祀清水祖师、六姓公，抬梁式梁架，屋面分三层，形成中间高两侧低的三翘脊。砖石正明堂（五府王爷府）原址位于大嶝街道办嶝崎村嶝头自然村内，1987—1993年重建时，移嶝头自然村南面村边，此后又增建"普济庵"。此建筑群体量庞大，所见亭阁殿宇，飞檐翘脊，雕梁画栋，红墙绿瓦，青白石雕，尽显富丽堂皇。木结构，坐北朝南，寺面宽10.46米，总进深12.28米，建筑面积约130平方米。

前殿南面内壁上嵌有一方石碑，长0.88米，宽0.62米，镌刻隐藏院重建碑文："隐藏院原名章法寺，宋逸士邱葵隐居寺中，遂改是名。历经沧桑，世易寺毁。时逢盛世，政通人和，四海晏清，百业俱兴，百姓殷阜，萧寺又建，庙宇重光，香火鼎盛。"院前后里外楹联数对，最引人注目的一对是"金嶝玉屿贵上轩 钟鼓棋盘仙人迹"。邱葵抗节拒聘，不事元朝，影响金门教化，因此，元代金门士子无人应科举做官，以抗节却聘为风尚。邱葵后人清代福建提督邱良功是平定蔡牵起义的主要将领，其子孙今分布于台、澎、金等地。

小嶝英灵殿

位于大嶝街道小嶝岛前堡村,始建于清同治年间,清末重修,"文革"期间,此殿被毁,1999年在原址重建。坐西朝东,占地面积50余平方米,主殿为单体建筑,面阔一间约3.5米,进深(包括拜亭)8.5米,硬山顶,殿前连建石柱方形亭阁,正面横枋刻"英灵殿",卷棚顶,火形山尖。清廷于同治三年(1864年)御赐"仁周海澨"巨匾和御香三支,圣匾长2.55米,高1.04米,厚0.12米,字大为0.38×0.43米,十八蟠龙浮雕围绕四周,庄严神圣,是翔安境内保护最完好的清代木雕文物。

英灵殿正中供奉着圣旨牌(复制品),殿的东面供奉池王爷,西面供奉苏王爷。此殿原只祀奉池王爷,同治年间(1862—1874)并祀苏王爷。殿中两边列着"御赐匾额""代天巡狩""两次随封琉球""四次护运京米""春秋""致祭""肃静""回避"八面指事牌。殿中楹联以"英灵"两字冠头"英名赫赫威震四海 灵殿巍巍峨屹龙宇"。拜亭两边石柱镌刻着两副对联,一副是"苏神威扬封琉球震龙府 王道昭彰护京米晋爵爷";另一副是"王寿无疆似日月永恒 神恩浩荡如雨露长沐"。

赵新(1862—1874年,出使琉球正使)的《续琉球国志略》一书记载:"苏碧云,马巷人,生于明天启年间(1621—1627年),读书乐道,不求仕进,晚年移居金门,洞悉海道,精研航道水情,海船均蒙指引平安。殁后于海面著灵异,兵商各船均祀香火,每岁闽省巡洋,偶遇危险,一经呼祈,俱获平安,故被尊为'海神'。"

宗祠家庙

闽南的祠堂又名宗祠，本地俗称"家庙"或"祖厝"，和寺庙既有类似的地方，又有一定的区别，其广泛使用的雕刻、堆贴、图画、装饰等技法都富有特定的含意，即祝贺吉祥，宣扬忠孝，表彰节义，诗礼传家，世泽绵长等。祠堂是各姓氏宗支供奉祭祀祖先的地方，《古今注》："庙，貌也，所以仿先人之形象也。"《释名》亦谓："先祖形貌所在，那么入宗祠祭祖之意义在于入庙思敬之意焉。"宗庙一般分为家庙、宗祠、小宗等。本地祠堂兴于唐宋，盛于清，其结构格局装饰各地虽不尽相同，但也大同小异，都有一定的规格。从结构格局来讲，一般祖上是四至七品官员的宗庙，则堂屋三开间，台阶三级，东西庑各一间，前进是凹字形的"凹寿"，有"三川门"，即中间一扇正大门，两侧相向各有一小门，正门高门槛，门口还配有旗杆和旗杆座，表示高官显爵，正门两侧有石狮一对。八九品小官或支宗祠，则堂屋为一开间，台阶一级，院子仅一道正门。因为祠堂是祭奠祖先、族众集会议事和教育训诫子孙的处所，故重视"礼尊而貌严"，以显示祠堂庄严肃穆的外貌和气氛，使人产生敬祖畏神之感。

家庙正门绘有漆画秦琼和尉迟恭的神像。据传太宗李世民创立江山时杀人无数，即位后，夜梦恶鬼相缠，太宗畏惧告之群臣，大将秦琼、尉迟恭请求夜晚戎装守卫宫门，果然无事。太宗大喜，念二人劳累，于是命画工绘像于宫门上，邪祟全消，后来成为门神。侧门则画天官，以赐福天官（状元）为多，常以送子娘娘匹配，含多子多福，福寿延年之意。宗祠或支祠，绘有神荼、郁垒的偶像，神荼名高明，为桃精，郁垒名高觉，为柳鬼，驻棋盘山，相传兄弟二人奉黄帝之命把守鬼门，发现害人的恶鬼马上捆起来扔到后山去喂老虎，于是妖鬼望风而逃，后奉为门神。正门两侧的石狮也是辟邪驱恶的吉祥物，它既是起艺术装饰作用的守卫之神，又显示主人之身份，东边的狮子为雄狮，脚边踩一只绣球，象征威力；西边为母狮，脚下抚一只幼狮，寓意子孙昌盛。头部鬈毛的数目象征官阶等级，一品官，公侯等府第前的石狮头部有十三个鬈毛球，为十三太保，以下递减，七品官以下人家则不准安放这种石狮。石狮口中含有能活动又掉不出来的圆球。大门两侧"镜面"墙上有"水车堵"，堆砌泥塑折仔戏，下部是两个对称的圆形竹节窗，象征"龙眼"，据说祠堂有龙脉。正厅大埕前面，还砌有倒照墙（照壁），墙上绘以大幅水彩画麒麟。麒麟为仁兽，其形象为龙首、狮尾、鹿身、披鱼鳞甲、马蹄。《社衡》写麒麟兽之圣也，《祀记》写产万物者，"圣"也。"圣"与"生"音近，又产万物，于是成为生育吉祥物。屋顶上脊端嵌有四至六个鸱吻，俗称鳌鱼，铁鳌的下端堆砌有一只走兽，叫"嘲风"，俗称"风狮"，也是龙之九子之一。据传"嘲风"生性好险，砌之可以顶险，因为脊尖伸出山墙好长，容易下塌，以此顶住以防下塌，脊尖末梢的两根铁线则有避雷之用。脊下墙体砌有脊坠，其兽头是各具形态的蝙蝠，象征鸿福无边，蝙蝠下面砌有亭景，一般是泥塑大舜耕田和周文王聘姜太公，象征忠孝和纳贤。前后进的脊沟常堆砌"四灵"（龙、凤、狮、麒）和"四宝"（葫芦、蕉叶、狮角、宝扇），以及"卍"字（梵文符号，为太阳与水的象征，是吉祥万德之所聚）。前进脊沟有时还堆砌以公鸡并补以牡丹表示"功名宝贵"。人字檐上有的还有亭景，以二十四孝的折仔戏为画景。

堂屋内正面是寿堂，也叫神龛，结构都是五层梯阶牌楼，五叠斗拱，纵横交错，反复重叠结构而成，两旁的蟠龙柱雕刻着八仙过海。龛内左昭右穆依次陈列着祖上的神主木牌，死者曰"神主"，生者曰"禄位"。龛正中背后绘有"大寿"，五只蝙蝠面对中间大寿，展翅拱卫，表示"五福祝寿"。"寿堂"两侧的神位各供奉土地爷和文昌君，文昌君名张亚子，又名张忠子，晋时四川人，掌管文昌府和人间禄籍之神祗。"寿堂"上的横幅漆画，题材多取自戏曲典故或神话故事，一幅就是一节完整的故事，正中一般绘"郭子仪拜寿""八仙贺寿"，庙宇一般绘有二十八宿。两侧屏风俗称柳条门，下部隔板的彩画，或画鱼配莲，称富贵有余，画金鱼配海棠叫"金玉满堂"，或画一只羊仰望太阳，叫"三阳开泰"，或画牡丹配芙蓉，称"荣华富贵"，牡丹配月季称"四季富贵"，或画芙蓉配鹭鸶，称"一路荣华"，或画松、竹、梅、石榴、梅配以喜鹊，称"喜上眉梢"，梅配竹称"齐眉祝寿"，石榴象征多子多孙。上格板面绘暗八仙，宝剑寓吕洞宾，莲花寓何仙姑，扇子寓汉钟离，渔鼓寓张果老，玉箫寓韩湘子，拍板寓曹国舅，葫芦寓李铁拐，花篮寓蓝采和。

中梁彩绘龙或凤朝太极。龙凤的绘画又非常讲究造型，按规定龙有九曲三转，九曲即牛鼻、马齿、狮鬃、麟角、蛇身、凤尾、鸟脚、双甲鳞、龙旗脊。凤也有三弯九月，即凤尾羽毛画九个月形。太极八卦也有一定的成规：即后落为先天的太极，前落为后天的两仪蝌蚪形，绝不得随意搭配。屋顶呈三角形构造的横梁多为三层斗拱，"斗"上有镂雕，浮雕凌空飞翔的道士仙翁，或拱手或捧月，佛面善心，济世救人。庄重华丽的木质圆柱，支撑着横梁，柱上书有反映各宗支繁衍情况的楹联，柱顶的圆筒浮雕，花含露气，兽叼宝物，神仙坐骑，如意福寿，栩栩如生。横梁的四角头有插角，木刻镂雕琴、棋、书、画四艺，寓有诗礼传家之美意。

总之，各宗祠都装饰得古色古香，金碧辉煌，其装饰均含有吉祥和忠孝之象征。

翔安的各姓氏宗祠家庙与厦门及闽南地区宗祠家庙相同，除在祠堂内立牌悬匾，标榜本宗姓所出名人官职封号、科考登榜名称外，还于祠前竖立成对旗杆石或在大厝地两坡瓦楞屋面两侧装饰三列或五列筒瓦，表示历代该姓所出举人、进士数量及宗祠家庙的正宗、分支地位。

翔安文物

古建筑

- 小嶝邱氏宗祠
- 浔窟谢氏宗祠
- 蔡厝蔡氏家庙
- 蔡厝蔡氏小宗
- 后村郭氏家庙
- 汪厝汪氏宗祠
- 洪前康氏家庙
- 前浯郑氏家庙
- 彭厝彭氏家庙
- 上苏苏氏家庙
- 澳头蒋氏家庙
- 澳头苏氏家庙
- 澳头苏氏小宗
- 欧厝王氏宗祠
- 欧厝王氏小宗
- 和美陈氏家庙
- 浦南蔡氏家庙
- 东界太岳祖祠
- 石塘洪氏家庙
- 源瑞堂（洪厝洪氏小宗）
- 洪厝洪氏家庙
- 杨厝杨氏家庙
- 维则堂（洪厝洪氏小宗）
- 三诰堂（洪厝洪氏祖祠）
- 湖头洪氏宗祠
- 东坑洪氏宗祠
- 林边洪氏小宗
- 中保练氏家庙
- 董水董氏家庙
- 西林柳氏家庙
- 茂林蔡氏家庙
- 大宅陈氏家庙
- 陈坂陈氏宗祠
- 霞浯吴氏家庙
- 霞浯吴氏小宗
- 沙美彭氏宗祠
- 东园张氏宗祠
- 东园埕前钟氏家庙
- 垵山林氏家庙
- 炉前魏氏宗祠
- 下许厝许氏家庙
- 下后滨洪氏宗祠
- 西滨（银浦）李氏家庙
- 琼头林氏家庙

- 山亭南陈小宗
- 山亭店顶陈氏小宗
- 候阁陈氏家庙
- 山亭下边陈氏家庙
- 城场林氏家庙
- 城场林氏宗祠
- 陈头陈氏家庙
- 井头林氏家庙
- 窗东洪氏宗祠
- 后滨李氏家庙
- 郑坂郑氏家庙
- 亭洋陈氏六房祖厝
- 田边林氏家庙
- 后莲洪氏小宗
- 山前戴氏家庙
- 林柄潘氏宗祠
- 内官陈氏家庙
- 仑头陈氏小宗
- 新厝下陈氏小宗
- 沈井陈氏宗祠
- 沈井沈氏家庙
- 曾林蒋氏家庙
- 李厝李氏家庙
- 曾林蒋氏小宗
- 西炉黄氏家庙
- 赵厝方氏家庙
- 前厝方氏小宗
- 垵边陈氏家庙
- 内垵吴氏家庙
- 下枫方氏家庙
- 下坂洪氏小宗
- 市头洪氏祖祠
- 造店翁氏祖祠
- 下苏苏氏家庙
- 锄山宋氏宗祠
- 马池内曾氏祖祠
- 东光林氏家庙
- 霞美杨氏家庙
- 莲前王氏宗祠
- 莲后梁氏祠堂
- 赵岗王氏小宗
- 许厝许氏家庙
- 曾厝陈氏家庙（浯江衍派）
- 曾厝陈氏家庙（南院分支）

古建筑

- 西塘许氏家庙
- 黄厝黄氏宗祠
- 前垵孙氏家庙
- 新垵陈氏家庙
- 莲塘林氏家庙
- 田中央黄氏宗祠
- 田中央陈氏宗祠
- 田中央柯氏宗祠
- 官路陈氏小宗
- 云头陈氏宗祠
- 金柄黄氏大宗祠
- 尾林黄氏小宗
- 金柄黄氏小宗
- 诗坂陈氏家庙
- 庄垵庄氏家庙
- 草埔宫沈氏宗祠
- 后行朱氏宗祠
- 上宅叶氏宗祠
- 何宅黄氏家庙
- 后埔黄氏小宗
- 古宅黄氏宗祠

小嶝邱氏宗祠

即邱葵故居。位于小嶝岛前堡村南部，始建于清嘉庆二十年（1815年），清光绪十三年（1887年）宗祠曾修葺过，又于1985年重修。坐北朝南，偏西15度。祠堂为砖木结构双落大屋，中为天井和两侧廊道，祠前为砖埕，面阔11米，总进深14.2米，其中庭院进深5.2米，明堂进深9米，内高5.6米，建筑面积156.2平方米。硬山顶，燕尾脊，两侧脊端立有陶塑龙首，两坡屋面两侧各有5排筒瓦。厅堂内尚保留清代鼓形石柱础2对。屋架为多层梁架斗拱，梁枋上或雕麒麟、梅花鹿，或刻朱雀、仙鹤，精美细腻；中梁一头画蟠龙云海，一头绘凤凰烟霞，色彩鲜艳。整座祠堂气派恢宏。

宗祠厅中高悬"理学名贤"巨匾，此匾额系明孝宗成化九年（1473年）任户部尚书、武英殿大学士之邱浚到小嶝谒祖时所立。两旁立有楹联"功存周礼敷文德 义冠中原秉素心"，以赞颂邱氏始祖邱葵（邱钧玑）的高风亮节。

邱葵（1243—1333年），字吉甫，号钓矶，生于宋理宗醇佑三年（1243年），翔安小嶝人。为同邑诸生冠，补郡弟子员。慕程朱学，初师从辛介甫，后从吴平甫授《春秋》，亲灸吕大奎、洪天赐之门。景炎元年（1276年），恩师吕大奎被元兵杀害，邱葵痛不欲生，后元朝派御史周伯庸率元将达鲁花赤上门聘其出仕，邱葵抗节不从，后遂辟居于海岛之中，一意著书立说，一生著有《易经解疑》《书经口义》《诗经直讲》《春秋通义》《礼记解》《经世书》《声音既齐图》《周礼补亡》和《钓矶诗集》等传世。元顺帝元统元年（1333年）去世，享年90岁，被尊为儒林乡贤。

浔窟谢氏宗祠

位于大嶝街道浔窟社区中部，建于清代，20世纪90年代初重修。坐西朝东，为两落大厝，中为天井，面宽11米，总进深20米（其中一进进深5.5米，天井4.5米，二进进深10米），内高5.4米，建筑面积220平方米。正中院门为单间凹形门廊，大门上匾额字迹模糊不清，门前1座抱鼓，前落柜台脚、石柱础保留清代原物，门旁两侧墙堵有麒麟石雕板等，院门为硬山顶，燕尾脊，脊端立龙首雕塑，院门两侧连接院墙。后落大厝为厅堂，抬梁式梁架，硬山顶，燕尾脊，脊端立龙首雕塑。具有典型的闽南建筑风格。

蔡厝蔡氏家庙

位于新店镇蔡厝社区中部，始建于明代，为蔡厝始祖蔡景仁所建，清代扩建，1988年重修，坐东朝西，前后两落，中为天井及两侧廊道，面宽11米，进深21.6米，其中一落进深5米，天井5.1米，内高5.2米，占地面积约237.6平方米。前落面阔三间，进深一间，前檐垂华拱，水车堵泥塑彩绘，塌寿花岗岩石裙堵雕有花卉，身堵两侧回纹砖雕，裙墙下雕有马踏祥云柜台脚，二级踏脚雕花纹路。正背均为檐廊，正中为凹形门廊，中设大门，两侧边门，大门上悬匾"蔡氏家庙"，抬梁式梁架，硬山顶，双燕尾脊，前坡还各有一条燕尾翘脊，屋面两侧各列5条筒瓦，木制高0.5米门槛，蜗纹雕花抱石鼓。后落为厅堂，面阔三间11米，进深三间11.5米，抬梁式梁架，硬山顶，燕尾脊。厅堂正中一座漆金木雕神龛，上方悬挂"中宪大夫"匾额，两侧圆柱雕刻楹联"济水长流直驾龙舟奔下蔡　阳山永固遥驱天马赴琼林"。

此家庙中有结构各异的明清石构件，如前落的墙基、墙裙、柱础、漏空木窗、抱鼓石，后落厅堂内的数对覆盆式柱础等，家庙前砖埕两侧各有2对清代原石方座旗杆，砖埕前方为戏台。

蔡厝蔡氏小宗

位于新店镇蔡厝社区新建菜市场后面,建于明末清初,为蔡厝蔡氏五世祖四房蔡延森所建,20世纪90年代重新翻建,坐东朝西。前为院门、庭院,后落大厝为主体建筑,面宽10.5米,总进深18.3米,内高5.6米,占地面积约192.15平方米。院门为单间两坡门廊,两侧连接院墙,硬山顶,燕尾脊。明堂进深二间11米,寿堂内悬挂"文魁""进士"匾额,正中安放一座漆金神龛,抬梁式梁架,硬山顶,燕尾脊,厅堂内保留6件浮雕花瓣纹、壶门纹的鼓形石柱础。砛石与明堂等长,宽0.75米,厚0.35米,中长6.5米,为清代遗存石构件。

后村郭氏家庙

　　位于新店镇后村社区后村自然村中部，始建于明代，清代重建，1988年重修。坐东北朝西南，前后两落大厝，中为天井及左右两侧廊道，面宽12.5米，总进深26米，占地面积约325平方米。前落面阔三间，前为檐廊，墙裙上角牌为清水烟炙砖全顺而砌，中为凹形门廊，背面为廊道，中设大门，两侧开边门，大门上有镌刻"郭氏家庙"长方形木匾，匾下阴刻"汾阳状元裔　崧山节度家"对联一对。正门前与裙堵等高，下半节成八边形石柱，硬山顶，双燕尾脊。屋面两侧各列3条筒瓦，木制为高0.5米门槛，蜗纹雕花抱石鼓。后落大厝为厅堂，面阔三间12.5米，进深三间13.5米，内高6米，穿斗抬梁式梁架，硬山顶，燕尾脊，脊堵以坐狮、人物、马匹、花卉剪瓷装饰。厅堂内悬有"中宪大夫""节度使""进士""岁进士""文魁""会魁""选魁""武魁""贞孝""都司""都督""兄弟明经"等13块匾额。明堂保存一座漆金神龛，上方刻有"爱存愨著"四字，厅内保留3对鼓形和瓜菱形清代石柱础。

　　家庙前砖埕前方为照墙。泥塑麒麟为原物，两侧立旗杆石4对。

汪厝汪氏宗祠

位于新店镇后村社区汪厝自然村南部，始建于清代，曾修葺过，又于1990年重修。坐东北朝西南。祠堂为砖木结构建筑，中为天井和两侧廊道，祠前为砖埕，面阔10.5米，总进深16.5米，其中庭院进深7米，明堂进深9.5米，内高5.6米，建筑面积168平方米。墙裙以花岗岩块石砌筑，墙身红砖砌体，三合土抹面，硬山顶，燕尾脊，两侧脊端立有陶塑龙首，两坡板瓦屋面。宗祠厅中高悬"进士""文魁""亚元"巨匾，厅堂内尚保留清代鼓形石柱础2对。

洪前康氏家庙

位于新店镇洪前社区洪前自然村内,始建于明代,1947年、1987年曾大修,1991年前落翻建。坐东北朝西南,前后两落大厝,中为天井及两侧亭廊,面宽11米,总进深24.5米,占地面积约269.5平方米。前落面阔三间,前部为长檐廊,正中为凹形门廊,背部为宽廊道,中设大门,两侧边门,大门上悬挂"康氏家庙"匾额,檐下水车堵以戏曲人物剪瓷装饰,硬山顶,双燕尾脊,明间屋面高于两侧屋面,前后两坡屋面各有4条垂脊。后落大厝为厅堂,宽檐廊,面阔三间11米,进深三间12米,内高5.8米,抬梁式梁架,硬山顶,燕尾脊。厅堂内悬挂匾额有"进士""兄弟学士""荣禄大夫""右营游击"等。寿堂正中一座刻有"绥思堂"字样的神龛,两端步柱楹联为"贤母率英儿诰受御前学士家声远 四代官一品恩蒙祖上大夫世泽长"。明堂梁架木构及梁枋上的狮兽、人物漆金木雕多为清代及民国遗存物,此外,还保留较多精美的明清时期建筑石构件,大门边的花鸟纹抱鼓石、天井四周和厅堂内的鼓形和腰鼓形石柱础,腰鼓形柱础叠压于覆盆式柱础之上的双层柱础尤为特别。

前浯郑氏家庙

位于新店镇前浯社区沟西前中，无门牌号，始建于清光绪元年（1874年）。坐北朝南，前后两落大厝，中部为前后双层天井，天井两侧各有长条形双亭廊道。此建筑面阔11米，总进深26.2米，占地面积约287.1平方米。前落大厝面阔三间，进深三间，前部为横向檐廊，中有凹形门廊，开设大门及两侧边门，大门后为横向通厅，抬梁式梁架。明间屋面抬高，插梁式五座架，两坡屋面，双层板瓦，檐角分叉，形同九脊歇山顶。左右次间屋面稍低，各饰3列黄色琉璃筒瓦，为硬山顶燕尾脊。后落为大厅堂，前部横向宽檐廊，面阔三间11米，进深三间11.5米，内高5.8米，后落檐下砗石宽0.85米，高0.25米。抬梁式梁架，硬山顶，燕尾脊，瓦楞屋面两侧各有5列黄色琉璃筒瓦。

彭厝彭氏家庙

位于新店镇彭厝社区彭厝自然村南部，始建于明嘉靖年间（1522—1566年），清代重建，民国二十一年（1933年）重修。坐东北朝西南，前后两落，中为大天井及两侧廊道，面宽13.4米，总进深28米，占地面积约380平方米，庙前为宽大砖埕及石埕。前落前部为檐廊，中为凹形门廊，中设大门，两侧为边门，大门上悬"彭氏家庙"木匾，背后为廊道，明间屋面抬高，硬山顶，双燕尾脊。后落为厅堂，面阔三间13.4米，进深三间12米，抬梁式梁架，硬山顶，燕尾脊。厅堂内悬挂众多匾额，如"孝弟力田""奉政大夫""文魁""进士""拔元"。庙内保留大量清代石柱础、抱鼓石、漏空石雕圆窗等石构件，前落两侧边墙上有拼砖对联"松柏千年秀　山川万古新"。庙前石埕立有旗杆石10对，其中2对配有基座。

1930年5月25日，中共福建省委为营救被关押在厦门思明监狱的40余名革命同志，组织武装劫狱斗争并取得成功，此处作为破狱斗争武装人员和被营救革命同志撤退的接应点和联络点。

上苏苏氏家庙

位于新店镇澳头社区上苏自然村内,始建于宋代,历代曾重修,上世纪70年代翻修。坐东朝西,前为院门,中为天井庭院,后落为主体建筑,面宽9米,总进深19米,占地面积约171平方米。石框院门两侧刻有对联"宋朝丞相府 魏国太师家",门上题刻"苏氏家庙"。后落面阔三间9米,进深五间11米,以条石构筑抬梁式梁架,硬山顶,燕尾脊,板瓦屋面两侧各有5条筒瓦装饰。家庙前立有旗杆石8对,其中2对配有基座,镶嵌石板上浮雕龙、狮、鸟及花卉纹等。

澳头蒋氏家庙

位于新店镇澳头社区澳头自然村西侧海边，修建于元至正十四（1354年），抗战时期，前落回廊被炸毁，1986年重修。坐东朝西，前后两落大厝，中为天井及两侧廊道，面宽12米，总进深19米，前后两级门埕，进深分别为15米和12米，占地面积约564平方米。建筑面积228平方米。前落面阔三间5米，前部为横向檐廊，中有凹形门廊，开设大门及两侧边门，大门后为横向通厅，正中大门上悬挂"蒋氏家庙"木匾，门框两侧楹联为"四海为家永教后生认根本 千秋作史毋忘前世开基人"。檐廊步柱镌刻的对联是"福全将相源流远 鳌海魁元声价高"。塌寿身堵有新作麒麟雕刻，抬梁式梁架，明间升高，形成正中屋面高于两侧屋面的双燕尾脊，脊堵以五颜六色的剪瓷装饰。后落面阔五间12米，天井进深4.5米，明堂进深9.5米，高5.4米。穿斗抬梁式梁架，硬山顶，燕尾脊，屋面两侧各列5条筒瓦。厅堂内悬挂晋江市福全蒋氏分支题匾"胤裔同源"，门前保留1对蜗纹雕花抱石鼓。后落厅堂内保留数对八角形、鼓形莲花瓣、香炉底座形及覆盆式石柱础。家庙前两级石埕，两侧各有2对清代原石旗杆，其中两侧各1对六角形基座旗杆，石埕前方为照墙。

澳头苏氏家庙

位于新店镇澳头社区澳头自然村西海边，距"蒋氏家庙"后墙0.4米，始建于清代道光年间，1950年重修。坐东北朝西南，前为庭院，后为单落大厝，面宽三间12米，总进深9.5米，高5.6米，前埕进深3.1米，占地面积约104平方米。偏南院门为单间门楼，门上镌刻"苏氏家庙"，门柱嵌镶对联为"芦山衍派源流长　鳌海分支世泽长"。院门西南两侧连接院墙，围墙上有一巨幅麒麟浮雕，四蹄开张作奔腾状，形态逼真，左右侧还雕有鹿、鹤图像各一幅，均以五彩瓷片剪贴装修，工艺精湛，古朴高雅。厅堂悬挂宋代丞相魏国公苏颂"学研天人"巨匾及额匾"兵部侍郎"，落款"清嘉靖十九年"。明堂神龛两侧木柱红底黑字楹联为"居芦山经六世千秋唯颂　位丞相历五代八闽共光"。抬梁式梁架，硬山顶，燕尾脊，瓦楞屋面。

庭院西南角留有早年捐建家庙芳名石碑一块，碑上镌文"敦谟二房十三世孙四川总督廷玉洋银壹仟元，三房十五世孙水师游击斐然洋银贰佰元，三房十三世孙培仁洋银伍佰元，三房十五世孙户部郎中尹文洋银壹仟元"，落款"道光癸卯捐修宗祠"。

澳头苏氏小宗

位于新店镇澳头社区澳头自然村海边，始建于清代，数次重修。坐东朝西，前为庭院，后落明堂，中为天井，面宽6米，总进深11.5米，建筑面积约69平方米。庭院门楼双燕脊，进深2米，前部为檐廊，中为凹形门廊，门上泥塑"苏氏小宗"匾，花岗岩墙裙及角柱，青石漏窗及柜台脚，门前1对蜗旋抱鼓石。门楼内侧檐下有一块长约2.5米，宽0.8~1.2米的不规则岩石，俗称"鲤鱼石"。后落为厅堂，面阔6米，进深6.3米，抬梁式梁架，硬山顶，燕尾脊，厅内悬挂"亚简流芳"匾牌。两侧步柱上题书楹联为"唐宋朝世系相传留有典型照日月　九百年风流未替重修庙貌壮山河"。前后脊堵饰以花卉剪瓷，显得堂皇富丽。宗祠西北角为累官至四川总督加兵部侍郎苏廷玉的"鳌石"题刻。

欧厝王氏宗祠

位于新店镇欧厝社区居委会办公楼东北面80米处。始建于明代，清代以后数次重建、修葺，1987年重修。坐南朝北。前后两落大厝，中为天井及两侧廊道，面宽10.5米，总进深19米，占地面积约199.5平方米。前落前部为长檐廊，垂花拱木雕装饰，正中为凹形门廊，两侧边门，塌寿墙裙下"柜台脚"卷草花纹，水车堵泥塑山水、人物，水车出境泥塑两座狮子。背部为廊道，前落进深4.5米，天井进深4米，硬山顶，双燕尾脊，明间屋面高于两侧；后落厅堂面阔三间10.5米，进深三间10.8米，穿斗抬梁混合式梁架结构，硬山顶，燕尾脊，脊堵有花卉、马、鹿剪瓷制作，门檐垂华拱，楣上悬"王氏宗祠"匾额。厅堂内悬有"状元及第""岁进士"木匾。祠内过厅保留清代如意纹石雕柱础，后落保存有明代覆盆式石柱础，双层石柱础上部为圆柱体，下部为旋纹鼓形。宗祠前为砖埕，两侧各有2对清代原石旗杆。

欧厝王氏小宗

位于新店镇欧厝社区欧厝菜市场南侧，始建于清乾隆年间，1993年重修。坐北朝南偏东，前后两落，中为天井及两侧廊道，面阔10.5米，总进深17.5米，占地面积约183.75多平方米。前落面阔三间，中间为凹形门廊，两侧各装有青石漏窗，门上悬匾"王氏小宗"，前落背部为廊道，硬山顶，双燕尾脊。后落大厝为厅堂，面阔三间10.5米，进深三间11.2米，内高4.9米，抬梁式梁架，硬山顶，燕尾脊，脊堵以人物、花卉剪瓷装饰。厅堂内悬有"岁进士"，落款"乾隆己丑年 贡生王瑞凤立"及"陆军少将"，落款"抗日英雄王帮时立"匾额。天井四周及后落厅堂内保留清代柱础等石构件。

和美陈氏家庙

位于新店镇欧厝社区和美自然村西,建于清初,20世纪1986年翻建,坐东朝西。前为单间门楼,庭院进深6.8米,两坡门廊,左右侧连接院墙,门楼脊堵以动物、花卉剪瓷贴花和泥塑螭龙尾装饰,硬山顶,燕尾脊。后落明堂为主体建筑,面阔10.5米,总进深16.3米,内高5.3米,占地面积约171.15平方米。明堂进深两间9.5米,正中安放一座漆金神龛,前后脊上插有抬梁式梁架,硬山顶,燕尾脊,厅堂内保留6件浮雕花瓣纹、壶门纹的鼓形石柱础,为清代遗存石构件。

浦南蔡氏家庙

位于新店镇刘五店浦南村中部,为浦南始祖蔡襄修建于清代,1991年重新翻建。坐东朝西,前后两落大厝,中为天井及两侧廊道,面宽10米,总进深21米,占地面积约210平方米。前落面阔三间,前部为檐廊,中为凹形门廊,两侧边门,明间屋面抬高,硬山顶,燕尾脊。后落为厅堂,面阔三间10米,进深三间10米,抬梁式梁架,硬山顶,燕尾脊,厅堂内悬挂"进士""文魁"等匾额。中堂两端步柱联为"昔日在朝为官伴圣驾 今朝告老还乡教子孙"。家庙前落保留清代雕花抱鼓石,后落中保留清代鼓形石柱础。家庙门前有双级砖坪及戏台。

东界太岳祖祠

位于新店镇东界社区东界自然村中部，建于清代，1957年重建，1994年重新翻建。坐东朝西，前为院门，中为天井庭院，后部大厝为主体建筑，面宽10米，总进深22米，占地面积约220平方米。院门单间凹形门廊，背后为檐廊，两侧连接院墙，门上悬挂"太岳祖庙"匾。后落大厝为厅堂，面阔三间10米，进深三间11米，抬梁式梁架，硬山顶，燕尾脊，瓦楞屋面两侧各有5列绿色琉璃筒瓦，厅堂内悬挂的匾额有"文魁""进士""武魁""中宪大夫"等，厅堂内神龛供奉许顺之。祠堂保留有门蹲、柱础等清代石构件，正面两侧院墙嵌有青斗石龙纹漏空贺窗，上部分别题刻"行礼义事""读圣贤书"。木构梁架保留民国时期风格。祠埕两侧各立有2对旗杆石。

许顺之（1141—1184年），名升，字顺之，号存斋，宋代理学家朱熹弟子，从朱熹求学于武夷山，后回乡探研著书，卒后被尊称为儒林乡贤。马来西亚等东南亚国家散布众多许氏宗亲。

石塘洪氏家庙

位于新店镇东界社区石塘自然村中部偏西,始建于明代,清代重建,上世纪90年代重新翻建。坐东朝西偏北,前为院门,中为天井庭院,后落大厝为主体建筑,面宽10.5米,总进深14.8米,占地面积约155.4平方米。院门为门廊,两侧连接院墙,门上镶嵌大理石石匾,镌刻"科第世家",落款"金陵焦漪同为""门人洪共公立",红壁砖墙体,硬山顶,燕尾脊。后落大厝为厅堂,面阔三间10.5米,进深三间9.5米,条石墙裙,红砖墙身,清水烟炙砖山墙。后堂双斗拱,步通枋间有雕花,开光鼓形石柱础浅浮雕,抬梁式梁架,板瓦屋面,脊堵以花瓷剪贴装修,硬山顶,燕尾脊。

源瑞堂(洪厝洪氏小宗)

位于新店镇洪厝社区洪厝自然村内,建于清道光四年(1824年),近年重新翻建。坐东朝西,前为院门,中为天井庭院,后落大厝为主体建筑,面宽8.5米,总进深17米,占地面积约150平方米。院门为单间凹形门廊,两侧连接院墙,门上镶嵌石匾,题刻篆书"洪氏小宗",落款"道光甲申年",硬山顶,燕尾脊。后落大厝面阔三间8.5米,进深三间11.5米,抬梁式梁架,硬山顶,燕尾脊,厅堂内保留浮雕花瓣纹、壶门纹的鼓形石柱础。

洪厝洪氏家庙

位于新店镇洪厝社区洪厝自然村中部，始建于明代，清代重建，20世纪90年代重新翻建。坐北朝南，前后两落大厝，中为天井及两侧廊道，面宽9.5米，总进深21米，建筑面积199.5平方米，占地面积约290平方米。前有庭院宽9.5米，进深9米，前部为檐廊，中为凹形门廊，门上悬挂"洪氏家庙"匾额，两侧边门，明间屋面抬高，硬山顶，双燕尾脊。后落为厅堂，面阔三间9.5米，进深三间8米，抬梁式梁架，硬山顶，燕尾脊，厅堂内悬挂"贡生""文魁""进士""督学中丞""钦元""副贡""明萌生""总戎""武魁""经魁""三登一榜"等匾额。家庙中保留较多清代石构件，前落檐廊及门廊有花岗岩夔龙纹石雕"柜台脚"、辉绿岩转角雕花柱础、墙裙上镶嵌的凤鸟纹、狮虎纹石雕板以及浮雕牡丹花卉、蟹甲如意纹的辉绿岩抱鼓石、龙纹及人物纹的漏雕圆窗，后落厅堂内保留着数组壶门纹、如意云头纹石柱础。

此家庙为洪姓柏埔衍派总祖祠。

杨厝杨氏家庙

位于新店镇洪厝社区杨厝自然村中部，始建于明嘉靖十一年（1532年），清代重建，近年重新翻建。坐北朝南，前后两落，中为天井及两侧廊道，面宽10米，总进深21米，占地面积约210平方米。前落面阔三间，前部为檐廊，中为凹形门廊，门上悬挂"杨氏家庙"匾额，两侧边门，背部为宽檐廊，明间屋面抬高，硬山顶，双燕尾脊，黄色琉璃瓦屋面。后落为厅堂，面阔三间10米，进深三间11米，抬梁式梁架，硬山顶，燕尾脊。后落厅堂内保留明代覆盆式石柱础。前落正面边墙旁立有辉绿岩石碑1方，碑高1.15米，宽0.55米，厚0.1米，碑额及碑首分别题刻"大明""杨氏祠堂记"，碑文楷书12行，落款"嘉靖壬辰仲秋之吉"等；梯形基座，长0.7~0.77米，宽0.22~0.4米，高0.5米，浮雕如意卷云纹。

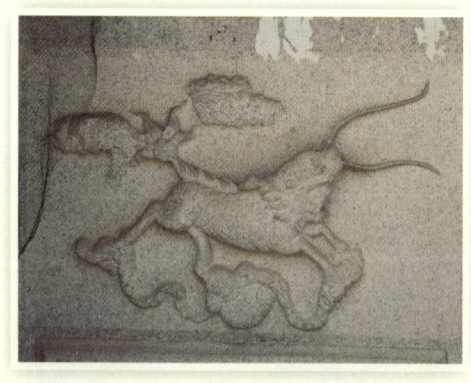

维则堂（洪厝洪氏小宗）

位于新店镇洪厝社区洪厝村内中部偏北，为洪氏小宗，即洪氏八房祖祠。始建于清乾隆年间（1736—1795年），清光绪年间（1875—1905年）及1949年前后重修，1993年翻修。坐北朝南，前后两落大厝，中为天井，两侧亭廊，大厝东侧单列护龙，总面宽16米，通进深19米，占地面积约304平方米。前落面阔三间，前为横向檐廊，中为凹形门廊，大门上悬匾"洪氏宗祠"，两侧边门，分别为"义门"及"礼门"，门后为廊道，前落为穿斗抬梁混合式梁架，中间屋顶高于两侧屋顶，双燕尾脊，两坡屋面各有四条垂脊。后落为厅堂，面阔三间10.5米，进深三间9.5米，抬梁式梁架，硬山顶，燕尾脊，脊上装饰交趾陶塑、瓷片剪贴等，厅内神龛悬匾"维则堂"。护厝面朝大厝，中有长条形天井相隔，为三房二厅结构。

宗祠内保留较多清代及1949年前后的木雕、石雕构件，有前后落及亭廊梁枋上保存较好的漆金木雕板、斗拱等，后落檐枋梁巾的多层浮雕人物故事纹和透雕花鸟纹最为讲究。石雕有前落正面墙堵上镶嵌的浮雕麒麟纹石板、青石漏雕龙纹窗及门前的螺纹抱鼓石，成双成对，天井旁廊道及后落厅堂内的方形石柱础和扁圆形石础最精致，或四面浮雕花鸟山石纹，或环雕奔马八宝纹，更有鲤鱼跃龙门、英（鹰）雄独立、翼龙在天等纹饰，雕工娴熟而精细，题材罕见而吉祥。

三诰堂（洪厝洪氏祖祠）

位于新店镇洪厝村中部，始建于明代，清代重建，1958年被烧毁，1986—1989年重新翻建。坐北朝南，前为院门，中为天井庭院，后落大厝为主体建筑，面宽11米，总进深20米，占地面积约220平方米。院门为门廊，两侧连接院墙，门上镶嵌石匾，镌刻"三诰堂"，硬山顶，燕尾脊。后落大厝为厅堂，面阔三间11米，进深三间10.5米，抬梁式梁架，硬山顶，燕尾脊，板瓦屋面两侧各列3条黄色琉璃筒瓦，厅堂内悬挂的匾额有"奉天诰命""进士""文魁""督学中丞""经魁""三登一榜""同少将"等。

湖头洪氏宗祠

位于新店镇湖头社区湖头自然村中部，始建于清末，1990年翻建，2005年装修院门。坐东北朝西南，单体建筑，前有围墙庭院及单间院门硬，山顶燕尾脊，面宽10米，总进深14米，占地面积约140平方米。主体建筑为古厝形式，古厝厅堂面阔三间10米，进深三柱9米，抬梁式梁架，硬山顶，燕尾脊，厅堂内奉祀"清水祖师"及侍郎洪朝选，梁架下保留清代花岗岩石雕柱础4个。

东坑洪氏宗祠

位于新店镇东坑社区东坑村内，始建于明正德年间，清代曾重修，1998年再次重修，坐北朝南。前为庭院，后为明堂，中部为前后双层天井，天井两侧靠厅堂各有长条形单亭廊道，前层天井两侧为露天廊道。此建筑面宽11米，总进深26.8米，占地面积约295平方米。院门中有凹形门廊，开设大门及两侧边门，大门后为横向通廊，抬梁式石构梁架，明间屋面抬高，两坡屋面，各饰5列黄色琉璃筒瓦，为硬山顶燕尾脊。厅堂前部横向宽檐廊，面阔三间11米，进深三间11.8米，抬梁式梁架，硬山顶，燕尾脊，瓦楞屋面两侧各有5列黄色琉璃筒瓦。庭院门楣上悬"洪氏宗祠"木匾。厅堂内悬有"中翰""文魁""进士"等匾额。祠内保留着6块清代石雕柱础及花岗岩台阶石。

此宗祠源出于洪迈之子十九郎洪植，南宋隆兴元年（1163年）分衍新店镇下曾、宋坂、湖头、吴厝、新店、后山、上吴、汪厝、马池堂、浦园，马巷镇万家村，南安菊江等，明正德时乡贤洪傅、洪体率后裔启基修建。

林边洪氏小宗

位于新店镇吕塘社区林边自然村中,林边洪氏于明洪武二十年(1387年)择居吕塘,原祠堂建于现祠堂东北30米处,清康熙年间(1662—1722年)迁现址重建,1998年重新翻建。坐东朝西偏北,前后两落,中为天井和两侧廊道,面宽11米,总进深20米,占地面积约220平方米。前落面阔三间,前部为檐廊,中为凹形门廊,中为大门,两侧边门,大门上嵌石匾"洪氏小宗",前落背部为宽廊道,屋顶为硬山顶,琉璃筒瓦屋面,明间屋面稍高,形成双燕尾脊。后落大厝为厅堂,面阔三间11米,进深三间10.5米,抬梁式梁架,硬山顶,燕尾脊,厅堂正中为神龛。堂内悬挂"文魁"匾,上下落款为"巡抚福建等处地方 提督军务 都察院右副都御史 加五级 黄秉中 为康熙辛卯科中试举人 洪圣科 立",堂内保留有数对鼓形石柱础,均为清代遗物。

中保练氏家庙

位于新店镇吕塘社区中保自然村内,始建于清代。原建筑规模较大,具有清代古厝风格,20世纪70年代因火灾多处倒塌而改建,现仅保留原建筑后落大厝的中厅,前部为小院落及小院门,面宽4.8米,总进深11米,建筑面积52.8平方米。中厅为单间,面阔4.8米,进深7米,内高3.6米,硬山顶,燕尾脊。

中堡练氏于明万历年间自武平中堡乡中堡村迁此,因此而得名,其分支衍于同安大同镇后炉街。中堡及后炉街练氏尊练子宁为入闽始祖,以练世运为开基祖。练子宁为洪武进士,累官吏部侍郎、左副都御史,后因"靖难之役"遭抄家灭族,其后裔迁入福建长汀武平;练子宁五世孙练世运随同其他姓氏来翔安参与修建董水六坎桥,在工地附近择地开基落户。中保村曾流行过鼠疫,族人逃亡,远迁海外及台湾,因此练氏人丁式微。据1987年人口普查统计,厦门练氏仅人口173人,是厦门人口较少姓氏之一。

西林柳氏家庙

位于新店镇吕塘社区西林自然村内，始建于明天顺年间（1457—1464年），明清时期屡有修建，民国末年后树乡旅越族胞捐助重建，1996年重新翻建。坐东朝西（偏北），前后两落大厝，中为天井及两侧廊道，面宽10.6米，总进深19.9米，占地面积约211平方米。前落面阔三间，前部为檐廊，中为凹形门廊，大门上嵌"柳氏家庙"石匾，前落背部为宽檐廊，明间屋顶高于两侧屋面，为双燕尾脊，前后各有4条垂脊。后落大厝为厅堂，面阔三间10.6米，进深三间10.2米，抬梁式梁架，硬山顶，燕尾脊，瓦楞屋面两侧各有3列黄色琉璃筒瓦。厅堂神龛上悬挂"中宪大夫"匾额，落款"大明英宗　赐进士　讳智字澄渊　中贵""丁丑年春重立"。厅堂及天井中保留石柱础及台阶等少量清代石构件。家庙前为石埕。

西林村为明代景泰至成化年间（1450—1487年）侍奉代宗、英宗、宪宗的内官柳智的故乡。

董水董氏家庙

位于新店镇吕塘村董水自然村南面村边，始建年代不详，1992年重修翻建。坐东北朝西南，前为院门，中为天井庭院，后为大厝，面宽10.4米，总进深16.6米，占地面积约173平方米。院门为单间的凹形门廊，背部为廊道，门上镌刻"董水家庙"，硬山顶，燕尾脊，院门两侧连接院墙。后部大厝为厅堂，面阔三间10.4米，进深三间10.6米，抬梁式梁架，硬山顶，燕尾脊，瓦楞屋面，两侧各有一条琉璃筒瓦。厅堂内保留有清代鼓形石柱础。

茂林蔡氏家庙

位于新店镇茂林社区茂林自然村中部，始建于清代，20世纪80年代重新翻建。坐北朝南，前后两落大厝，中为天井及两侧廊道，面宽10.5米，总进深19.7米，总占地面积约350平方米，建筑面积206.85平方米。前落面阔三间，进深4.5米，前部为檐廊，中为凹形门廊，门上悬挂"蔡氏家庙"匾额，庙门楹联为"庙脉通青狮岳崧岱降 门除仰朱雀景庆时征"。两侧边门，明间屋面抬高，硬山顶，双燕尾脊。后落为厅堂，面阔三间9.5米，进深四柱10.5米，内高5.8米，抬梁式梁架，硬山顶，燕尾脊，厅堂内悬挂"文宗开府""宝谟学士""文魁"等匾额。家庙中保留着数组如意云头纹石柱础。家庙前砖埕两侧各有4对清代石座旗杆，砖埕东侧立有原蔡贵易墓翁仲石马雕造像1座。

大宅陈氏家庙

位于新店镇大宅社区大宅自然村内。始建于明代，清代多次修葺。1986年重新翻建，坐北朝南。家庙前后两落，中为天井，两侧廊道，面阔11.5米，总进深21.5米，占地面积约644平方米，建筑面积402.5平方米。前落面阔三间，进深6.5米，天井4米。前部为檐廊，中为凹形门廊，门上悬"大宅家庙"匾，木制大门框两侧身堵有漏空木窗，下门斗两边竖有大理石护垫。前落背后为宽廊道，硬山顶，燕尾脊。后落为厅堂，面阔三间11.5米，进深四柱9.5米，抬梁式梁架，板瓦屋面，两侧各3列筒瓦，硬山顶，燕尾脊。厅堂内悬挂"诰命堂""明经进士""进士""文魁""元副"匾额。前落梁柱保存7根梭形石柱，后落尚存明清时期覆盆式柱础，前埕戏台前竖立4对花岗岩旗杆。

陈坂陈氏宗祠

位于新店镇大宅社区陈坂自然村中,始建于明永乐十五年(1417年),1992年重修,坐北朝南。前后两落,中为天井及两侧廊道,面阔11.5米,总进深20米,占地面积约667多平方米,建筑面积230平方米。前落面阔三间,进深4.6米,天井4.4米,前部为檐廊,中为大门及凹形门廊,门上悬匾"陈氏宗祠",两侧边门,前落背后为檐廊,明间抬高,硬山顶,双燕尾脊。后落为厅堂,面阔三间11.5米,进深四柱11米,内高6.2米,抬梁式梁架,硬山顶,燕尾脊。厅堂内悬挂"文魁""会元""亚元""正中"牌匾,正中一方"世劳王家"匾额,落款为"康熙二十四年 岁次乙丑科 钦定会魁 历任左春坊 左庶子 兼翰林院院侍读 孙远鹤 敬立",神龛两侧圆柱上楹联为"派衍福清氏族衣冠推第一 支分蒲坂天家世系本无双"。祠堂内保留清代抱鼓石等石构件,祠堂前立旗杆石1对。

陈圭谭,生卒年不详,翔凤里陈坂乡人氏,宋政和七年(1117年)特授徽州提举使;德祐二年(1276年)特授左丞相兼枢密使都督。

霞浯吴氏家庙

位于新店镇霞浯社区霞浯自然村内,始建于清康熙二十八年(1689年),清雍正十三年(1735年)重建,1961年重修建,1988年重修。坐东南朝西北,前后两落,中为天井及两侧廊道,面宽11米,总进深27米,占地面积约190多平方米。前落面阔三间,前部为檐廊,中间为凹形门廊,门上悬匾"吴氏家庙",前落背部为宽廊道,硬山顶,双燕尾脊。后落大厝为厅堂,面阔三间11米,进深三间9米,抬梁式梁架,硬山顶,燕尾脊。此建筑重建时多采用钢筋水泥结构梁架,天井四周及后落厅堂内保留各种精致造型的石柱础,有方形、八角形、鼓形、花瓣形、双层案几形等,大门旁辉绿岩抱鼓石浮雕鹭龟莲塘、喜上梅梢、老翁童子等,生动别致,寓意吉祥。

霞浯吴氏小宗

位于新店镇霞浯社区霞浯自然村内,始建于清乾隆年间,1987年重修。坐东朝西偏南,前后两落大厝,中为天井及两侧亭廊,面宽11米,总进深15.5米,占地面积约250平方米,建筑面积170.5平方米。前落面阔三间,前部为长檐廊,正中为凹形门廊,背部为宽廊道,中设大门,大门上悬挂"吴氏小宗"匾额,硬山顶,双燕尾脊,后落大厝为厅堂,明间屋面高于两侧屋面,宽檐廊,面阔三间11米,进深四柱11米,内高5.6米,抬梁式梁架,硬山顶,燕尾脊。厅堂内悬挂匾额有"节钺重望""兵宪""明经"等。厅堂内保留清时期建筑石构件,如鼓形石柱础等。

沙美彭氏宗祠

位于新店镇沙美社区沙美自然村中部鹊峰南83号，始建于明代，清雍正年间重修，此后因年久失修破损，1989年重新翻建。坐南朝北，前后两落大厝，中为天井及两侧廊道，面宽10.5米，总进深20.5米，占地面积约530平方米，建筑面积215.25平方米。前落面阔三间，前后均为檐廊，中开大门，正门左右立有蜗纹雕花抱石鼓，抬梁式梁架，硬山顶，燕尾脊。后落为厅堂，面阔三间10.5米，进深四柱10.5米，内高5.3米，抬梁式梁架，板瓦屋面，硬山顶，燕尾脊。厅堂正中悬挂"孝悌力田"匾额，落款为"明洪武十年　为彭用乾　任广东雷州府徐闻县正堂　同安县尹方子中　立"，"孝思堂"两侧步柱题写楹联为"山号鹊峰鹊胡云峰鹊头耸翠　里名沙美沙何以美沙里藏金"。此建筑木构梁架保留清代风格。

东园张氏宗祠

位于新店镇东园社区东园自然村沟仔北125号，修建于明嘉靖年间（1522—1566年），清光绪二十五年（1899年）重建，1987年翻建。坐北朝南，前为院门，中为天井，后落大厝为主体建筑，面宽10米，总进深16米，建筑面积160平方米，占地面积约240平方米。院门为单闽凹形门廊，硬山顶，燕尾脊，门上悬挂洋灰质"张氏宗祠"匾，落款"光绪己亥年重修"，院门两侧连接院墙，后落大厝为厅堂，面阔三间10米，进深三间10米，抬梁式梁架，硬山顶，燕尾脊，厅内悬挂匾额有"文魁""孝子""节贞齐美""御史""亚魁""伯仲争俊""副车三中""父子进士"等。厅堂木雕梁架、石柱础及祠门门铛、门旁两侧各3对旗杆石等为清代遗物，祠内还收藏有清代"兄弟进士"木匾。

祠堂墙上嵌有弧首长方形墓志铭1方，高0.79米，宽0.36米，碑额篆书"皇明"，碑文镌刻蝇头小楷24行，有"崇祯十三年十一月　国子生　及我张公　暨　配孺人林氏　墓志铭"等字样。

东园张氏分支源自金门青屿岛，正如檐廊步柱所题的对联"远青屿近东园水源木本　孝姑嫜忠父子祖德宗功"。

东园埕前钟氏家庙

位于新店镇东园社区埕前自然村东部，明时钟氏在此已建大宗祠，因倭患频仍，人丁外迁失修，故夷为平地。清光绪年间，东园钟氏改宗祠建家庙，坐东北朝西南，前后两落，面阔11.28米，总进深12.9米，建筑面积145.5平方米，占地面积约170平方米，硬山顶，燕尾脊。前落三间张榉头止，板顶屋面，清水砖栏杆，中为天井，后落面阔三间，两侧厢房，设有内大门，古民居之建筑模式。

钟氏族谱载，西晋"侯景之乱"，钟会正从江苏一带入闽避乱，钟期、钟余慕于唐时来闽仕宦而留居闽省。唐有宰相钟绍京，进士钟馗。钟氏尊钟会正为入闽始祖。宋末，钟氏103世（始祖名讳已失传）迁居沿海民安里十都埕前乡。历史上钟氏属畲族，埕前钟氏是汉族。其昭穆各行"如世声鸣起学，则柔敦厚信敏，源远乃尔毓秀，久长自是兴昌"，字行"国朝大开文运，时怀翼赞振扬，继承思存作德，传衍定克荣宗"。钟氏人才辈出，钟成任同安主簿，景泰间钟起任同安县丞，钟鉴任泉州府儒学，钟升任长泰府知。

现东园社区埕前自然村已荒废，民居建筑残存此座家庙，钟氏人口仅20余人，现迁居东园村，迁徙新加坡、马来西亚繁衍的有5 000多人。

垵山林氏家庙

位于新店镇垵山社区山头自然村南部，修建于明代，清代修葺，抗战时期部分梁架被烧毁，1996年重修。坐东朝西，前后两落，中为天井及两侧廊道，面宽11米，总进深23米，建筑面积253平方米，占地面积约280平方米。前落面阔三间，前部为檐廊，中为凹形门廊，开设3门，正中门上嵌有"理学贤祠"石匾，花岗岩及木构梁架，硬山顶，双燕尾脊。后落大厝为厅堂，面阔三间11米，进深四间12米，抬梁式梁架，硬山顶，燕尾脊，厅内供奉林希元牌位，悬挂匾额"武进士""进士""理学名宦"等。檐廊墙堵保留有清代花岗岩石雕，门前有保留1对清代辉绿岩抱鼓石。

林希元（1481—1565年），字茂贞，号次崖，明代著名理学名宦。新店垵山村人，明正德十一年（1516年）中举，次年中进士，授南京大理寺评事，后历任南京大理寺丞、钦州知州、广东按察司佥事等，嘉靖二十年（1541年），因上疏抨击时弊被黜归籍。其学识渊博，精研理学，一生著述丰宏，存世有《易经存疑》《四书存疑》《新政八要》《考古异闻》等。

林氏宗亲自明末清初开始移居澎湖、台湾，目前为台湾第二大姓。2007年公布为厦门市第二批涉台文物古迹。

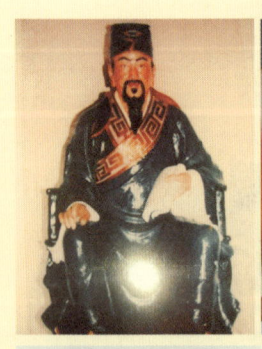
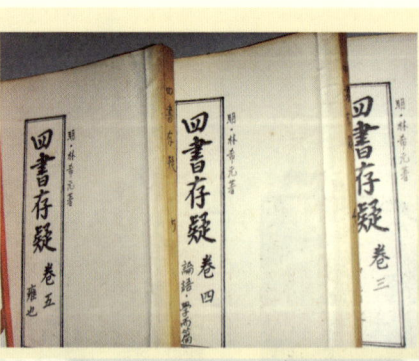
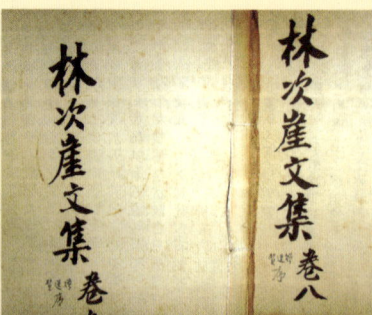

炉前魏氏宗祠

位于新店镇炉前社区炉前自然村中部，建于清代，1985年重修。坐北朝南，前后两落大厝，中为天井及两侧廊道，面宽10米，总进深21米，占地面积约210平方米。前落面阔三间，前部为檐廊，凹形门廊，门上悬挂"魏氏宗祠"匾额，两侧边门，前落背部为宽檐廊，屋面为明间高，两侧低，硬山顶，双燕尾脊。后落大厝为厅堂，面阔三间10米，进深三间10米，抬梁式梁架，硬山顶，燕尾脊，厅堂内悬挂"谏议大夫"匾额等。祠堂内保留台阶、"柜台脚"墙基、柱础等清代石构件，门前抱鼓石浮雕的花卉、凤鸟、莲塘、猴鹿等纹饰尤为精美，寓意廉洁富贵、年年有余、世世封侯、代代为官。祠堂前立有两对半旗杆石。

下许厝许氏家庙

位于新店镇下许厝社区下许厝自然村村内，始建于明嘉靖时，1988年重修。坐北朝南，前后两落，中为天井及两侧廊道，面宽11.5米，总进深21.7米，建筑面积259.55平方米，占地面积约345多平方米。前落面阔三间，前部为檐廊，中间为凹形门廊，门上悬匾"许氏家庙"，前落背部为宽廊道，硬山顶，三川脊。后落大厝为厅堂，面阔三间11.5米，进深四柱11.5米，内高5.7米。抬梁式梁架，硬山顶，燕尾脊。此建筑重建时多采用钢筋水泥结构梁架，天井四周及后落厅堂内保留各种精致造型的石柱础，有方形、六角形、鼓形、花瓣形等。屋面两侧各有5列橙色筒瓦。厅堂正中悬挂"镇海将军"匾额，两侧有"贞正流芳""乡贤兄弟""父子节度""进士""文魁""武魁"匾额，两侧花岗岩圆柱楹联雕刻"龙跃珩溪分百川源渊一脉 凤鸣文山发千枝景丽三春"。大门旁螺旋纹花岗岩抱鼓石雕刻仙鹤、麒麟等，凹形门廊两侧的落空花窗、花岗岩墙裙浮雕松竹、花鸟、动物及柜台脚均为明清时期遗存下来的石构件。

下许厝文山许氏衍自萧山始祖许聚，于宋末元初肇基，其后嗣于明嘉靖年间徙居文山十三都。

下后滨洪氏宗祠

位于新店镇下后滨社区北部,始建于明万历时(1573—1620年),1962年重新翻建。坐南朝北,前后两落,中为天井及两侧廊道,面宽11米,总进深22米,占地面积约240多平方米。前落面阔三间,前部为檐廊,中为大门及凹形门廊,门上悬匾"洪氏宗祠",两侧边门,前落背后为檐廊,明间抬高,硬山顶,双燕尾脊。后落为厅堂,面阔三间11米,进深三间12米,抬梁式梁架,硬山顶,燕尾脊,屋顶两侧各饰以3条筒瓦。厅堂内悬挂牌匾有"文魁""贡生""乡贤名宦""博士""院长"等。祠堂内保留清代抱鼓石等石构件,祠堂前立旗杆石1对。该祠为洪姓第五世分支衍派之祠堂。

西滨(银浦)李氏家庙

位于新店镇西滨村内,始建于明洪武初年,明清两朝屡次重建、修葺,1996年重建。坐北朝南,前后两落,中为天井及两侧廊道,面宽12米,总进深19米,占地面积约220多平方米。前落面阔三间,前部为檐廊,中为凹形门廊,门上嵌"李氏家庙"石匾,两侧边门,墙面嵌有大量花岗岩、辉绿岩石雕,明间屋面抬高,硬山顶,双燕尾脊。后落为厅堂,面阔三间12米,进深三间14米,抬梁式梁架,硬山顶,燕尾脊,厅内悬挂"明经发祥"匾额等。大门旁1对青石门蹲及檐廊基石、天井旁长石板为清代建筑石构件。祠前新立旗杆石1对。

明代,银浦李氏先祖李应祥迁居金门,成为金门李氏始祖。

琼头林氏家庙

位于马巷镇琼头社区琼头自然村中部,始建于明代,1985年重修,坐东朝西偏北,前后两落,中为天井及两侧廊道,面宽11.8米,通进深21.7米,占地面积约256平方米。前落面阔三间,正背均为檐廊,正中为凹形门廊,中设大门,两侧边门,大门上悬匾"林氏家庙",门柱对联为"龙山九牧千秋世泽 琼江西河万古长春"。抬梁式梁架,悬山顶,明间屋面稍高于两侧次间,双燕尾脊,屋面两侧各列3条绿色琉璃筒瓦。后落为厅堂,面阔三间11.8米,进深三间12.3米,抬梁式梁架,悬山顶,燕尾脊,屋面两侧各有3列绿色筒瓦。厅堂正中悬挂文林郎知同安县事朱奇珍题刻的"理学明宦""一门忠节""乡贤明卿"匾额,两侧方柱楹联雕刻"源由东晋支分闽国藩封 派衍西河本初商朝王子"。

此建筑保留较多明清墙裙、方柱、镂空竹桩圆窗、抱鼓石以及后落厅堂内的数对覆盆式柱础等石构件。

山亭南陈小宗

位于马巷镇山亭社区山亭自然村内,即中共同安临时县委旧址北侧,建于清道光年间,1991年重新翻建。坐东朝西,前为院门,中为天井庭院,后落大厝为主体建筑,面宽12.3米,总进深21.5米,占地面积444.19平方米,建筑面积263.45平方米。院门为单间凹形门廊,两侧连接院墙,进深10米,门上镶嵌"南陈小宗"石匾,硬山顶,燕尾脊。后落大厝面阔三间12.3米,进深四柱11.5米,内高5.9米,明堂内有"追远堂"神龛一座,两侧步柱楹联为"溯源入闽南院嘉年由来 开族侯亭二房三世分支",厅堂上方悬挂"文魁""武魁""绳其祖武"匾额、抬梁式梁架,歇山顶,燕尾脊,厅堂内保留明清时期石柱础,门埕与山亭祠堂并列,以红砖铺砌,前有浮雕麒麟照墙一座。由于受自然因素影响,加上年久失修,前后廊柱及梁架均更换为石构件。

山亭店顶陈氏小宗

即店顶村"南陈小宗"。位于马巷镇山亭社区店顶自然村内，建于清道光年间，近年重新修过。坐东朝西，前为院门，中为天井庭院，后落大厝为主体建筑，面宽10.8米，总进深20.5米，占地面积约221.4平方米，建筑面积约118.8平方米。新修庭院为单间凹形门廊，两侧连接院墙，进深9.5米，门上镶嵌石匾为"南陈小宗"，硬山顶，燕尾脊。后落大厝面阔三间8.5米，进深四柱11.5米，内高5.5米，东侧墙壁镶入一块原建庙碑记，长0.74米，宽0.4米。孝思堂两侧步柱上题刻楹联为"殷荐春秋凭敬慎　增光俎豆在文章"，厅堂内悬挂匾牌有"祖孙登科"，落款"宣统已酉年　中试举人　陈耀煌立"；"文魁"一方，落款"道光甲辰科　中试二十六名举人陈骏三立"；"武魁"一方，落款为"宣统已酉年　试兵部侍郎兼都察院副都御史　刘鸿翱为"，抬梁式梁架，硬山顶，燕尾脊。厅堂内保留浮雕花瓣纹鼓形石柱础。

候阁陈氏家庙

位于马巷镇山亭社区候阁自然村南部,建于清同治时(1862—1874年),1990年重新修建。坐北朝南偏西,前后分别为院门、天井、大厝,面宽11米,总进深21米,建筑面积约231平方米。前为单间凹形院门,硬山顶,燕尾脊,院门两侧连接院墙。天井四周为院墙。大厝为厅堂,面阔三间10米,进深四柱11米,抬梁式梁架,硬山顶,燕尾脊,厅堂内悬挂"孝悌敦睦"匾,落款为"大清同治三年 厦门水师中军参将 诰封二品武显将军 陈允彩 立",另有"雅理琴堂"匾,落款为"清光绪 留学于日本东京政法大学 毕业参加辛亥革命 民国三年 任海澄县长 陈鸿祺 立"。大门前左右各立1对旗杆石,家庙后立有石雕风狮爷。

山亭下边陈氏家庙

位于马巷镇山亭社区下边自然村南部,始建明代,坐西朝南东,前后分别为院门、天井、大厝,面宽10.5米,总进深18.5米,占地面积约194.5平方米。前为单间凹形院门,硬山顶,燕尾脊,院门两侧连接院墙,天井四周为庭院进深8.5米,大厝为厅堂,面阔三间10.5米,进深四柱10米,外墙裙以长条板石砌筑(板石长1.8~4米,宽0.35~0.4米),墙身清水烟炙砖贴面,抬梁式梁架,硬山顶,燕尾脊,厅堂两侧圆柱楹联上书"遵司马公家训只在积德一端 守东平王格言不外为善二字",正中保留神龛、案桌各一座,另有开光鼓形柱础等许多石构件。

城场林氏家庙

　　位于马巷镇城场村西76号林壮猷故居东15米处,为祭祀林壮猷而建,建于清代中期。坐东朝西,前后两落大厝,中为天井,天井两旁小护厝,面宽9米,总进深17米,占地面积约153平方米。前落面阔三间,条石墙基,土坯墙体,正中为凹形门廊,两侧房间,门廊屋顶为平直的硬山顶,卷棚脊,两侧房间屋顶为斜坡状,整体屋面呈"八"字形。后落大厝为厅堂,面阔三间9米,进深三间8米,抬梁式梁架,硬山顶,燕尾脊,板瓦屋面,左右各有3列筒瓦。此建筑为土木、砖石结构,梁架等木作装饰简约,但多已荒废,天井旁护厝坍塌,前后落大厝瓦面多处毁坏,后落还保留着花卉纹石柱础。

　　据林氏族谱记载:城场林氏系福建莆田"九牧林"衍派,林披自唐玄宗天宝十一年(752年)入闽,其三十一世裔孙于明代播衍城场,为城场林氏始祖。

城场林氏宗祠

位于马巷镇城场村中部，始建于宋代，清代重建，1923年扩建，1978年焚毁，1987年重建。坐北朝南，前后两落，中为天井及两侧廊道，面宽10.8米，总进深21米，占地面积约220平方米。前落面阔三间，前为檐廊，正中为凹形门廊，正中开设大门，两侧边门，大门上悬匾"九牧衍派"，背面为宽廊道，硬山顶，双燕尾脊，板瓦屋面，两侧各有3列筒瓦，外墙为三合土基础。后落为大厅堂，面阔三间10.8米，进深三间12米，中设神龛，额题"忠孝堂"，檐枋正中悬匾"气锁关山"，抬梁式梁架，硬山顶，燕尾脊。此建筑正面石构墙基及后落厅内的石柱础为清代遗物。宗祠门前左右各有4对旗杆石（新立两对半），其中2对分别为"忠""孝"旗杆石，为当地义士林壮猷和孝子林化衷而立。

陈头陈氏家庙

位于马巷镇陈新社区陈头自然村中部,始建于明代,清代重建,1998年重修。坐东朝西,前后两落大厝,中为天井,左右两侧廊道,面宽10.5米,总进深19.7米,占地面积约241平方米,建筑面积206.85平方米。前落面阔三间,进深5米,前为檐廊,中为凹形门廊,背面为廊道,中设大门,两侧开边门,大门上镌刻"陈氏家庙"匾额,楹联为"支分颍水源流久远卜翻昌 迹发鼎山气象峥嵘开甲第",硬山顶,双燕尾脊。正面墙堵置有漏窗,木制为高0.5米门槛,蜗纹雕花抱石鼓。大门两侧花岗岩裙堵浮雕麒麟、鹿、凤鸟图案。后落大厝为厅堂,面阔三间10.5米,进深四柱10.5米,内高5.4米,穿斗抬梁式梁架,硬山顶,燕尾脊,脊堵多以花卉剪瓷装饰。厅堂内悬有"骑都尉""绳其祖武"木匾。明堂保存一座漆金神龛,两侧圆柱楹联上书"派衍漳南因保傅而启美 名并薛北得金华以益昌"。厅内保留3对鼓形和覆盆式清代石柱础,雕有"文房四宝"及花卉纹路。

井头林氏家庙

位于马巷镇井头社区井头自然村中部，始建于明代，清乾隆年间（1736—1795年），林氏十世孙、江南提督林君升扩建，1920年翻建，1988年重修，后庙毁，1995年重建。坐东朝西（偏北），前后两落，中为天井及两侧廊道，面宽11.8米，通进深21.7米，占地面积约256平方米。前落面阔三间，正背均为檐廊，正中为凹形门廊，中设大门，两侧边门，大门上悬匾"林氏家庙"，抬梁式梁架，悬山顶，明间屋面稍高于两侧次间，双燕尾脊，屋面两侧各列6条绿色琉璃筒瓦。后落为厅堂，面阔三间11.8米，进深三间12.3米，抬梁式梁架，悬山顶，燕尾脊，屋面两侧各有3列绿色筒瓦。厅堂正中漆金木雕神龛上方悬挂"积厚流光"匾额，两侧方柱楹联雕刻林君升手迹"一介历戎行帝心简在承恩重　千秋辉俎豆世泽渊源衍庆长"，另有"干城济美"匾额等。

此建筑中保留较多明清石构件，如前落的墙基、墙裙、方柱、漏空圆窗、抱鼓石，后落厅堂内的数对覆盆式柱础，家庙前砖埕两侧各有1对方座旗杆石。砖埕前方为照壁，北侧有古井1口，名曰"麟山龙井"，八角形井口，深12米，现井口距水面1.7米。井台西侧立有一方石碑。

窗东洪氏宗祠

位于马巷镇窗东社区窗东自然村中部,始建于明代,清同治十三年（1874年）重建,1990—1992年重修。坐东北朝西南,前后两落大厝,中为天井及左右两侧廊道,面宽10.7米,总进深19.4米,建筑面积206.88平方米,占地面积约298平方米。前落面阔三间,中为凹形门廊,大门上有镌刻"洪氏宗祠"的长方石匾,前落背面为廊道,硬山顶,双燕尾脊。后落大厝为厅堂,面阔三间10.7米,进深三间12.3米,内高5.5米,抬梁式梁架,硬山顶,燕尾脊,厅内保留3对鼓形及八角形清代石柱础。祠前两侧立旗杆石六对半。

后滨李氏家庙

位于马巷镇后滨村内,始建于明代万历年间（1573—1620年）,此后多次重建、修葺,1985年翻修,2006年重新拆建。坐北朝南,前后两落大厝,中为天井,面宽11.3米,总进深23米,占地面积约260平方米。前落面阔三间,中为凹形门廊,门上悬挂"李氏家庙"匾额。后落为厅堂,面阔三间11.3米,进深三间10米,硬山顶,燕尾脊,厅堂内悬挂匾额有"总统闽浙""粤东捆帅""龙章宠赐"。门前立有1对方座旗杆石,基座浮雕杂宝纹及狮兽纹。

郑坂郑氏家庙

位于马巷镇郑坂社区郑坂自然村中部，始建于明代晚期，清乾隆、道光、光绪时多次重建和修葺，1942年、1990年两次重修。坐西朝东，前后两落，中为天井及两侧亭廊，面宽11.1米，总进深23.5米，占地面积733平方米，建筑面积约260.85平方米。前落面阔三间，中为凹形门廊，门上悬匾"郑氏家庙"，两侧边门，抬梁式梁架，硬山顶，双燕尾脊。后落为厅堂，面阔三间11.1米，进深三间12米，抬梁式梁架，硬山顶，燕尾脊。后落厅堂中尚保留有清中期石柱础。郑姓于明洪武年间迁居郑坂，明末始建祖祠。

亭洋陈氏六房祖厝

位于马巷镇亭洋社区亭洋自然村中部,即陈金恒故居北侧约35米处,建于清代早期,坐东朝西。前后两落大厝,中央天井及两侧榉头,大厝外围左右各有一列护龙,总面宽25.5米,总进深19.7米,占地面积约655平方米,建筑面积502.35平方米。前落大厝面阔三间,中为凹形门廊及中厅,正面为廊道结构,大门两侧墙裙各用2条通长5米的板石砌筑,三级台阶,抬梁式梁架,板瓦屋面,硬山顶,燕尾脊;后落主体面阔三间12.5米,进深三柱10米,内高5.5米,穿斗式梁架,硬山顶,燕尾脊。此建筑为土木、砖石结构的闽南红砖民居,建筑风格朴实,不事雕饰,此建筑为候亭六房分支亭洋开村祖厝,但现南侧护厝已破落荒废,主厝后部墙壁已倒塌。现大厝前埕保留清代两对旗杆石,后落大厝厅堂内尚保存数对鼓形石柱础。

田边林氏家庙

位于马巷镇黎安社区田边自然村西部,始建于明代,清代年间重修,1974年再次装修前落门面。坐东朝西,两落大厝面宽11米,总进深18.7米,占地面积约515平方米,建筑面积205.7平方米。前落大门上刻写"林氏家庙",前落为凹形门廊,两侧廊道,面阔三间,进深3.2米,天井进深5米,硬山顶,燕尾脊。大厝为厅堂,面阔三间11米,进深四柱10.5米,内高5.6米,明堂正中一座神龛,抬梁式梁架,板瓦屋面,硬山顶,燕尾脊。厅内保留6个花篮式石柱础,因年久失修,步柱之间用横木顶住,南侧外墙突出,用块石堆筑加固。

后莲洪氏小宗

位于马巷镇后莲社区后莲自然村中,始建于明代,清代重建,1990年重新翻建。坐东朝西偏北,前为院门,中为天井庭院,后落大厝为主体建筑,面宽10.5米,总进深18.8米,占地面积约455平方米,建筑面积197.4平方米。院门为门廊,两侧连接院墙,门上镶嵌石匾,镌刻"洪氏小宗",前落面阔三间,进深2.8米,中位门廊,两侧廊道,硬山顶,燕尾脊。后落大厝为厅堂,面阔三间10.5米,进深三间10.5米,天井进深5.5米,内高5.2米,条石墙裙,红砖墙身,清水烟炙砖山墙。后堂正中神龛两侧对联为"德成言乃立 义在利斯长",步通方柱上楹联为铭记开基始祖而题"纯正昌达千秋衍派 春房兴隆万代传芳",步通枋间有雕花,鼓形石柱础浅浮雕,厅堂高于天井0.35米,抬梁式梁架,板瓦屋面,脊堵以花瓷剪贴装修,硬山顶,燕尾脊。

山前戴氏家庙

位于马巷镇黎安社区山前自然村西部，始建于清初，民国年间重修，1949年前夕再次重修，1988年翻建。坐东朝西偏北，单落大厝，前为天井并开设院门，面宽10.5米，总进深18米，占地面积约336平方米，建筑面积189平方米。院门为单间，门上刻写"戴氏家庙"，前后为檐廊，硬山顶，翘脊。大厝为厅堂，面阔三间10.5米，进深三间15.5米，明堂正中神龛两侧步柱楹联为"春祀秋尝遵万古圣贤礼乐　左昭右穆序一家世代源流"，抬梁式梁架，板瓦屋面，硬山顶，燕尾脊。厅内保留数对清代石柱础，以廊柱下的青石雕花鼓形柱础与花岗岩覆盆式柱础上下两层组合最具特色。

林柄潘氏宗祠

位于马巷黎安社区林柄自然村，潘氏开基祖发祥公之三子丰泰自潘林湖边迁居马巷七甲林柄，始建宗祠，清康熙十八年（1679年）十月初七日夜，火烧土楼，宗祠焚毁，次年重修，后多次修葺，1999年翻建。坐西朝东，前为院门，中有天井，两侧为露天廊道，面宽10.2米，总进深18.4米，占地面积约188平方米。院门为单间，宽4.18米，进深3.12米，凹形门上镌刻"潘氏宗祠"，抬梁式梁架，红色琉璃筒瓦屋面，翘脊。厅堂正中漆金木雕"孝思堂"，神龛两侧的方柱上镌刻清代建祠楹联"林壑植栋梁昭德家风应再振　炳煌光俎豆荣阳世泽允长联"。檐廊的圆石柱上，其后裔予以雕刻冠名楹联"丰功伟绩先祖树典范　泰运鸿基潘裔添辉煌"。后落与天井保留清代檐下条石与雕花台阶石。

内官陈氏家庙

位于马巷镇内官社区内官自然村中，修建于清道光十四年（1834年），1991年重新翻建。坐西北朝东南，前后两落大厝，中为天井及两侧廊道，面宽14.5米，总进深28.6米，建筑面积416.7平方米，占地面积约470平方米。前落面阔三间，前为檐廊，中为凹形门廊，正中大门上悬匾"陈氏家庙"，两侧边门，前落背部为宽檐廊，抬梁式梁架，明间升高，形成正中屋面高于两侧屋面的双燕尾脊。后落面阔三间14.5米，进深三间14.3米，内高7.3米，抬梁式梁架，筒瓦屋面，硬山顶，燕尾脊，厅堂内悬挂匾额有清乾隆元年（1736年）同安县令唐孝本题匾"可以风世"，另有"文魁""举人""奉直大夫""史图名贤""中顺大夫""劲草绍芳"等匾额。

此建筑经重修后，体量庞大，前后落梁架高度分别超过8米和10米以上，大量的漆金木雕和黄色琉璃筒瓦屋面，使建筑显得金碧辉煌。门前保留1对精美的雕花抱鼓石，后落厅堂内保留数对八角形、鼓形及覆盆式石柱础。

仓头陈氏小宗

　　位于马巷镇洪溪社区仓头自然村西南面村边，始建于清代，1995年重修。坐西朝东，前为院门，中为庭院，后为大厝，面宽11米，总进深18米，占地面积约220平方米，建筑面积198平方米。院门为单间的凹形门廊，背部为廊道，门上镌刻"陈氏小宗"，硬山顶，燕尾脊，院门两侧连接院墙。后部大厝为厅堂，面阔三间11米，进深三柱11.5米，抬梁式梁架，板瓦屋面，硬山顶，燕尾脊，厅堂内悬挂"奉直大夫"匾额，落款为"吏部尚书蔡国光为""明天启辛酉科进士　授任湖广与国州知府　尧宗　立"；另一方匾额"解元"，落款为"道光乙酉年　授陈胜蛟为武科"，还有"文魁""武魁"匾额等。寿堂正中一座刻有"绥思堂"的神龛，厅堂内保留有清代鼓形石柱础。

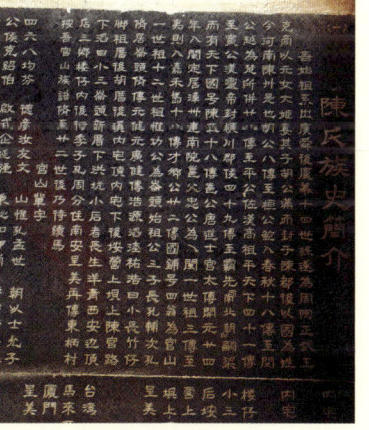

新厝下陈氏小宗

位于马巷镇洪溪社区新厝下自然村西,始建于清代,1996年重修。坐东朝西,前为院门,中为庭院,后为明堂,面宽9米,总进深12.3米,占地面积约150平方米,建筑面积110.7平方米。院门为单间的凹形门廊,背部为廊道,门上镌刻"陈氏小宗",抬梁式梁架,硬山顶,燕尾脊,院门两侧连接院墙。后部厅堂面阔三间9米,进深四柱7.8米,内高4.3米,抬梁式梁架,板瓦屋面,硬山顶,燕尾脊。步通第二柱两侧墙壁上题有对联为"官山传芳承先世泽 分支衍派厥后克昌",小宗厅堂内保留有清代鼓形石柱础,神龛内置立下新厝陈氏始祖陈竹淇及其夫人的两块神主牌。

沈井陈氏宗祠

位于马巷镇沈井社区沈井自然村内,始建于明成化年间,清光绪年间曾重修,1991年重新修建。坐北朝南,前后依次院门、天井、大厝,面阔10米,总进深18米,建筑面积约180平方米,占地面积约220平方米。正中院门为单间凹形门廊,宗祠门面从上至下以花岗岩板石砌筑,硬山顶,燕尾脊,门廊两侧连接石构院墙。后落大厝为厅堂,面阔三间10米,进深三间10米,内高4.9米,抬梁与穿斗式梁架,硬山顶,燕尾脊。厅堂内神龛两侧楹联为"龙腾古迹显南院 山秀地灵耀嘉禾",抬梁步柱保留数对清代石柱础,其中大理石鼓形柱础4个,花岗岩圆形柱础6个,明厅东侧立有两方重修碑记。

沈井沈氏家庙

也称龙山古地保生大帝宫，位于马巷镇沈井社区沈井自然村内，建于明代。原为沈氏屋宇，明天启二年（1622年）改为沈氏家庙，供奉保生大帝。先后于清道光二十九年（1849年）、清同治十年（1872年）、1947年、1982年、1997年多次修葺。坐北朝南，前后两殿，中为天井，两侧廊道，面阔11米，总进深19米，建筑面积209平方米，占地面积约250平方米。前殿面阔三间，前部为檐廊，中为凹形门廊，门上悬"龙山古地"匾，两侧边墙有镂空石窗，前殿背后为宽廊道，硬山顶，双燕尾脊。后殿为厅堂，面阔三间11米，进深三间10米，内高5.2米，抬梁式梁架，硬山顶，燕尾脊。厅堂内保存6根梭形石柱和覆盆式柱础，石柱高2.5米，其中1根檐柱题刻"李官保陈汝明喜舍石柱一对"。

此宫修葺经历，有悬挂堂中的木签墨书"奉　天启壬戌年六月榖旦　檀越沈立贤"及东西厢房壁柱镌刻"道光己酉四月　弟子　陈樟派"为据，至民国三十六年（1947年），由陈云淡等10多位宗亲主事，旅居仰光乡亲捐资再次修建。

曾林蒋氏家庙

位于马巷镇曾林社区曾林自然村村中,建于明崇祯年间,坐西南朝东北。前为院门,中有天井,两侧为亭廊,后部为明堂,面宽11.5米,总进深23.3米,建筑面积约267.95平方米,占地面积约440平方米。院门为单间凹形门廊,面阔三间,进深3米,天井地板以条石隔离,进深8米,硬山顶,燕尾脊。厅堂面阔三间11.5米,进深四柱12.3米,内高5.9米,厅堂正中的神龛横木坊上书写"千载蒸尝不坠",对联为"乐于创业合家万安 衍系福全谱略一派"。此建筑材料以乱毛石墙裙,清水烟炙砖墙体为主,抬梁式梁架,硬山顶,燕尾脊。后落厅堂内尚保留有6件明清时期的覆盆式石柱础。

李厝李氏家庙

位于马巷镇西炉社区李厝自然村中,建于清初,民国七年(1918年)重修,1987年再次重修,坐北朝南。前后两落,中为天井,两侧廊道,面阔10.5米,总进深21.5米,内高5.6米,占地面积约750平方米,建筑面积225.75平方米。前落中为凹形门廊,门槛两侧置有2个抱鼓石,硬山顶,燕尾脊。后落明堂面阔三间,进深四柱11.5米,正中安放一座漆金神龛,上方悬挂"关陇世泽"匾牌,硬山顶,燕尾脊,厅堂内保留4个鼓形和2个八角形花卉浅浮雕花纹石柱础,庙前埕竖立1对旧旗杆石。

据史书、方志和谱牒载,李氏入闽于唐代。

曾林蒋氏小宗

　　位于马巷镇曾林社区曾林自然村西部，始建于明代，清代年间重修。坐西南朝东北，前后两落大厝，前部为檐廊，中为凹形门廊，天井两侧廊道，面宽11米，总进深23.6米，建筑面积约259.6平方米。占地面积约480平方米。前落面阔三间，进深6米，前部为檐廊，中为凹形门廊，两侧置放蜗纹雕花抱石，鼓背部为宽檐廊，天井进深5.1米，三川脊。大厝为厅堂，面阔三间11米，进深四柱12.5米，内高6米，明堂正中一座神龛，抬梁式梁架，板瓦屋面，硬山顶，燕尾脊。厅内保留数对清代圆形素面与莲花瓣鼓形石柱础等明清时期此庙原石构件。

西炉黄氏家庙

位于马巷镇西炉社区西炉自然村中，始建于明末年间，1986年重修，2004年再次重修。坐西朝东，前后两落，中为天井，面宽10.5米，总进深17.5米，建筑面积183.75平方米。前落中为凹形门廊，面阔三间，进深3米，前部为檐廊，中为凹形门廊，门上嵌"黄氏家庙"匾一方。硬山顶，三川脊。后落为厅堂，面阔三间，进深10.5米，硬山顶，燕尾脊，厅内悬挂"邵德高年"匾牌，神龛两侧步柱上题书楹联一对，标榜本宗分支地位。

唐垂拱二年（686年），紫云始祖守恭舍宅建开元寺，分子五安，各寻胜地。西炉黄氏为金柄分支于此衍派，此家庙为民国十七年（1929年）裔孙宗长廷元及笃庚兄弟倡修。

赵厝方氏家庙

位于马巷镇赵厝社区赵厝自然村中部，始建于清道光七年（1821年），清光绪二十一年（1895年），1997年重修。坐北朝南，前后两落大厝，中为天井及两侧廊道，面宽10.5米，总进深18.6米，总占地面积约405平方米，建筑面积195.3平方米。前落面阔三间进深3.5米，前部为檐廊，中为凹形门廊，门上悬挂"方氏家庙"匾额，两侧边门，明间屋面抬高，硬山顶，三川脊。后落为厅堂，面阔三间10.5米，进深四柱10.5米，内高5.4米，抬梁式梁架，板瓦屋面，规带内侧各5列筒瓦，硬山顶，燕尾脊，厅堂内悬挂"六桂"匾额，落款"清道光七年桂月立、共和四十三年丁未阳月重立"。六桂为"一桂仁逸为唐光化二年进士、二桂仁岳唐乾宁元年进士、三桂仁瑞唐乾宁三年进士、四桂仁逊唐天佑二年进士、五桂仁载唐乾宁元年进士、六桂仁远唐天佑三年进士"。家庙中保留着1组鼓形梅花浅雕纹和2组圆形素面青斗石明清时期石柱础。

前厝方氏小宗

位于马巷镇赵厝社区前厝自然村中部，始建于明末，清代曾重修，1991年再次重修。坐西北朝东南，前后两落大厝，中为天井及两侧廊道，面宽10.5米，总进深18.9米，建筑面积198.45平方米，占地面积约409平方米。前落面阔三间，进深4.4米，前部为长檐廊，正中为凹形门廊，左右立有方形门蹲，中设大门，门上悬"方氏小宗"匾额，穿斗式梁架，硬山顶，三川脊。后落大厝为厅堂，面阔三间10.5米，进深四柱10米，内高5.1米，抬梁式梁架，硬山顶，燕尾脊，厅堂内旧案桌和神龛漆金雕刻细腻，神龛内置放赵氏十六、十七、十八世祖三方神主，两侧步柱题写对联为"金紫流芳鸿渐为屏传万世　六桂分支玉兔拱岵庆千年"，保留较完整的清代石构部分有4个覆盆式和2个八角形雕花石柱础，明堂前步柱下部1米处为圆形花岗岩石柱，上部抬梁式木梁架，鼓形柱础。

垵边陈氏家庙

位于马巷镇垵边社区垵边小学旧址西北侧，始建于明中叶，坐东朝西。前为院门、庭院，后落大厝为主体建筑，面宽12.5米，总进深20米，内高6米，占地面积约538平方米，建筑面积250平方米。院门为单间两坡门廊，两侧连接院墙，庭院进深9.5米，硬山顶，燕尾脊。后落明堂进深四柱11.5米，单体神龛位于厅堂正中，抬梁式梁架，硬山顶，燕尾脊，厅堂内保留3组壶门纹石柱础，前柱柱础下部为覆盆式，上部为鼓形。柜台脚及砛石下踏步雕刻如意纹，均为明清时期遗存的石构件。

此建筑自兴建至今从未重修过，是翔安地区最古老又保存较好的一座家庙。

内垵吴氏家庙

位于马巷镇内垵社区内垵自然村中部，始建于明末，清乾隆四十八年（1783年）重修，光绪二十一年（1895年）再次重修，1992年庆安。坐北朝南，前为院门，中为天井庭院，后部大厝为主体建筑，总面阔11.8米，总进深23.7米，占地面积约375平方米，建筑面积279.66平方米。院门单间凹形门廊，背后为檐廊，两侧连接院墙，庭院进深9.5米，因外墙花岗岩石风化，重修时以水泥覆盖。后落大厝为厅堂，面阔三间11.8米，进深四柱14.2米，内高6.2米，抬梁式梁架，瓦楞屋面两侧各有5列绿色琉璃筒瓦硬山顶，燕尾脊。厅堂"孝思堂"内题写对联"吴大开地穴百世纪　氏宗基振发千裔孙"，两侧步柱楹联为"延宗承季札子贤孙慧乐四海　陵原自姑苏世传代衍播五洲"，厅堂内尚保留明代覆盆式石柱础3组。

下枫方氏家庙

　　位于马巷镇同美社区下枫自然村中,始建于明代,清代重建,1998年重修。坐东北朝西南,前后两落大厝,中为天井,两侧廊道,面阔10米,总进深19.8米,占地面积约438平方米,建筑面积198平方米。前落面阔三间,进深4.3米,天井进深5米,中为凹形门廊,背面为廊道,两侧边门,正门左右立有蜗纹雕花抱石鼓,水车堵以戏曲人物泥塑装饰,硬山顶,燕尾脊。后落大厝为厅堂,面阔三间10米,进深四柱10.5米,内高5.3米,穿斗抬梁式梁架,红色筒瓦屋面,硬山顶,燕尾脊。厅堂内悬有"金紫六桂""恩元"、宋代朱文公为方士端所题的"名宦",清光绪八年(1882年)南昌府重立的"通判"和清同治十年(1871年)陕西固源荣禄大夫方刘造所立的"解元"等5块匾额。明堂保存一座漆金神龛,上方刻有"孝思堂"三字,两侧圆柱楹联上书"原自莆阳分派昔颂乡贤今祀名宦祖宗赫濯联百代　地卜大轮安居东插鸿渐西驰天马子孙蕃衍庆千年"。前后落步柱为花岗岩圆形石柱及门埕2对旗杆石均为新构件。

下坂洪氏小宗

位于马巷镇西坂社区下坂自然村中,始建于明代,清代曾修葺过,又于1993年重修。坐北朝南。小宗为砖石土木结构建筑,中为天井和两侧廊道,庭院及明堂前后面阔10.5米,总进深19.5米,其中庭院进深9米,主体建筑面阔三间10.5米,进深四柱10.5米,内高5.2米,建筑面积204.75平方米,占地面积342平方米。墙裙以花岗岩块石砌筑,墙身红砖砌体,三合土抹面,两侧脊端立有陶塑龙首,前坡规带下泥塑两尊狮子,两坡板瓦屋面,硬山顶,燕尾脊。小宗"孝思堂"两侧冠名联为"三柱清香香敬清溪祖 一心景仰仰拜景浩公",厅堂内尚保留明代圆形素面石柱础3对。

市头洪氏祖祠

位于马巷镇市头社区市头自然村南,始建于明代,清光绪年间曾重修,1993年再次重修。坐北朝南。单体建筑,前有围墙庭院及单间硬山顶燕尾脊院门,面宽10.5米,总进深21米,占地面积约467平方米。主体建筑为古厝形式,面阔三间10米,进深三间9米,抬梁式梁架,两坡板瓦屋面,硬山顶,燕尾脊,厅堂内并奉祀"清水祖师"及明代侍郎洪朝选,如今尚保留着清代花岗岩石雕柱础4个。

造店翁氏祖祠

位于马巷镇朱坑社区造店自然村村南，建于明代，1955年遭受火灾，梁柱焚毁，屋面坍塌，1995年重修，坐北朝南偏西。前后两落，中为天井及两侧廊道，面宽11.5米，总进深18.4米，建筑面积约211.6平方米，占地面积约575平方米。前落面阔三间11.5米，进深4.2米，天井进深4.2米，硬山顶，三川脊。后落面阔三间11.5米，进深四柱10米，内高5.1米，三合土墙基，花岗岩条石墙裙，硬山顶，燕尾脊。后落厅堂内保留6件明代圆形石柱础，砱石、踏阶柜台脚也均为原石构件。

下苏苏氏家庙

位于马巷镇三乡街下苏，始建年代不详，清光绪二十年（1894年）重建，民国三十一年（1941年）重修，2000年翻建。坐北朝南偏西，家庙为单落大厝，前有天井及院门，面宽8.5米，总进深17米，占地面积约145平方米。院门为单间，凹形门廊，门上嵌"苏氏家庙"石匾，硬山顶，翘脊，院门两侧连接院墙。大厝为厅堂，面阔三间7.5米，进深三间9米，抬梁式梁架，硬山顶，翘脊，厅内神龛悬挂"芦山传芳""进士""文魁"匾额等，其中"进士"匾落款为"雍正八年钦赐 裔孙苏世昌重立 庚辰年葭月"，均为新立。家庙前左右各立有2对旗杆石，庙前门口石阶和天井内雕花石阶为清代遗物。

锄山宋氏宗祠

位于内厝镇锄山村大乡自然村中,始建于清代,1992年重修。坐东南朝西北,前为庭院,中为院门,后为明堂,面宽10米,总进深15.9米,内高4.8米,占地面积约210平方米,建筑面积159平方米。院门为单间的凹形门廊,进深3.3米,天井4.1米,背部为廊道,门上镌刻"宋氏宗祠",抬梁式梁架,硬山顶,燕尾脊,院门两侧连接院墙,正面上部墙体及漏窗于重修时改以清水烟炙砖砌筑。后部厅堂面阔三间10米,进深四柱8.5米,墙体以凹凸不平的乱毛石砌筑,山墙红砖砌体,白灰抹面,板瓦屋面,硬山顶,燕尾脊,外墙体从墙裙至山墙均以卵石砌筑,具有闽南山区古代建设特色。

马池内曾氏祖祠

位于内厝镇官路村马池内自然村西，始建于清乾隆时，1992年重修。坐东朝西，前后两落，中为天井及两侧廊道，面阔11米，总进深19.5米，占地面积约314多平方米，建筑面积214.5平方米。庭院面阔三间，进深8.5米，门面及院墙全新翻建。中间为凹形门廊，门上悬匾"曾氏祖祠"，前落背部为廊道，墙体与廊道均以花岗岩建材构建，硬山顶，双燕尾脊。后落大厝为厅堂，主体面阔三间11米，进深四柱11米，内高5.3米，块石墙裙，墙身红砖砌筑，白灰抹面，板瓦屋面，抬梁式梁架，通柱下部为圆形花岗石柱，高2.14米，上部为木构件，硬山顶，燕尾脊，后落厅堂内保留6个清代鼓形柱础，前两个有浅浮雕图案，后四个为圆形素面。

东光林氏家庙

位于内厝镇莲塘村东光自然村中,始建于清乾隆时,1980年重修。坐东朝西,前落三间张榉头止,中为天井庭院,后落为主体建筑,面宽11.5米,总进深15.1米,占地面积约430平方米,建筑面积173.55平方米。庭院进深5.1米,从上至下以乱毛石构筑墙体,廊道步柱腐朽,重修时更换花岗岩石柱,后落棉面阔三间11.5米,进深四柱10米,乱毛石构筑墙体,山墙以红砖砌筑,白灰抹面,内高5.2米,抬梁式梁架,硬山顶,燕尾脊,厅内保留数组清代石柱础,其中2组大理石浅浮雕鼓形柱础,2组花岗岩圆形素面柱础,建筑风格朴素。

霞美杨氏家庙

位于内厝镇霞美村霞美自然村南部,建于清代,上世纪50年代重修。坐南朝北,前为院门,中为天井,后落大厝为主体建筑,面宽9.4米,总进深18米,建筑面积169.2平方米,前埕20米,占地面积约357平方米。正中院门为单间凹形门廊,大门上有"杨氏家庙"石匾,门前两侧墙柱镌刻对联"回龙居仁里 环水入德门",门旁两侧墙堵有麒麟石雕板等,院门为硬山顶,燕尾脊,脊端立龙首雕塑,院门两侧连接的院墙。后落大厝为厅堂,面阔三间9.4米,进深三间10.4米,内高5.2米,抬梁式梁架,硬山顶,燕尾脊,脊端立龙首雕塑,厅堂内保留清代石柱础。

莲前王氏宗祠

位于内厝镇莲前村中部，建于清代道光时，民国时期翻建，1989年重修。坐北朝南，前后依次为院门、天井庭院、大厝，面宽10米，总进深18米，占地面积约180平方米。正中院门为单间凹形门廊，两侧相连院墙，院门为硬山顶，燕尾脊。后落大厝为厅堂，面阔三间10米，进深三间10米，抬梁式梁架，硬山顶，燕尾脊，厅堂悬"文魁"匾额。

此建筑为土木、砖石混合结构，屋面为1989年翻新，厅堂内石柱础为清代遗物。祠前立有两对旗杆石。据传，此宗为王审知后裔。

莲后梁氏祠堂

位于内厝镇莲前村莲后自然村东部，建于清末，屋顶于近年翻修。坐北朝南，前后两落，中为天井，面宽10米，总进深20米，建筑面积200平方米，占地面积约260平方米。前落为单间的凹形门廊，两侧连接院墙，门廊为硬山顶，燕尾脊。后落大厝面阔三间10米，进深三间12米，厅堂后部设有神龛，抬梁式梁架，硬山顶，燕尾脊。后落大厝木构梁架及石柱础为清代遗物。

赵岗王氏小宗

位于内厝镇赵岗村赵岗自然村中部，建于清代，1988年重修。坐东朝西，前后依次为院门、天井及两侧亭廊、大厝，面宽10米，总进深20米，占地面积约200平方米。正中院门为单间凹形门廊，门廊两侧边连接院落墙体，门上悬"王氏小宗"匾，院门为硬山顶，燕尾脊。后落大厝为厅堂，面阔三间10米，进深三间10米，穿斗抬梁式混合梁架，硬山顶，燕尾脊，屋面两侧各有5列筒瓦，厅堂内悬"文魁"匾额。门廊石阶、花岗岩墙裙、夔龙纹"柜台脚"为清代遗物，后落厅堂两侧边墙夹夹砌的半高圆筒形柱础及上圆下方柱础较为少见，柱础高0.75米，直径0.25～0.3米。

据传，赵岗王氏宗族为王审知、王潮后裔。

许厝许氏家庙

位于内厝镇许厝村许厝大乡村东，始建于南宋绍兴年间，20世纪90年代重新翻建。坐西朝东，前后两落大厝，中为天井及两侧廊道，面宽12.5米，总进深22.8米，总占地面积约785平方米，建筑面积285平方米。前落面阔三间进深6.2米，前部为檐廊，中为凹形门廊，门上悬挂"许氏家庙"匾额，明间抬高，硬山顶，双燕尾脊。后落为厅堂，面阔三间12.5米，进深四柱11.5米，内高5.8米，抬梁式梁架，筒瓦屋面，硬山顶，燕尾脊，厅堂内悬挂"兄弟乡贤""世袭通判""文魁""武魁"等匾额。神龛两侧步柱题书对联为"统师驻八峤开闽第一大都督　押徙来南河扶唐无双顺应侯"，家庙中保留有青斗石如意云头纹石柱础。家庙前砖埕两侧各竖2对清代旗杆石。

曾厝陈氏家庙（浯江衍派）

位于内厝镇曾厝村曾厝自然村北部，建于清代，民国二十三年（1934年）重修，1984年再次重修，2000年翻修。坐西朝东，前后依次为院门、天井及大厝，面宽12.3米，总进深23米，建筑面积282.9平方米，占地面积约530平方米。正中院门为单间凹形门廊，两侧连接院墙，门廊大门上悬"陈氏家庙"匾额，院墙上有宝瓶式栏杆，正面墙堵多饰有现代影雕工艺，院门为硬山顶，燕尾脊。后落大厝为厅堂，面阔三间12.3米，进深四柱13米，内高6米，抬梁式梁架，硬山顶，燕尾脊，厅堂内悬挂民国二十八年（1939年）"爱国贤裔"匾额。堂壁嵌有民国二十三年（1934年）的《重修追远堂记》，记述追远堂改题孝思堂和始祖陈恒元自金门下坑迁此及捐资修庙之始末。前落院墙上的1对花岗岩镂空龙纹圆窗、后落厅堂的高浮雕菊瓣纹石柱础和檐廊上的戏剧人物及狮兽纹漆金木雕等保存较好，均为清代遗物。

曾厝陈氏家庙（南院分支）

位于内厝镇曾厝村曾厝自然村南部，建于清代，1956年重修，2003年翻修。坐西朝东，前后依次为院门、天井及两侧廊道、后落大厝，面宽11米，总进深21米，建筑面积231平方米，占地面积约290平方米。正中院门为单间凹形门廊，两侧相连院墙，院门为硬山顶，燕尾脊。后落大厝为厅堂，面阔三间11米，进深三间12.5米，抬梁式梁架，硬山顶，燕尾脊。厅堂内尚保留清代石柱础，斗拱梁架及檐枋等木作在上世纪50年代基础上重新翻修，厅堂南墙嵌立"南院分支 重修追远堂记"石碑一方。

清末、民国时期，曾厝陈姓族人漂洋过海，抵达马来西亚经商的华侨居多。

西塘许氏家庙

位于内厝镇上塘社区西塘自然村中部,始建于明代,清光绪二十六年(1900年)重建,1990年重修。坐东朝西,前后依次为院门、天井、大厝,面宽11米,总进深23米,建筑面积253平方米,占地面积约320平方米。正中院门为单间凹形门廊,两侧连接院墙,大门上悬挂清代庚子年(1900年)款"许氏家庙"石匾,院门为硬山顶,燕尾脊。后落大厝为厅堂,面阔三间11米,进深四间12米,穿斗抬梁混合式梁架,硬山顶,燕尾脊,厅堂内悬挂"太岳传芳"匾额。厅堂内尚保留明清时覆盆柱础、鼓形柱础等。

上塘许氏古时自晋江迁此三角埕,建宗祠于大池塘(面积约4万平方米)之东,故村名曰西塘。

黄厝黄氏宗祠

　　位于内厝镇黄厝村黄厝自然村中部，始建于明中叶，清咸丰十一年（1861年）重修，清光绪十三年（1887年）翻建。坐北朝南，前后两落，中为天井及两侧廊道，面宽11.8米，总进深22米，建筑面积259.6平方米，占地面积约320平方米。前落面阔三间，前部为长檐廊，正中为凹形门廊，左右立有方柱，中设大门，两侧边门，大门上悬"黄氏宗祠"匾额，穿斗式梁架，硬山顶，正中明间为筒瓦屋面，高于两侧次间板瓦屋面，双燕尾脊。后落大厝为厅堂，面阔三间11.8米，进深三间11.6米，内高5.9米，抬梁式梁架，硬山顶，燕尾脊，厅堂内悬挂"卿禄大夫""明经""进士""吾族楷模"等匾额。祠堂保留较完整的清代石构部分，有前落檐廊及门廊堂柜台脚墙基、墙裙和方形壁柱、石柱础及长方体辉绿岩石门墩等，后落厅堂内有数对鼓形石柱础，其下垫有铁片。祠前有石埕照壁。此黄氏为金柄分派，源自金美，始祖为懋景公。

前埯孙氏家庙

位于内厝镇前埯村前埯自然村中部，始建于明中叶，民国二十九年（1930年）小修、三十六年（1947年）大修，1997年翻修。坐北朝南，前后两落大厝，中为天井及两侧廊道，面宽11.5米，总进深22.1米，占地面积约435平方米，建筑面积254.15平方米。前落面阔三间进深5.5米，天井进深5.6米，前部为檐廊，中为凹形门廊，两侧边门，门上悬挂"孙氏家庙"木匾，大门框两侧安装两块方形石墩，前落翻新，东枕鸿渐山，明间屋面抬高，硬山顶，三川脊。后落为厅堂，面阔三间11.5米，进深四柱12米，内高5.6米，抬梁式梁架，板瓦屋面，规带内侧各3列筒瓦，硬山顶，燕尾脊，神龛两侧楹联为"乐安派富春堂温陵系祖宗相承一脉　晋邑砚嘉禾琴银同拍兄弟赐信分之"，家庙中保留着3组开光鼓形和4组圆形素明清时期石柱础。

新垵陈氏家庙

位于内厝镇新垵村新垵自然村北（福厦324线国道南侧路旁），始建于清代，1991年重修。坐东朝西，前后两落，中为院门，后为明堂，面宽11.5米，总进深22米，内高5.4米，占地面积约450平方米，建筑面积253平方米。前落面阔三间，进深5.5米，天井进深5米，门上镌刻"陈氏家庙"，前落角柱上下部花岗岩板石，上部清水烟炙砖叠砌，抬梁式梁架，硬山顶，三川脊，原为庭院，两侧连接院墙，翻修为厢房和榉头。后部厅堂面阔三间11.5米，进深五柱11.5米，内高5.4米，大厅后轩两侧步通上题刻楹联为"颖水泽润传万代　川流不息芳百世"。整座房屋墙体以不规则乱毛石砌筑，山墙红砖砌体，白灰抹面，抬梁式梁架，板瓦屋面，硬山顶，燕尾脊，厅内保存清代遗存的青斗鼓形石柱础3对，方形和圆素面柱础各一对。

莲塘林氏家庙

位于内厝镇莲塘村西部,始建于明代,20世纪30年代重建,1989年重修。坐北朝南,前后依次为院门、天井庭院、大厝,面宽13米,总进深26米,占地面积约336平方米。正中院门为单间凹形门廊,两侧连接院墙,院门为硬山顶,燕尾脊,前后坡各有两条垂脊。中央庭院宽敞。后落大厝为厅堂,面宽三间13米,进深三间13米,屋面举架高大、宽阔,抬梁式梁架,前部为卷棚顶宽檐廊,后落大厝为硬山顶,燕尾脊。厅堂内保存覆盆式石柱础,大门前立有旗杆石4对。

莲塘村为清雍正年间(1723—1735年)武举人林光元故里。

田中央陈氏宗祠

　　位于内厝镇新垵村田中央自然村中,始建于明代,1997年重修。坐东朝西,庭院正面上方呈"凸"字形,中为院门,背部为庭院,后为明堂,庭院面阔12米,总进深24米,占地面积约426平方米,建筑面积288平方米。院门为单间的凹形门廊,庭院门上镌刻"陈氏小宗",抬梁式梁架,硬山顶,燕尾脊,院门两侧连接院墙。后部厅堂面阔三间12米,进深四柱12.5米,内高5.6米,抬梁式梁架,板瓦屋面,硬山顶,燕尾脊。厅内保留数对明清时期浮雕"文房四宝"、花瓣鼓形石柱础。

田中央黄氏宗祠

　　位于厝镇新垵村田中央自然村中,始建于明代。坐东南朝西北,前为庭院,中为院门,后为明堂,面宽11.5米,总进深20.5米,内高5.3米,占地面积约466平方米,建筑面积235.75平方米。院门为凹形门廊,进深10米,背部为廊道,门上镌刻"黄氏宗祠",抬梁式梁架,硬山顶,燕尾脊,院门两侧连接院墙。后部厅堂面阔三间11.5米,进深五柱10.5米,墙体以凹凸不平的乱毛石砌筑,山墙红砖砌体,白灰抹面,板瓦屋面,硬山顶,燕尾脊。厅内保存清代遗存的1对青斗石鼓形柱础,4对圆素面柱础。

田中央柯氏宗祠

　　位于内厝镇新垵村田中央自然村中，建于明末清初，2008年，柯朝阳之女儿柯淑琪捐资重修，坐西朝东。整体面阔11米，总进深17.8米，二级门埕，占地面积约268平方米，建筑面积195.8平方米。前落面阔三间，中为凹形门廊，庭院进深7.3米，檐廊角牌依上下结构以清水烟炙砖和规格块石叠砌，水车堵以人物彩绘为主装饰，左右侧连接院墙，廊亭抬梁式，马鞍脊。后落明堂为主体建筑，面阔11米，进深四柱10.5米，内高5.3米，后落抬梁穿斗式梁架，脊梁以花卉剪瓷贴花和泥塑螭龙尾装饰，硬山顶，燕尾脊。厅堂内保留清代鼓形2个和圆形素面6个石柱础，为清代遗存石构件。

官路陈氏小宗

位于内厝镇官路村,建于清末,1996—1998年重建。坐西北朝东南,前后两落,中为天井及两侧廊道,面宽11米,总进深19米,占地面积约210平方米。前落面阔三间,中间为凹形门廊,门上嵌"陈氏小宗"石匾,前落背部为宽廊道,明间屋面稍高,两侧各有2组、每组3列黄色琉璃筒瓦,硬山顶,双燕尾脊。后落大厝为厅堂,面阔三间11米,进深三间10米,抬梁式梁架,硬山顶,燕尾脊,厅堂内悬有"齿得可芳"匾额。部分梁架和门前部分条石为清代遗物,少量石柱础构件散落祠旁。祠前有石埕。

云头陈氏宗祠

位于新圩镇云头村东部。始建于明代,清代以后数次重建、修葺,1991年重修。坐东朝西。前后两落大厝,中为天井及两侧廊道,面宽10米,总进深18米,占地面积约180平方米。前落前部为长檐廊,正中为凹形门廊,背部为廊道,前落为硬山顶,双燕尾脊,明间屋面高于两侧;后落为主体建筑,面阔三间10米,进深三间7米,穿斗抬梁混合式梁架结构,硬山顶,燕尾脊。此建筑采用土木、砖石建材,正面门廊墙堵还保存清代花岗岩墙裙、"柜台脚"石,后落保存有明代覆盆式石柱础。

金柄黄氏大宗祠

位于新圩镇金柄村金柄自然村中部。始建于唐，明代万历年间曾重建，清末塌圮后又重建，1987年翻建，1989年建成完工。坐北朝南，前后两落，中为大天井及两侧步口廊。面宽15米，进深26米，三级前埕至照墙48米，占地面积约1010平方米，建筑面积约390平方米，祠前左右各立旗杆石3对。前落面阔五间，进深两间，正中为凹形门廊，背为廊道，硬山顶，双燕尾脊，明间及次间屋面高于两侧梢间屋面；后落为厅堂，面阔五间15米，进深四柱12米，内高6.4米，抬梁式梁架结构，硬山顶，燕尾脊，厅内悬挂"刺史""大参政""太子中允""太仆寺卿""户部尚书""进士""举人"等匾额。此建筑为砖、石、木结构，前落台基、天井四周石阶、门前抱鼓石及厅堂的瓜棱形、圆鼓形青石柱础为清代遗物。祠中收藏有明清时期《重修祖祠碑记》、《祖林垂示碑》（明代理学名士黄文炤手书）、《大仑山护林石刻》、《重兴介谷殿记》等石碑和石刻，其中的护林碑刻是古人保护自然生态的真实写照。祠后古樟树相传为唐垂拱年间（685—688年）黄氏始祖黄肇纶栽种。

2007年10月公布为厦门市第二批涉台文物保护单位。

尾林黄氏小宗

位于新圩镇金柄村尾林自然村东侧,始建于清代。坐北朝南,前后两落大厝,前部为檐廊,中为凹形门廊,天井两侧廊道,面宽11.5米,总进深20.5米,建筑面积约235.75平方米。占地面积约328平方米。前落面阔三间,进深5米,前部为垂华拱檐廊,中为凹形门廊,大门及两侧边门框为木制结构,大门前置方石墩,身堵漏空木窗,檐廊及塌寿顶端以串斗木雕装饰,正面墙裙为大理石块石砌筑,角牌柱上为清水砖,下为花岗岩石板,二级前埕,天井进深4米,硬山顶,三川脊。大厝为厅堂,面阔三间11米,进深四柱11.5米,外高6.4米,明堂正中一张案桌,抬梁式梁架,板瓦屋面,硬山顶,燕尾脊,脊堵饰有剪瓷花卉。厅内保留数对清代圆形素面与鼓形浅浮雕石柱础。

此建筑为金柄黄氏三十一世六房小宗,其后裔现定居在金柄村西侧250米处的尾林自然村。

金柄黄氏小宗

位于新圩镇金柄村金柄自然村中,始建于清代。此建筑为金柄黄氏三十一世二房小宗,坐北朝南。前后两落大厝,前部为檐廊,中为凹形门廊,天井两侧廊道,面阔11米,总进深19.6米,建筑面积约215.6平方米。占地面积约375平方米。前落面阔三间,进深4.6米,前落中为凹形门廊,两侧边门,木制门窗,大门前置方石墩,正面墙裙及墙堵均为花岗岩板石砌筑,角牌柱上为清水砖,下为花岗岩石材料,二级前埕,天井进深4.5米,硬山顶,燕尾脊。大厝主体为厅堂,面阔三间11米,进深四柱10.5米,内高5.7米,明堂抬高,5级台阶,正中一张案桌,抬梁式梁架,板瓦屋面,规带出檐,硬山顶,燕尾脊,厅内保留数对清代圆形素面与鼓形浅浮雕石柱础。

诗坂陈氏家庙

　　位于新圩镇诗坂村诗坂自然村中部，始建于清代，2008年重新修建。坐北朝南，前后两落大厝，中有天井及两侧廊道，面宽10米，总进深20米，建筑面积200平方米，前埕进深30米，占地面积约500平方米。前落面阔三间，正中为凹形门廊，背面为廊道，硬山顶，双燕尾脊，明间屋面高于两侧屋面；后落面阔三间，进深四柱，穿斗抬梁混合式梁架，硬山顶，燕尾脊，厅内悬挂匾额"文魁""博士""亚元"等，祠内保存有清代石柱础、抱鼓石等石构件。

　　清代族人陈邦经曾获武举第五名。

庄垵庄氏家庙

　　位于新圩镇庄垵村庄垵自然村内，建于清代，1958年翻修，1995年重修。坐西朝东，前后两落，中为天井和两侧廊道，面宽12米，总进深22米，建筑面积约264平方米，前埕40米，占地面积820平方米。前落面阔三间12米，前为长檐廊，中为凹形门廊，中设大门，两侧边门，大门上悬挂"庄氏家庙"匾额，前落背面为廊道，硬山顶，双燕尾脊，两侧脊端立有陶塑龙首，明间屋面高于两侧屋面。后落面阔三间12米，进深四柱11.6米，内高5.6米，抬梁式梁架，硬山顶，燕尾脊，两侧脊端立有陶塑龙首，板瓦屋面两侧各有3列筒瓦。此建筑以三合土为墙基，以乱毛石墙裙，红砖砌筑，白灰抹面为墙体，庙前石埕左右两侧各保存2对方形旗杆石座。

草埔宫沈氏宗祠

位于新圩镇桂林村草埔宫村内，建于明代，清光绪年间重修至今。坐北朝南偏东，前后两落，中为天井和两侧廊道，面阔10米，总进深16.5米，占地面积约265平方米，建筑面积165平方米。前落面阔三间，进深4米，天井进深3.5米，前为通长檐廊，狮座斗拱，中为凹形门廊，中设大门，两侧边门，前落背面为廊道，硬山顶，三川脊。后落面阔三间10米，进深四柱9米，内高5米，抬梁式梁架，前步通横枋上题书"礼义廉耻"四个大字，中部步通楹联为"肇基金井千秋祀今 启族银同百世本古"，硬山顶，燕尾脊。此建筑现存有明清时期圆形与鼓形素面石柱础、方形门墩石等石构件。

后行朱氏宗祠

位于新圩镇新圩社区后行自然村中部,始建于明代,清代重建,1996年重修。坐西北朝东南,前后两落大厝,中为天井及左右两侧廊道,面宽9.8米,总进深20米,占地面积约441平方米,建筑面积约196平方米。前落面阔三间,进深6米,前为檐廊,墙裙上角牌为清水烟炙砖全顺而砌,中为凹形门廊,背面为廊道,中设大门,两侧开边门,大门上有镌刻"朱氏家庙"长方形木匾。正门前身堵花岗岩裙堵上安装木制花格漏窗,硬山顶,双燕尾脊。木制门槛高约0.6米,蜗纹雕花抱石鼓。后落大厝为厅堂,面阔三间9.8米,进深四柱10米,内高5.2米,穿斗抬梁式梁架,硬山顶,燕尾脊。厅堂内悬有"孝成""明经超恩""文魁"等匾额。明堂保存一座漆金神龛,两侧圆柱楹联上书"思源报本念宗功 春祀秋尝怀祖德"。厅内保留3对清代鼓形石柱础和4根圆形花岗岩步通柱。

上宅叶氏宗祠

位于新圩镇上宅村上宅自然村中部,始建于明代洪武八年(1375年),清代年间重修,坐南朝北偏西,前后两落大厝,前部为檐廊,中为凹形门廊,天井两侧廊道,面宽13米,总进深20.5米,建筑面积约266.5平方米。占地面积约300平方米。前落面阔三间,进深4.8米,凹形门廊两侧墙裙以鹅卵石拼花砌筑,大门两侧置放石墩,上方悬挂"佛岭"匾额,木制大门题刻楹联为"欲高门第须积德 要好子孙必读书"。鼓背部为宽檐廊,天井进深4.7米,三川脊。大厝为厅堂,面阔三间,进深五柱13米,内高5.2米,明堂正中一座神龛,两侧步通题有"司马家训积德当先 东平格言为善最乐",三合土夯实墙体,穿斗与抬梁混合式梁架,板瓦屋面,硬山顶,燕尾脊。后落檐廊步通横枋上书"郡马府"三个大字,厅内保留数对清代石柱础,其中青斗石圆形与鼓形素面各1对,八角形1对。

何宅黄氏家庙

位于新圩镇新圩社区何宅自然村中部，始建于明代，1993年，坐北朝南偏东，前后两落，中为天井及两侧廊道，面宽11米，进深18米，建筑面积198平方米，占地面积约451平方米。前落面阔三间11米，进深4米，天井进深4.3米，前檐垂华拱，前为檐廊，角牌上部红砖全顺而砌，正中为凹形门廊，中设大门，两侧边门，大门上悬匾"黄氏家庙"，门槛两头置有方形门墩。抬梁式梁架，硬山顶，双燕尾脊。后落为厅堂，面阔三间11米，进深四柱9.7米，抬梁式梁架，硬山顶，燕尾脊。厅堂正中一座漆金木雕神龛，上方刻着"木本水源"，两侧圆柱楹联雕刻"蘩锦传龙永世旺　谷举承宗昭代芳"。

此家庙中保留清代鼓形柱础等，埕前方为戏台。

后埔黄氏小宗

位于新圩镇后埔村后埔小学前面，始建于清代。坐东朝南，前后两落大厝，前部为檐廊，中为凹形门廊，天井两侧廊道屋顶燕尾脊。面阔11.5米，进深18.5米，建筑面积约212.75平方米，前埕15米，占地面积约386平方米。前落面阔三间，进深4.5米，前部为垂华拱檐廊，中为凹形门廊，大门及两侧边门框为木制结构，大门前置方石墩，身堵漏空木窗，檐廊及塌寿顶端以串斗木雕装饰，正面墙裙为大理石块石砌筑，角牌柱上为清水砖，下为花岗岩石材料，天井进深5.1米，硬山顶，三川脊。大厝为厅堂，面阔三间11.5米，进深四柱9.5米，内高5.1米，明堂正中一张案桌，两侧步通上楹联"垂拱分安开基金柄祖德盛　成化派衍拓业后埔宗功高"。抬梁式梁架，板瓦屋面，硬山顶，燕尾脊，脊堵饰有剪瓷花卉。厅内保留数对清代圆形素面与鼓形浅浮雕石柱础。

此建筑为金柄黄氏三十一世三房小宗，建宗祠于松龄1300年的古樟树西北角，其后裔三派，分别建有两落大厝于祠前，故称后埔金锡三里。

古宅黄氏宗祠

位于新圩镇古宅村古宅自然村中部,始建于明嘉靖三十三年(1554)年,清光绪重建,20世纪50年代再修。坐东朝西偏北,三进三开间歇山式三川门建筑,前观宝塔山后枕虎头山,左宏钟,右石船,中部为天井及两侧廊道,面宽10米,总进深20米,建筑面积约200平方米,前埕三级57米,占地面积770平方米。前落面阔三间,进深两间,前为四柱檐廊,背部为廊道,中门上方悬挂"七派治安"匾额,抬梁式梁架,硬山顶,双燕尾脊。后落大厝为厅堂,面阔三间10米,进深三柱8米,内高5.8米,穿斗与抬梁混合式梁架,硬山顶,燕尾脊;厅堂正中保留清代漆金木雕神龛,但两侧木雕"百鸟图"于80年代被偷走,厅内悬挂"文魁""武魁""奋力将军""举人""解元""明经"等匾额。

此建筑为土木、砖石结构,除梁架及屋面为重修外,仍保留着清代风貌,如正门石构台级和鹤鹿纹石雕墙堵、龙纹墙裙、檐柱柱础、夔龙纹抱鼓石等。两侧外墙具有闽南民居特色,北墙从下至上分为石块墙基、"出砖入石"墙、箱形砌法的红砖"斗子墙",南墙为大块卵石墙、砖瓦混砌墙及"斗子墙"组成,此建筑堪称翔安于明代保存下来最经典、最完整的宗祠。

翔安文物

古建筑

159

翔安 古院学堂

　　书院是封建社会文人讲学宣道之所，也是儒生士子应付科举考试深造的场所，后因科举考试废除而没落，逐渐被学校、学堂所取代。

　　宋代以后，官员大举兴学，积极鼓励私学的创办，书堂、书房、私塾家馆等民间教育形式陆续出现。翔安是古同安的一部分，南宋朱熹任同安县主簿期间时常到各书院讲学和游历，曾经游览马巷通利庙和翔安著名景点香山，理学思想在翔安地区广泛传播，翔安也因此成为多位理学名宦的摇篮。翔安以"紫阳过化"为荣，素有"海滨邹鲁"之称，古代书院起着不可忽视的重要作用。从元代初期的小嶝隐士邱葵到明代中期的林希元，他们继承朱子的儒家思想，著学立说，对士子产生重大影响。翔安士子在科场应举中屡屡及第，更加激发了人们从师习儒的热情，新店浦园李容是明洪武年间同安县第一个进士；明万历年间进士洪朝选的塾师是蔡厝蔡钟友。翔安人普遍重视子弟的读书教育，家训族规多有奉劝子孙发奋读书的内容，重教之风日盛以至成为闽南社会的世代传统。

　　清乾隆十一年（1746年），在马巷通利庙后建舫山书院（即文昌阁），为当时翔安文人墨客聚焦的主要场所，同治六年（1867年）迁建今址。之后又在新圩、马巷、刘五店等地办社学，融讲学、藏书、修书等多种功能于一体的教育教学场所不断出现，讲学授徒、探索学问是其主要职能。各地充分利用祠堂办私学，富绅人家也为子孙后代能知书达礼纷纷礼聘塾师，翔安人文荟萃、习儒修德之风普遍形成。辛亥革命之后，现代教育日渐受到重视，海外华侨和当地乡贤纷纷慷慨解囊，斥资办学，建设"窗东学校""鸿升学校"等教学场所，为翔安现代教育发展奠定了良好基础。

古建筑

翔安文物

- 徽国文公祠
- 文昌阁
- 舫山书院
- 松山小学旧址
- 觉民小学旧址（我素庐）
- 成兴书室
- 乐群学校旧址
- 九牧学校旧址
- 鸿升学校旧址
- 陈嘉庚助学处
- 窗东学校旧址

徽国文公祠

亦名香山书院，位于红山果林场东南香山南面山腰，香山岩庙南侧，与香山岩寺同向相列，明正统五年（1440年），时任同安县县令的朱徽为纪念朱熹而建（南宋理宗绍定三年，1230年，追封朱熹为徽国公）。清康熙至民国年间多次修整，1996年重建。坐东朝西偏北，前后两殿，中为天井及两侧廊道，面宽10.8米，总进深14米，占地面积约150多平方米。前殿面阔三间，中为凹形门廊，门上悬"徽国文公祠"匾额，硬山顶；后殿为二层楼，花岗岩、水泥框架结构，面阔三间，一层圆形拱门，二层前有檐廊，硬山顶。奉祀朱熹，徽国文公为朱熹封号。

徽国文公祠曾作为香山书院，明代万历年间，同安、金门、集美、大嶝等地的举子十人以此为书院，同窗攻读，后来都成为进士，号称"十虎会"，其中有大嶝张廷拱，金门蔡复一和许獬，首次将地名"浔尾"改为"集美"的陈文瑞，东园张及我和张芳台，浏江李扬虞，澳头蒋芳镛，莲花叶冲北，同安周爱日。金门才子后高中会元授翰林院编修的许獬曾留下《登香山》诗："层峦游不尽，拍手上香山。举白浮天色，来青识圣颜。披云亭渺渺，漱石水潺潺。日暮烟岚合，相看意未还"。

文昌阁

坐落于马巷镇大宫街115号，二层楼阁式建筑，坐北朝南，始建于清乾隆十一年（1746年），近代内部数次修葺，一层门墙外移，二层加建前廊，现四周由多层现代建筑围绕。一层外墙以块石砌成，正面为红砖民居结构，原正中为凹形门廊及木构大门，门上尚保留数组柱间铺作，两侧边房，已改为砖灰墙，现面阔三间约12米，进深一间8.2米，楼层高4.4米，梁柱粗大的砖木结构楼板，楼梯位于厅堂正面后部的板堵后。二层以红砖砌成，面阔、进深一层相同，墙体及正面多已改成玻璃窗门结构，欧式天花板，北面开3窗，东西各开2窗。整体建筑约高12米，木结构悬山顶，燕尾脊，西侧及南侧与其他建筑相连，屋脊保留北面、东面及西北、东南局部，屋檐外挑约1.5米，北墙及东墙保留挑檐斗拱2组，西北角、东北角及东南角各有转角斗拱2组。

文昌阁系清乾隆年间马巷监生林芳德出资捐建。民国《同安县志》载："（文昌阁）在县东民安里。清乾隆十一年，知县张荃属里中绅士建于通利庙后。院中有杰阁，以祀文昌神，其阁下奉朱子像，士子会文其间。"此地为文人墨客吟诗、作对、会文之聚所。

舫山书院

位于马巷镇书院路（马巷文化活动中心东侧、旧镇政府大院内），建于清同治六年（1867年）。坐北朝南，原书院主体建筑共有四落。原大门之内二房一厅，接着是占地一亩的庭院。二落分为三个门，当中是三间平屋，东西两翼各有学舍三间。三落有正厅三间，左右屋子是书院主持人——山长居住的地方。东西各有走廊，廊外又有学舍4间。靠后的花墙之内为月台。最后落为楼房，楼下正中供奉朱熹塑像，左右两屋为藏书室，此外还有厨房储藏室等附属设施。四周一人多高的围墙之外，另有宽数丈的夹道，便于环绕巡逻。整座书院是闽南红砖民居形式，现在前落和东侧护龙早年已拆除，尚保留中、后落及西侧护龙，前落为后建水塔及圆形前门，现总面宽22米，总进深35米，占地面积约800平方米。中落面阔三间14米，进深较大，为11米，中为大厅堂，两侧厢房，后有圆形门通往后落天井，天井旁有翻修的小护厝。后落面阔三间，中为厅，两侧厢房，东厢房已改建厨房。此建筑为土木、砖石结构，现已荒废，多处屋顶坍塌、毁坏，即将拆除。

舫山书院始建时，时任马巷厅通判鲍复康带头捐银300两，地方人士捐资者达130多人，陈淳斋贡献了时价千元的宅基地。历时二年半，至同治八年（1869年）才竣工，开始讲学，书院设山长1人，为主持人兼主讲；设出纳1人，负责全院财务；斋长1人，负责接应事务；稽查1人，负责查察是非得失；另有负责收取土布厘税的总收及院丁、打扫夫各1人。山长的举荐延聘，必为进士或举人，须品学兼优，绅董物色，集众妥议，然后报官行文致聘。光绪元年（1875年）通判洪麟绶就称"肩试生童数百辈"而"每届秋试领乡荐者并不乏其人"。生童质量卓越，几年间精选付梓的有《舫山书院课艺》《舫山书院课艺二刻》《新舫山书院课艺》，文章入选的有仑头人陈晋生、马巷五甲人陈生寅和郑锦文等人。

舫山书院只有20年鼎盛时期，随着清末"废科举，兴学堂"的变革，书院制度宣告终结。光绪三十一年（1905年），洪鸿儒、洪湛恩、陈宗英等发起，把舫山书院改为学堂。

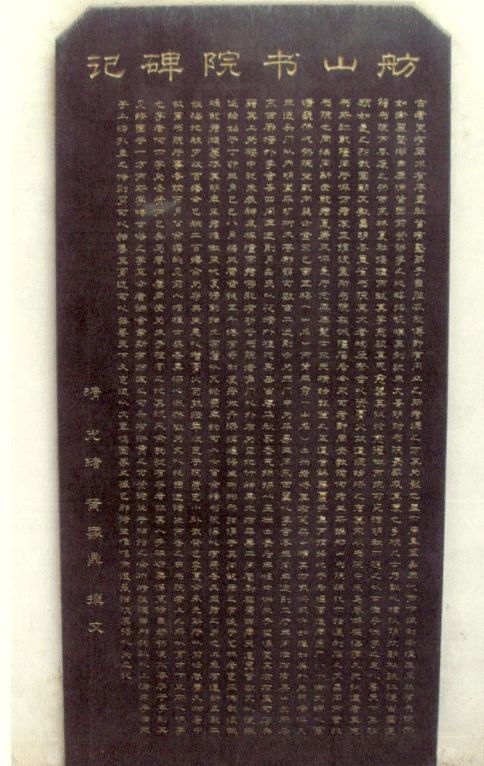

松山小学旧址

即彭厝松山小学旧址。位于彭厝村西南部村边,建于民国七年(1918年),2001年维修,2002年4月辟为"彭德清纪念室",建筑周围为绿化庭院,共占地面积约1 300平方米。坐北朝南,平面呈曲尺形,东西长38.5米,宽8.9米,一字排开分为6间房,西侧为曲尺相连的2间房,长5.6米,宽6.1米。此建筑为砖木结构,房内为天花板吊顶,硬山顶,两坡屋顶,房前均为宽敞的圆拱形柱廊,琉璃瓶栏杆,具有西式建筑风格。

松山小学,民国七年(1918年)由新加坡华桥彭楷蒲创办。1918—1919年,彭友圃曾担任该校校长。1927年,中共党员、同安共青团书记许英宗在这里吸收彭德清入团并把小学作为农民协会、农民赤卫队等组织的活动据点。1930年,松山小学成为厦门大劫狱斗争秘密联络点和转移点,抗日战争时期成立抗敌后援会的基层组织,解放战争时期,中共地下党也在此开展革命活动。

1991年,公布为县级文物保护单位。

觉民小学旧址（我素庐）

"我素庐"寓意"我行我素"，位于新店镇澳头社区下海仔鱼塘边，始建于1934年。坐南朝北。中西合璧式二层建筑，屋顶平台，面阔10.2米，进深25.8米，高7.8米，占地面积262.16平方米，建筑面积524.2平方米，两厢为半圆形前突，正面立有8根罗马式圆柱，一楼是重力柱，二楼则为附壁柱，柱式为爱奥尼克式与中国式的花卉雕塑，两柱之间以花卉浮雕相连，增添了建筑的艺术灵气，女儿墙一截为西洋式建构，长4.2米，宽约0.6～0.95米，高1.1米，窗户简洁大方，其造型和规模在厦门较为罕见。

此建筑为旅居新加坡侨领蒋骥甫所建，他在新加坡从事橡胶种植和加工业，其创立的民生树胶厂有限公司规模较大，获利颇丰，又与星洲诸位侨领合办大华银行。1934年回故里兴建这所宅第，刚刚落成之后，抗战爆发，该房被日寇炮弹炸塌一角。抗战胜利后，此房曾作为他捐建的觉民小学校舍，是当地学子求学的场所，后又为地下党活动的据点；解放后，一度成为派出所、大队（村）部。落实侨房政策后归还，现由房主委托人代管。

成兴书室

即郑运金书房，位于新店镇前浯社区沟西前中43号，建于清代光绪九年（1883年）。坐北朝南，前后两落，中为天井及两侧榉头，面宽11米，总进深21米，占地面积约231平方米。前落面阔三间，中为凹形门廊，门上嵌有"成兴书室"匾额，落款"癸未梅月""海文氏书"，"成兴"为郑运金于越南经商时商号；明间为门厅，木制屏障，两侧为厢房，屋板密檩木作，硬山顶，马鞍脊。后落面阔三间11米，进深三间10米，内高5.5米，前为檐廊，双步通，柱础为圆形花岗岩石构，中为厅堂，两侧厢房，板瓦屋面，硬山顶，马鞍脊。前、后落墙面均采用坚固的三合土夯墙。

书室中保留有1方木质神主牌，刻有"民国 显考十一世 清承德郎 候选州判 讳运偷号国泰郑公 暨妣 林安人 神主"，长0.3米，宽0.1米，厚0.03米。此建筑为郑运金书房，是他当年以文会友的场所。

郑运金（1833—1893年）乳名番偷，号国泰，皇清敕授承德郎候选州判。早年赴安南（越南）西贡经商，商号"成兴"，晚年返乡，兴建居所及郑氏家庙，曾捐资修建马巷城隍庙。这是海外游子认为这是"根"在故乡的具体表现，也是对祖国向心力的凝集。

乐群学校旧址

位于新店镇下后滨社区祖厝东33号,始建于民国十四年(1925年)。1964年,南洋华侨洪金榜捐资重修,平面呈"同"字形,东西两侧为正方形,边长36米,共占地面积约1 296平方米。东侧前后两落单边护龙大厝,坐东朝西,面阔17.5米,主体面阔11.5米,前落进深5.2米,天井4米,后落进深9米,内高5米,建筑面积318.5平方米;北侧呈"回"字形,面阔三间,中为庭院,坐北朝南。总面阔13米,进深15.5米,建筑面积201.5平方米;南侧为一字形平屋,坐南朝北,面阔13米,进深5.5米,建筑面积71.5平方米。牌楼式校门内宽1.4米,高3米,门额题刻"乐群义务学校",落款"南洋华侨颁立"。整体校园建筑面积591.5平方米。教室建筑为砖木结构,室内为木制楼板,板圆形月台,女儿墙琉璃瓶栏杆,具有西式建筑风格,现屋顶多已坍塌。

乐群义务学校于民国十四年(1925年)由新加坡华桥洪志辉创办。

九牧学校旧址

位于马巷镇井头社区井头自然村村南,建于民国十九年(1930年),旅居狮城侨胞林金殿独资兴建,为"同安县第十区私立第一国民学校",1994年维修,2001年旅星华侨林树楠先生筹资二次装修,2005年再次重修,坐北朝南,平面呈菱形,中西合璧二层建筑,面阔14.5米,进深15米,内高7.5共占地面积约195.9平方米。建筑面积391.8平方米,此建筑为砖木结构,房内为天花板吊顶,硬山顶,两坡屋顶,房前均为宽敞的圆拱形柱廊,琉璃瓶栏杆,女儿墙首两侧泥塑狮子1对,葫芦吉祥物2个,具有西式建筑风格。

鸿升学校旧址

位于内厝镇前垵村小路边自然村内,始建于民国三十七年(1948年),面阔31米,进深9米,建筑面积279平方米,占地面积约626平方米。坐北朝南,平面呈一字形排开分为5间房,东西长26.8米,宽9米,西侧为二层教师办公楼房,面阔3.8米,进深9米,通高7.5米,楼阁朝西山墙上方的女儿墙壁悬挂杨鸿升黑白照片,有泥塑"鸿升学校"四个大字,楼阁门联题书"敦温惠仁里 枝叶护青栽",藏头联中"敦枝"是杨鸿升夫人,他们还在新垵村田中央自然村兴建一座敦枝学校。此建筑为砖木结构,硬山顶,两坡屋顶,走廊宽敞,11根廊柱,8个拱门,教学楼前为体育操场,面阔31米,进深12米。

鸿升学校于民国三十七年(1948年)由新加坡华侨杨鸿升创办。

陈嘉庚助学处

位于马巷镇城场社区城场自然村东部、林咸平宅前红砖埕南侧20米处,无门牌号,始建于清乾隆年间,坐北朝南,前后两落大厝,穿斗式梁架,硬山顶,燕尾脊。主体面宽10.8米,进深18.6米,中为天井,两侧榉头。后落进深9.4米,廊道宽敞,正面墙体中木框大门,两侧木制屏帐中置有木构窗。此建筑为土木、砖石结构的红砖民居,后落厅堂与厢房为书房式木柱构架,通明透亮。

该建筑为同安集美华侨领袖陈嘉庚清宣统三年(1911年)为贫子助学处之一,今已损毁。

窗东学校旧址

位于马巷镇窗东社区洪氏家庙东南50米处，始建于民国十年（1922年），1999年10月由窗东村委会重修。面阔36.5米，进深9.2米，建筑面积约333平方米，占地面积约1 450平方米。坐北朝南，整体为欧式建筑风格，女儿墙上立有校牌，正中书"窗东学校"四个大字，上款为"民国十年建　悔庵敬誌"，大门上有"诚奋"碑刻一块。此建筑为二层平板屋顶，是早期窗东子弟上学场所，由洪晓春捐建。

洪晓春（1865—1953年），名鸿儒，号悔庵，马巷镇窗东人。清末在厦门经商，热心教育和公益事业，曾任厦门大同、民立小学和慈善机关"益同人"董事长。建国后历任厦门市人代会代表、福建省人民政府委员和福建省工商业联合会筹委会主任。

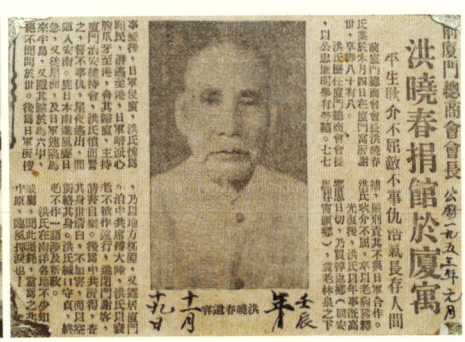

古民居 名人邸宅

　　翔安古建筑数量众多，形式多样，有书院、土楼、古厝等，其中以砖木石混合结构、红墙红瓦红色地面砖的传统民居（红砖民居）最具代表性，是闽南民居的重要组成部分。红砖民居最早出现于南宋，保存下来的以清代晚期至民国初年为最多。

　　在布局上，典型的古大厝民居讲究中轴对称，以前后两落大厝组成的大四合院为中心，中央有天井及两侧的榉头，大厝一般中为厅堂，两侧厢房，后落大厝较前落大厝略高且深。较大规模的古厝民居则在大厝两侧加盖一列或二列稍矮的护厝（护龙），护厝与大厝墙身之间留有窄长的空间，往往被分割成对称的小天井，小天井分别与护厝小厅、房组合成

相对独立、封闭的单元居室——小合院，这样就形成中央的大合院和周围若干小合院连成一体的布局结构。一般情况下，居中的宅院由家庭中的长辈、户主或嫡传长子等主要成员居住使用，也作为家庭成员聚集活动和供奉祖先、祭拜神祇的场所。成家后子嗣小家庭和非嫡亲家庭成员以及佣人则安排在护厝居住生活，厨房及杂物间也设在护厝，既不影响观瞻，又方便进出和使用。大厝的内部联系以檐下廊道为纽带，除中央合院两侧同护厝连接的过水廊外，主要有大合院中庭四周及护厝檐下贯通前后的步口廊以及合院后部隐蔽的横向"巷弄"（小通道）。纵横交错的通道使大厝内部联系极为便捷，成为有机的整体，合院与护厝之间、护厝各单元居室之间均建墙设门或窗栏加以分隔。"分住不分家"的布局结构，既维系了大家庭的血缘关系，又在一定程度上保证了各宅院和小家庭起居的私密性，也增强了住宅的安全防卫系数，这种内部结构格局充分体现了我国几千年来传统的伦理道德观念。

　　古厝民居的布局组合，充分利用天井空间采光蓄水、通风纳凉，使用檐下廊道行走活动，避免南国的烈日暴晒，创造出舒适的居住环境，非常适合闽南地区天气炎热、用水量大的气候条件，它是我国古代劳动人民因地制宜，适应自然创造出来的典型民居范例。

　　在屋顶举架方面，木构抬梁式和穿斗式或二者混用的举架屋顶是古厝民居常用形式，以抬梁式居多，弯拱形的月梁、曲线形的螭虎拱和梁枋间带有鸭掌形三爪的瓜拱，尤具特色。屋顶多为两坡硬山顶，讲究大吉大利的赤红色瓦楞屋面前后延展，形成传统的双曲坡面，即利于雨季屋顶泻水，又加大屋檐出挑增高，使古厝内部得以最大限度采光；屋面山墙两侧出檐极浅，这是由于承接屋面的各层檩子两头都封砌于山墙之中，使得木质檩子避免风雨侵袭。

　　古厝民居以强调弧线的屋顶独具特色，高耸的正脊，以夸张的弧形脊线和两端高高上扬翘起、尾部尖细开叉呈"燕尾式"的造型，给人以纤巧华丽、活泼跳动的视觉感受，屋面边缘的弧线压脊（垂脊），从侧面构成流畅的曲线，使整个两坡瓦顶更显轻盈。闽南古厝的这种夸张的建筑风格，表现出沿海地区在继承中原建筑基本要素，融入地方特点对建筑艺术的再创造，具有鲜明的地方建筑特色。

在建筑材料上，广泛运用红砖、花岗岩石和青斗石（辉绿岩）。一般情况下，以木结构梁架与花岗岩墙基、砖墙（少量土墙）组合为承重墙体，外墙下半部为石构墙基、墙裙厚重而坚实，上半部及檐下墙体由红砖墙堵组成，体轻而美观，形成白色墙基、红色墙堵加上青色局部点缀，独具风格。外墙身可分成几个面，每个面叫着"堵"，一般少则三堵，多则七八堵，从下往上有：柜台脚、裙堵、腰堵、身堵、顶堵、水车堵。早年典型古厝砖墙通常采用"箱形砌法"，一横一竖排列，有如中空的箱子，内置土角、卵石，或碎砖，故又称"斗子墙"；古厝外墙中还有一种以块石与红砖瓦相间、混砌的做法，排列整齐，石块内凹，砖瓦外凸，称为"出砖入石"，既利用废弃材料，又耐风雨侵蚀、不失坚固，形成绝妙的色彩与质感对比。

古厝的红砖墙面普遍采用松枝烧成的红色"雁字砖"，质地坚硬，色彩艳丽，尤其是堆码烧制自然形成的黑色斜纹砖面，经泥水匠师巧妙排列，往往在红墙上显出黑色雁阵图形。上等"雁字砖"如同上釉一般，任凭风雨洗涤，经久不变，越发艳丽，色如胭脂，故又称"胭脂砖""油标砖""清水砖"。其规格尺寸较现在普通墙砖略薄，据说与古罗马、古波斯传统建筑使用的红砖规格十分相似。此外，民居房宅中也是一袭墁地的红砖，既吸潮又透气。

古厝中花岗岩石构件无处不在，从石"埕"（庭院、天井）、石阶、"柜台脚"、高腰墙裙、条石墙体，到石制梁柱、墙柱、门框窗框、窗台、柱础、抱鼓石、栏杆，既阴凉通风又坚固耐用，增强抗台风能力，是利用自然和征服自然的智慧结晶，也体现了当地人民对石材特有的情感。青斗石多见于门窗、门廊、檐廊等局部装饰和细部点缀，起到画龙点睛作用。

在装饰上，浓妆艳抹，不仅在大厝正面墙体以红砖组砌或砖片拼砌、白灰勾缝构成"福""禄""寿"等吉祥文字、万字锦、八卦及龟甲形或团花等图案，还利用砖雕花纹图案装饰门面和门廊。砖雕手法可分为窑前雕和窑后雕，前者指在入窑前的砖坯上雕刻，因此图案犹如浮雕效果，线条圆滑生动流畅，花纹深浅变化自然；后者是在烧好的砖上用凿子细雕，线条率直硬朗，边缘有锯齿状剥落，画面平整而浅显。烧成后或雕刻后的方形红砖通常拼组成一幀方形或长方形花鸟、博古或人物故事图画镶嵌于大门两侧或廊道墙面，以白灰填底，使得图案色彩艳丽，红白相衬，具有明显的壁画艺术效果。

石雕装饰技法多样，应用广泛。常见正面窗台下的墙裙用磨光的花岗岩大石板密缝拼砌，平整光滑，而墙体下部靠近地面的"柜台脚"和门廊墙脚转折处的勒角、墙柱则刻意浮雕花鸟、夔龙图案，形成繁简对比，突出装饰效果。仅浮雕手法就有多种，最常见的是将所雕图案半立面凸出，如墙堵上镶嵌的石雕板；有的将图形的边廓直雕并剔地，所雕图案不作圆弧状凸出而呈平面，多用于石阶、"柜台脚"。

古厝民居墙堵上装饰性石雕用得很多，以质地细腻、颜色素雅的青（斗）石雕最为精致，或整块青石板浮雕，或作镂空透雕，或以浅浮雕条石镶嵌墙边窗沿（强调转角线条），或在大门石框上雕刻诗词楹联或匾额等，形式多样，题材丰富，各具典故寓意。这些雕饰往往在大门两侧和门厅（即门屋或行阁）、护厝入口及廊道旁、天井周围最为集中表现，既有刀光剑影、战马嘶鸣的打斗场面，也有"渔樵耕读""士农工商"的日常生活写照，还有寓意吉祥平安、富贵有余的壶瓶钟鼎、花鸟鱼虫图案，有广为流传的《三国演义》《水浒》《红楼梦》《西厢记》等文学作品题材、历史故事，有宣扬忠孝礼仪、神道思想的"二十四孝""封神演义"等内容。精细的石活还体现在各式雕花柱础、石枕（门枕）、抱鼓石和漏雕花窗上，古厝中的石条窗最普遍，窗棂条数为奇数，因古人认为奇数乃阳数，代表吉祥，石条窗空隙小，可通风又防盗，石条可调整角度，便于采光挡雨（如同"百页窗"）。有的大厝还采用镂空的夔龙纹窗、竹节窗、漏花窗、什锦窗等精美窗形，竹节窗以青石雕出竹形窗棂，寓意"庆祝"。

古厝石雕装饰通常以白色花岗石为框，内镶青斗石雕板，形成青白相间，在与红砖墙面的色彩和花纹的相互映衬下显现出典雅和高贵。

古厝民居木雕精彩绝伦，雕刻技艺深受粤东潮州木雕及本省莆仙木雕作派的影响，建筑构件采用浮雕、圆雕、透雕、浅雕、镂空雕刻、阴刻及镶嵌等技法，最经常用到的是集各种雕刻技法于一体的通雕。其中，浮雕（高浮雕和浅浮雕）运用得最为广泛，精美的高浮雕主要装饰于门廊上方、门窗、厅堂隔扇和檐廊、厅堂上方梁枋间，题材富含故事情节，诗情画意。浅浮雕多表现于大面积的板料上，习见于厅堂的隔堂板、壁板和槛窗裙板上，大部分是山水、四君子、博古、湖石及书法等图案，有清静、素雅之感。用钢丝条镂割花纹的镂空雕刻技法，常用于表现图案化纹饰，具有古拙、雅洁的艺术效果，如在楠木或樟木上用镂空雕刻和浅浮雕手法相结合创作出的蟠龙图案窗格，既简洁又繁丽，于平面上见立体，颇具变化，富有装饰性。门窗、隔扇（笼扇）装饰技法繁多，有以卡榫斗拼出几何图案或诗句文字的窗棂花格、漏空的各式花鸟图案窗花以及利用不同木质颜色对比镶嵌而成的梅兰竹菊花纹裙板等。

　　漆金木雕广为运用是古厝的一大特色，常见的是将雕刻（高浮雕或透雕）后的长方形木雕板髹以棕色漆，然后敷以金箔，再镶于缀有银白点贝壳粉、砂粒的青绿、深棕或紫红、粉黄等彩色地子的木框，构成"漆金雕板"，大量装嵌于隔扇和槛窗上的腰板、顶板等，从而突出门面装饰，厅堂内四周的门框上方则装饰板面较大更为精细的漆金木雕板。漆金板题材主要有人物、山水、花鸟，尤以戏曲故事、瓜果鱼虫、水族静物最多，匠师们在狭小的面板上精心经营图案层次和布局空间，充分展现出丰富的内容和广阔的景观。"雕彩结合"——先雕而后彩、有雕必有彩是古厝民居的特点，古厝步通及梁枋上大量的各式彩绘图案（以山水花鸟、人物故事为画面），或工笔重彩或五彩饰金甚至黑漆地描金，与漆金木雕交相辉映，把建筑打扮得金碧辉煌。

　　古厝抬梁式举架梁柱间漆金雕饰的线条、坐斗、瓜柱、雀替、鸡舌木、梁巾、草尾拱、竖柴（遮挡吊筒）、垂莲拱等构件上的木雕具有很高的艺术水准。

　　最精彩的要数梁枋间活灵活现的圆雕精细的狮兽、蟹甲、鹿象，形象生动，妙趣横生，其寓意科甲登第、加官进禄及太平有象等，既起到斗的功能又增添装饰趣味，深受民间百姓的喜爱。枋柱间精雕细镂的雀替（托木）多使用龙凤、鳌鱼及花鸟图样，为日常喜闻乐见，以拜庭（廊檐）和前廊过水梁下"员光"（即通随或挂落）及大厅梁枋下长条形"梁巾""束巾"镂雕（通雕）最为精湛，其内容往往取材于神话传说、历史故事、古典小说，雕凿技法采用浮雕和透雕相结合，一般五至七层，最多可达十几层，使表现的人物、山水、树木、亭榭等层次分明、情景交融，利用中国传统绘画独特的散点透视方法——"舞台透视"技法，运用满雕（即遍地雕刻）和自然式构图，使画面如同演戏的舞台，内容跨越时间和空间，相互呼应，令观者有如身临其境。除此，古厝正面屋檐下草尾拱上可以看到稚气可爱的浮雕夔龙，还有门廊上方由层层花瓣组成的倒垂莲花拱和玲珑剔透盛满鲜花的花篮……贤师良匠用高超的木作技艺体现主人的文化品位和身份地位，寄寓房主的思想情愫。

圆形瓜筒和弯曲形螭虎拱是闽南古厝民居建筑上常见的斗拱构件。瓜筒指枋间不着地的"瓜柱"，宋代称"侏儒柱"或"蜀柱"，古厝民居中常作圆瓜形（施有彩绘），附有鸭掌形三爪，也叫"坐瓜"（刻花的称方筒、走筒）。瓜筒造型又因建筑流派不同而略有差别，泉州派呈瘦长的"木瓜筒"形，漳州派则为圆胖的"金瓜筒"形，还有圆球形瓜筒附三爪鸭掌造型的粤东派风格。

不仅如此，古厝正面外墙上方与屋檐交界的"水车堵"（两端为"墀头""墀角"）、山尖"财神洞"、山墙及门旁的彩绘泥塑、"交趾陶"陶塑、门面和屋脊上的五彩"瓷片剪贴"装饰都是古厝民居独特的装饰手法。"交趾陶"日语称"交趾烧"，泛指中国大陆东南沿海窑口生产的陶器，属低温软陶，用一般粘土捏塑各种人物和动物小样玩偶形象（作品多为对开半面，背面中空便于粘贴墙面），经窑炉800度素烧，再上釉、施彩、描绘，然后烘烧。通常质地较松脆，釉面反铅。彩绘泥塑又称"灰塑"，在石灰中掺入贝壳灰、麻丝、糯米浆、红糖后在脊上、墙上作浅浮雕或立体雕塑，可做出各种玩偶或图案，干后色灰白，可漆上颜料，因未入窑烧造，坚硬度不够，故易风化褪色，因此，常见为防风雨侵蚀泥塑而在"墀头""墀角"和"财神洞"罩以玻璃。五彩"瓷片剪贴"指以铁条为骨，外塑泥像，灰泥未干时，以贝灰泥加糖水、桐油为粘合剂，将剪裁好的各色瓷片贴上去（广东称"嵌瓷"），极为牢固，不怕风雨，又耐酸蚀。

这些特有装饰手法的题材内容常见有戏剧故事中舞枪弄棒的刀马人物形象和日常生活中习见的龙凤麒麟、花卉果蔬、鸟兽鱼虫等图案，常见装饰性极强的八宝、杂宝、博古吉祥图案和各种文字、诗词、对联，争奇斗妍，将建筑装点得五彩缤纷、分外妖娆，显现出一派滨海南国气息。山尖上的泥塑浅浮雕式悬鱼惹草与山花纹样内容变化无穷，常见有花果、狮头、书卷、八宝、图像故事、瑞草祥云，寓意吉祥、平和、兴旺，为整个建筑装饰起到画龙点睛作用。古厝檐口下"水车堵"白地彩绘图案边饰和门厅、廊道旁白灰墙面的水墨画更使建筑增添高雅别致的情趣。

厦门翔安自古与海外交往十分密切，深受海洋文化的影响，加上早期通商侨民的迁徙和返乡回国，使得古民居建筑在结构和装饰中融入西方及南洋文化等多种外来因素，成为中华民族古民居建筑中别具一格的类型。

古厝中大量采用绿釉琉璃的花瓶式栏杆和花格式隔屏装饰漏窗、花墙（遮阳和阻挡视线）、山尖"阴阳窗"（通风），在大厝门面铺设产自德、英、日等国的花纹瓷砖，组拼图案，具有浓郁的异国情调。闽台古厝民居的双曲面屋顶和高高扬起的弧形脊线、花岗岩石和红砖砌就的墙体以及阳光下光彩夺目的五颜六色的"交趾陶""瓷片剪贴"装饰，令人仿佛看到西方文化中纤巧优雅的洛可可艺术、古罗马红砖建筑坚实稳重的结构和阿拉伯建筑色彩斑斓装饰的影子。除此之外，古厝民居讲究择址朝向、隐意特指等阴阳五行体系，装潢上极尽雕饰，荟萃古代建筑匠师们高超的工艺技巧，体现人们祈福镇邪和炫耀财富的群体心态（在建筑上追求奢华、气派作风的"红砖民居"与闽西客家的白墙、青砖、黑瓦的民居明显不同，后者表现出客家人简朴勤劳、清淡不华的性格）。

可以说，闽南及翔安古厝民居是中国传统建筑艺术宝库中的精彩组成部分，以鲜明的个性诠释闽南古代建筑的风貌特征和人文习俗、思想观念，是闽南文化的重要载体。

翔安文物 古建筑

- 田墘大六路厝
- 郑民团宅
- 张文辣宅
- 宋仁宅
- 蔡淑铁宅
- 蔡马友宅
- 谢嶝共宅
- 蔡淑意宅
- 谢玉峰宅
- 邱大顺旧居
- 郑德碧宅
- 蔡振兴宅
- 郭沫畬宅
- "新振兴"红砖楼
- 郭锽申宅
- 后村成兴当铺
- 郭懋欧宅
- 郭伪秋宅
- 郭懋时宅
- 郭梓照大六路厝
- 郭启明宅
- 郭沫作宅

- 郭垂源宅
- 康崎洋楼
- 洪志睡宅
- 康商脱宅
- 郎官第
- 苏马驾宅
- 杨靴宅
- 前浯"三间张"民居
- 石江汉宅
- 济美堂
- 彭番达宅
- 彭楷叶宅
- 彭永全宅
- 彭楷佑宅
- 郭沫挑宅
- 澳头苏氏小筑
- 蒋山奖宅
- 澳头"向东厝"
- 上施砖仔埕古厝
- 林永、林超宅
- 王耀适宅
- 蔡荣华宅

- 许永菱宅
- 洪查某洋楼
- 芦山别墅
- 洪朝选故居
- 洪允吉宅
- 洪文顶宅
- 蔡笃春宅
- 柳云安宅
- 郭玲珑宅
- 王武师宅
- 吴祝庆、吴神赐宅
- 吴怡洁宅
- 洪万合宅
- 洪志衡宅
- 张庆治宅
- 张世清宅
- 张清潭宅
- 林加模宅
- 王永叫宅
- 陈其春旧居
- 栖云楼
- 林芳德宅

- 朱成卿宅
- 苏遂宅
- 伯府（李长庚故居）
- 李增阶故居
- 城场当店
- 林鸭霄宅
- 林向荣宅
- 陈玉坎宅
- 孝子堂
- 陈鸿祺宅
- 陈剑央洋楼
- 下新厝
- 林维声宅
- 上新厝
- 林君升故居
- 洪养宅
- 洪纤若宅
- 洪熙寰宅
- 大夫第（洪晓春故居）
- 沁香小筑
- 懋斋
- 洪旭故居

古建筑

- 陈金恒宅
- 陈剑钳、陈玉枫宅
- 陈允济宅
- 陈玉出宅
- 朱藏岭宅
- 朱藏新宅
- 许宗森宅
- 陈乌章宅
- 陈九灿宅
- 蔡岳宅
- 黄廷元宅
- 李欧宅
- 李应辰旧居
- 洪英宅
- 宋添水宅
- 鲁藜故居
- 陈期盘洋楼
- 陈期盘、陈期杆宅
- 陈思振、陈思管、陈思灵宅
- 陈可补宅
- 陈期恭、陈期底宅
- 柯明沙、柯神宗宅
- 李乌斜、李乌坪宅
- 陈承金宅
- 陈乌从宅
- 陈氏武举人宅
- 庄鼎台宅
- 蔡庆西宅
- 黄筑谈宅
- 新圩中土楼
- 新圩尾土楼
- 陈国孝宅
- 黄番浸宅
- 乌山九十九间
- 黄希比大夫第
- 叶捕宅
- 陈国镭宅
- 陈国垂宅

翔安文物

田墘大六路厝

位于大嶝街道田墘社区北里79号，建于清代，坐东朝西。前后两落大厝，中为天井，大厝南侧建有护龙，为典型闽南海岛红砖民居，面阔五间18.5米，总进深20.7米，建筑面积382.95平方米，前落面阔五间，正中为凹形门廊，大门塌寿两侧的身堵有双鹿砖雕图案，水车堵用景物和吉祥物泥塑装饰，瓦当有麒麟浮雕，滴水荷花纹饰，左右各建筑两间榉头，穿斗、抬梁式混合梁架，规带内侧各5排筒瓦，硬山顶，三川脊。后落大厝面阔五间12米，南侧护龙一排，面阔一间6.5米，进深两间10米，出檐步通上部有木雕花装饰，寿堂墙裙红砖贴面，穿斗抬梁式混合梁架，硬山顶，燕尾脊。护龙也为稍矮燕尾脊，南侧墙开有小门。此建筑在田墘属规模最大。

大六路后壁沟5米处现存两棵明代林希元亲手种植的榕树，大树南侧有一座防炮洞，抗战时期，国民党84师副师长曾率官兵避难于此。

郑民团宅

位于大嶝街道田墘社区西部环村路旁，门牌号为田墘南里374号，始建于民国，中西合璧二层楼房，木制楼板，砖石结构建筑，坐东朝西，面阔三间11米，进深8米，高9米，占地面积88平方米。建筑面积176平方米。一楼墙裙花岗岩条石砌筑，墙体清水砖墙面，花岗岩磨光门框，闽南传统塌寿。二楼南北通长阳台，女儿墙檐口和窗口建造具有西洋式特点，门埕两级前为草坪，后为砖坪，硬山顶，马鞍脊。

张文辣宅

位于大嶝街道阳塘社区南里，无门牌号（即阳塘南里81号三层楼房西侧，南里37—39号店铺南面，南里77号东侧），始建于清代，坐西朝东。面阔三间11米，进深16.5米，其中一进进深3.5米，二进进深9.5米，天井进深3.5米，宽5.4米，建筑面积171.5平方米。前落正面下部花岗岩板石磨面，上部清水烟炙砖砌筑，柜台脚有雕花，滴水下双层水车堵，泥塑装饰模糊不清。凹寿建筑简陋，踏板铺砌方形红砖。天井两侧的榉头炮战时被炸毁，后期重建，后落面阔三间，墙体下部花岗岩块石砌筑，中部用黑壁砖，脊坠下用清水烟炙砖贴面，寿堂穿斗式梁架，硬山顶，燕尾脊。前落规带两侧各10排筒瓦。后落各5排筒瓦，建筑风格朴素。

宋仁宅

位于大嶝街道嶝崎社区东里620号,建于明景泰年间。坐东朝西,前后两落大厝,中有天井,两侧榉头,面阔11.5米,总进深19.2米(其中天井进深4米),内高5米,建筑面积约297.8平方米。前落面阔三间,进深5.6米,中为凹形门廊及中厅,两侧厢房,正面以花岗岩块石墙裙和红砖墙堵砌筑,门面泥塑装饰,塌寿身堵白底彩绘,门框上、屋檐下"水车堵"大部分已剥落,模糊不清。硬山顶,燕尾脊。后落面阔三间11.5米,进深三间9.6米,中为寿堂,两侧厢房,步通前檐有斗拱,柱础为花岗岩圆柱,素面无雕饰,板瓦屋面,硬山顶,燕尾脊。此建筑为嶝崎宋氏始祖所建。

蔡淑铁宅

位于大嶝街道嶝崎社区西里390号,始建于明代,坐东朝西。前后两落大厝,中为天井,两侧榉头,面宽12.5米,总进深21.5米,其中天井进深5米,内高5.2米,占地面积约268.75平方米。前落大厝面阔三间,进深6米,前部为檐廊,中为门厅,两侧厢房,墙裙以花岗岩条石砌筑,红砖墙体,三合土抹面,硬山顶,马鞍脊。后落面阔三间10.5米,中为寿堂,两侧厢房有砖土墙相隔,墙身下部块石砌筑,墙体与山墙分别以黑壁砖和清水烟炙砖贴面,挑檐斗拱简洁,硬山顶,燕尾脊。此建筑为石、砖、木结构,尚保留明末清初民房构建的风格。

蔡马友宅

位于大嶝街道北门社区北门里77号，建于清末年间。坐北朝南，前后两落大厝，中央天井及两侧榉头，面阔三间11.8米，总进深三间19.5米（其中一进进深5.6米，二进进深9.6米，天井进深4.3米），包括前后檐柱，内高5.1米，建筑面积约231.1平方米。前后落大厝面阔三间，中为凹形门廊及门厅，两侧厢房，正面墙裙及两边侧墙以条石砌成，房山清水烟炙砖贴面，石框大门上匾额镌刻"福祉永绥"，塌寿两侧及身堵清水砖拼砌，水车堵泥塑吉祥图案，天井两侧建有2座花岗岩花架，两侧榉头屋面翻修时改为石板顶，后落硬山顶，燕尾脊，步通两端上方各建一间马鞍脊红砖小阁楼，建筑风格朴素。

蔡马友，现为新加坡拿督，2005年12月与温家宝总理合照的相片现悬挂与古厝厅堂的右侧墙壁上。据该社区老年协会介绍，蔡马友经常致电关心家乡海岛的开发建设情况。

谢嶝共宅

位于大嶝街道浔窟社区东里25号,始建于清代。坐东北朝西南,前后两落大厝,中央天井,两侧榉头,面阔三间12米,总进深三间24.4米(其中一进进深6米,二进进深14.3米,天井进深4.1米),包括前后檐柱,内高5.1米,建筑面积约296.8平方米。前落正面下部为磨光花岗岩板石墙裙堵砌成,柜台脚,上部清水烟炙砖拼花墙面,榉头板顶屋面,红砖砌体,白灰抹面。塌寿大门两侧身堵有彩绘图案泥塑装饰,瓜菱形门钹。后落抬梁式结构,后轩前堵木制墙板,步通双柱双斗拱,两侧门上各筑一间小阁楼,硬山顶,燕尾脊。建筑风格为闽南九架阁角楼。

蔡淑意宅

位于新店镇蔡厝社区蔡厝自然村中部,无门牌号,建于清代。坐东朝西,前后两落11架展步大厝,双条子孙巷,两侧各2个边门,中有天井及两侧榉头,面宽11米,总进深20.2米,建筑面积222.2平方米。前落前檐通廊,两侧厢房,外墙花岗岩块石砌筑红砖贴面;内墙裙清水烟炙砖砌筑。墙体木板制作,步通双柱,三星斗拱,穿斗式梁架,硬山顶,燕尾脊。后落面阔三间11米,进深三间10米,穿斗式梁架,竖木栋,木骨泥墙,硬山顶,燕尾脊,屋面两侧各铺一排筒瓦。此建筑风格朴素典雅,原门廊两侧及檐下水车堵的彩绘花卉吉祥图案及外墙的内壁,因年久失修,多已脱落。

谢玉峰宅

位于大嶝街道浔窟社区西里20—21号，始建于清代。两列古厝并排，相隔1.4米，均坐西北朝东南，两列古厝布局结构相似，均分别为前后两落大厝，中央天井及两侧榉头，总面宽25米，总进深19.5米，内高5.1米，占地面积387.5平方米，建筑面积360.2平方米。每幢前落大厝面阔三间，中为凹形门廊及中厅，两侧厢房，硬山顶，燕尾脊。两列前落门楣上镌刻"宝树流芳"匾额。东列寿堂正中悬有"继承堂"匾额、西列厅堂内悬有"绍成堂"匾额，内木门额上均书写"仁春"两字，为其四兄弟"福春""协春""晋春""四合春"四艘远航大轮船的船名总称。前落正门塌寿水涮石抹面装饰，檐下水车堵泥塑吉祥图案，柜台脚踏脚有花纹，正面有花卉砖雕，花岗岩磨面石窗。后落大厝前部为宽檐廊，面阔三间12.2米，进深三间9.7米，中为厅堂，两侧厢房，抬梁式梁架，硬山顶，燕尾脊，脊堵上剪瓷花卉装饰。门廊石雕墙裙、门铛精美。右侧单边护龙厝面阔五间19.5米，进深4.2米，硬山顶，马鞍脊，现已坍塌，残墙断壁。此建筑为土木、砖石结构的闽南红砖民居，为古代远航商人谢玉锋所建。

邱大顺旧居

位于大嶝街道小嶝社区前堡，无门牌号，始建于清初。坐北朝南，前后两落大厝，中为天井，面阔11.5米，总进深17米（其中一进5.5米，天井4米，二进7.5米），建筑面积约195.5平方米。前落大厝面阔三间，中为凹形门廊及中厅，两侧厢房，正面左侧水车堵泥塑装饰，硬山顶，燕尾脊。门面及门廊以白色花岗岩为墙裙、墙腰，嵌入雕有纹路"柜台脚"、案几纹转角柱础等，两侧清水烟炙红砖墙堵，石框窗，门廊两侧墙堵有人物祈福、吉祥花卉等砖雕，白色石框大门上镶嵌青石门铛。后落面阔三间12米，进深三间8米，墙裙换岗眼块石砌筑，墙体以黑壁砖、山墙以清水烟炙砖贴面，中为厅堂，两侧厢房，步通上有斗拱，穿斗式梁架，硬山顶，燕尾脊。

邱大顺，清末两次随护国使赵新抵达琉球，册封琉球王，同治三年（1864年），御赐匾额"仁周海澨"。

郑德碧宅

位于大嶝街道田墘社区南里404号，始建于清代。闽南大九架砖石结构建筑。坐东朝西，前后两落大厝，中央天井，两侧榉头，面阔11.8米，总进深22米，其中一进进深6.3米，二进进深11.5米，天井进深4.2米，宽5.7米，层内高5.5米，建筑面积约259.6平方米。前落大厝面阔三间，正面墙裙堵为磨光花岗岩板石砌成，有石雕柜台脚；墙体清水烟炙砖拼花墙面，塌寿的正大门两侧身堵有人物、花卉烧瓷装饰，水车堵有吉祥物灰塑，后落南北两侧采用规格的条石成凸字形砌筑，富有特色。步通两侧各筑一间小阁楼，硬山顶，燕尾脊。此建筑为土木、砖、石闽南红砖民居建筑风格。

蔡振兴宅

位于新店镇蔡厝社区蔡厝自然村蔡厝南241—242号，建于民国二十二年（1934年）。两列古厝并排，相隔1米，均坐东朝西，两列古厝布局结构相似，均分别为前后两落大厝，中央天井及两侧榉头，总面宽25.1米，总进深21米，内高5.6米，占地面积约717.86平方米，建筑面积各499.8平方米。每幢前落大厝面阔三间，中为凹形门廊及中厅，两侧厢房，硬山顶，燕尾脊，南列门上石匾镌刻"竹林濡美"，北列门上石匾镌刻"花萼联芳"，寓意兄弟均显富贵荣耀。前落正门塌寿檐下"水车堵"和"水车出境"饰有泥塑和剪瓷，身堵泥塑花瓶和吉祥图案，柜台脚踏脚有花纹，正面有鹿纹砖雕，花岗岩磨面石窗，屋顶密檩铺筑。后落大厝前部为宽檐廊，面阔三间10米，进深三间10米，中为厅堂，两侧厢房，抬梁式梁架，硬山顶，燕尾脊，脊堵上剪瓷花卉装饰。门廊石雕墙裙、门铛精美，两侧墙堵装饰有砖雕、彩绘泥塑等，正面厢房墙面拼花釉面砖多已剥落，后落大厝宽檐廊墙堵有花鸟纹砖雕，檐枋的瓜柱和垂华拱均保存较好的彩绘漆金木雕。此建筑为土木、砖石结构的闽南红砖民居，为越南华侨蔡振兴所建。

郭洙番宅

位于新店镇后村社区后村自然村北222号东南角，无门牌号，建于清末。坐东朝西，前后两落大厝，中央天井及两侧天台式榉头，面阔12.3米，总进深20米，天井4.2米，内高5.4米，占地面积约246平方米。前落大厝面阔三间，凹形门廊，下厅两侧厢房，双条子孙巷，两侧各2个边门，前落正面墙裙堵长方形石板拼砌，清水烟炙砖拼花贴面。两端角牌为清水烟炙砖全顺而砌，廊道内侧铺砌板石，踏石柜台脚式，花岗岩石窗、门框、门铛，穿梁架，硬山顶，燕尾脊。后落大厝面阔三间12.3米，进深三间9.5米，墙裙花岗岩条石砌筑，墙身红砖砌体，三合土抹面装饰。穿斗式梁架，硬山顶，燕尾脊，具有闽南海边建筑风格。

"新振兴"红砖楼

位于新店镇蔡厝社区蔡厝自然村蔡厝南241号古厝前石埕北侧，无门牌号，始建于民国，坐北朝南，中西合璧式三层楼房。面阔11.5米，进深9.5米，高11.6米，占地面积109.25平方米，总建筑面积327.75平方米。正面三层建筑风格各异，一层窗下条石砌筑，上部清水烟炙砖贴面，正面磨光花岗岩墙裙，正门中式塌寿，石窗左右两侧用日本、台湾产瓷砖装饰，东西两侧围墙各开一个小门；二层面阔三间柱廊，三层东西廊柱通长，石窗门臼置外，二三层山墙均清水烟炙砖贴面，木制楼板楼梯，两坡屋顶，欧式五层清水砖腰线，为越南华侨蔡振兴所建。

郭锽申宅

位于新店镇后村社区洞庭（三）62号，建于清末，坐东朝西。前后两落大厝，中有天井及两侧榉头，面宽11.5米，总进深16.5米（其中一落5.5米，天井3.8米，二落7.2米），占地面积189.15平方米。前后两落采用花岗岩墙裙、夔龙纹"柜台脚"和红砖墙堵，墙身红砖砌体，三合土抹面，山墙清水烟炙砖贴面，正面墙堵有麒麟、大象砖雕，中为凹形门廊，塌寿身堵有黑白工笔重彩的吉祥绘画，两侧泥塑花卉及凤鸟浮雕，水车堵以剪瓷和回纹泥塑装饰，花岗岩磨光石大门框，下厅两侧厢房，硬山顶，燕尾脊。后落大厝面阔三间，合口厅堂，中为石框大门，两侧厢房，穿斗式梁架，硬山顶，燕尾脊。此建筑凸显古代建筑的风貌特征。

后村成兴当铺

即郭懋斌古厝，位于新店镇后村社区洞庭（三）86号，后落编号为洞庭（三）84号，建于清代，坐东朝西。前后两落皆为偏大门，前为卷棚式庭院，左侧一列护厝，整体古厝面宽11米，总进深19米，其中一落进深7.2米，亭子5.3米，二落进深6.5米，内高4.2米，占地面积209平方米。庭院中以墙隔分为东西两个院落，西院落较大，东院落较小，庭院南墙院门，为凹形门廊，前落两厢房各加盖一层两坡顶红砖阁楼，楼板密梁密檩木作，穿斗式梁架，硬山顶，马鞍脊。此建筑清代前落为当铺，后落为私塾。

郭懋欧宅

位于新店镇后村洞庭（四）17—18号东北侧，无门牌号，建于明代。坐东朝西，前为院落，中央天井，面宽11.5米，总进深13米，内高4.5米，建筑面积约149.5平方米。后落大厝面阔三间，穿斗式梁架，硬山顶，燕尾脊。庭院南、北角生长两棵榕树，树冠伸出墙头，此建筑保存现状较差。

此宅房屋为明代赴台湾任职的林战志的外祖父所建，是林战志的出生地。

郭伪秋宅

位于新店镇后村社区洞庭（四）89号东北角，无门牌号，建于民国。坐东朝西。前后两落大厝，中央天井及两侧榉头，面宽11米，总进深17.5米，占地面积约192.5平方米。前落大厝面阔三间，中为门廊及中厅，两侧厢房，抬梁式梁架，硬山顶，燕尾脊。后落大厝面阔三间11米，进深三间8.2米，天井进深3米，内高4.8米，穿斗式梁架，硬山顶，燕尾脊。此建筑为土木、砖石结构的闽南红砖民居，现无人居住，破损严重。

郭伪秋，民国年间为同安县参议员。

郭懋时宅

位于新店镇后村社区洞庭（四）21号，始建于民国。坐东朝西，前后两落大厝，中为天井，两侧榉头，面宽11.5米，总进深20.8米，建筑面积约239.2平方米。前落大厝面阔三间，中为凹形门廊及下厅，两侧厢房，抬梁式梁架，硬山顶，燕尾脊。前落门面从下自上依次为花岗岩"柜台脚"和墙裙，红砖墙堵和白灰地彩绘，檐下"水车堵"和"墀头""身堵"有麒麟彩绘及花瓶泥塑。后落大厝面阔三间11.5米，进深四间10.5米，中为厅堂，两侧厢房，穿斗式梁架，硬山顶，燕尾脊。后落廊道宽敞，正面墙体中为石框大门，灯梁端首有蟹甲木雕装饰，廊柱上方横枋雕琢繁复，运用镂雕、阴刻等各种技法表现出动态的人物故事，既有刀光剑影、战马嘶鸣的打斗场面，也有走狮攀猴、展翅鸟雀、缠枝花卉等木雕刻。

郭梓照大六路厝

位于新店镇后村社区洞庭（二）201号，始建于明末清初，坐东朝西。前后两落大厝，中为天井及两侧榉头，大厝北侧单列护龙，面阔五间27米，总进深21米（其中一落进深6.5米，天井进深4.5米，后落进深10米），内高5.5米，建筑面积567平方米，前落面阔五间，正中为凹形门廊，大门塌寿花岗岩板石墙裙，前墙及两侧身堵清水烟炙砖贴面，水车堵用景物和吉祥物泥塑装饰，左右各两间榉头，墙裙花岗岩蚝石砌筑。土坯墙体，穿斗、抬梁式混合梁架，规带内侧各5排筒瓦，硬山顶，双翘脊。后落大厝面阔五间18.3米，进深10米，墙体下部花岗岩块石拼砌，上部红砖外三合土抹面，寿堂墙基砌方形条石，墙身"土栋撞"夯筑，墙裙红砖贴面，板瓦屋面，硬山顶，燕尾脊。护龙内高稍矮，马鞍脊，东西两侧开有边门。

郭启明宅

位于新店镇后村社区洞庭（六）60号，始建于清末民国初期，20世纪90年代末重修，坐东朝西。前后两落大厝，中有天井及两侧榉头，面宽11.8米，总进深16.9米（其中一落4.7米，天井3.6米，二落8.5米），占地面积199.42平方米。前后两落采用花岗岩墙裙、红砖墙堵，墙身红砖砌体，三合土抹面建造。角牌底座和塌寿身堵下的"柜台脚"分别雕有狮子、梅花鹿和花鸟纹路，正面墙堵一侧是梅花砖拼图案，另一侧为六菱形红砖拼砌，中为凹形门廊，塌寿身堵有黑白工笔重彩的吉祥绘画，两侧剪瓷花卉及凤鸟浮雕，水车堵以剪瓷和泥塑书卷、人物、花卉等装饰，花岗岩磨光石大门框，石门框上嵌有辉绿石门铛。下厅两侧厢房，硬山顶，燕尾脊。后落大厝面阔三间，合口厅堂，中为石框大门，两侧厢房，穿斗式梁架，硬山顶，燕尾脊。前后落燕尾脊已翻修。

郭启明，菲律宾华侨。

郭沫作宅

位于新店镇后村社区洞庭（三）96号，建于1954年，坐东朝西。前后两落大厝，中有天井及两侧榉头，面宽11.46米，总进深19.1米，占地面积约245平方米建筑面积219平方米。前后两落采用花岗岩墙裙、墙身红砖砌体，塌寿身堵有黑白工笔重彩的吉祥绘画，两侧泥塑花卉及凤鸟浮雕，水车堵以剪瓷和回纹泥塑装饰，花岗岩磨光石大门框，下厅两侧厢房，硬山顶，燕尾脊。后落大厝面阔三间，合口厅堂，中为石框大门，两侧厢房，穿斗式梁架，硬山顶，燕尾脊。此建筑显现出近代闽南建筑特征。

郭垂源宅

位于新店镇后村社区洞庭（六）68号，始建于1957年，中西合璧二层楼房，砖石结构建筑，坐东朝西，面阔三间12.5米，进深12米，庭院进深5.3米，高7米，建筑面积150平方米。前面四根通高罗马柱，一楼下部为花岗岩条石砌筑，墙体均用红砖砌筑，正门门楣上泥塑"汾阳衍派"匾额，塌寿牡丹花瓷砖贴面。二楼木制楼板，欧式女儿墙，中部上端镌刻"郭合泰"四个剪瓷大字（"合泰"为越南华侨郭垂源橡胶商店店名），两坡屋面模制水泥板瓦。

主体建筑前面为庭院，西侧院门楣上匾额用剪瓷拼书"旭日光华"四个字，庭院的北侧为廊道，南侧清水烟炙砖柱条石栏杆围墙。

康崎洋楼

位于新店镇洪前社区东山自然村西南侧，无门牌号，始建于清末。坐东北朝西南，前后两落，前落单层木制楼板天台式构造，后落为中西合璧二层楼阁式民居，中为天井，进深5.4米，两侧榉头，前落面阔三间11.5米，进深一间4.6米；后落为二层楼房，面阔三间11.5米，进深一间10.5米，占地面积235.75平方米，总建筑面积356.5平方米。前落正面中间为凹形门廊及门厅，两侧厢房，门匾镌刻"合家兴宅"四字，正面传统的花岗岩石构墙裙，墙身左右各两堵兽鸟灰塑，分别为"鹿、鹤、鹅、兔"，隐喻暗含。每个石门上斗两侧均有花岗岩青斗石门当。两边角柱上端、女儿墙中部泥塑的双狮戏绣球，两端四个鼓形喷泉、两座坐狮、泥作花瓶栏板及窗檐等建筑材料及装饰技法均以典型西洋式风格为主，后落洋楼檐下为拱形门，廊道层顶天台，硬山顶，两坡屋面。二层楼铺设的釉面花砖地板及楼阁式角柱造型等多文化之间影响痕迹明显。

康崎，印尼华侨，原以捕鱼为生，后经营橡胶生意致富。

洪志暒宅

位于新店镇钟宅社区上钟宅自然村东，始建于清末民国初期。坐东朝西偏北，前后两落大厝，中为天井，两侧榉头，面阔11.8米，进深17.5米，建筑面积约210.7平方米。前落大厝面阔三间，中为凹形门廊及下厅，两侧厢房，硬山顶，燕尾脊。前落花岗岩块石拼砌墙裙，檐下"水车堵"的白灰地以民国蓝及黑白线条综合彩绘。后落大厝面阔三间11.8米，进深三间9米，内高5.1米，中为厅堂，两侧厢房，正面墙体中木框大门，两侧为木制屏帐，硬山顶，燕尾脊。

康商脱宅

位于新店镇洪前社区前边西13号，始建于清末民初。坐西南朝东北，前后两落大厝，中为天井，两侧榉头，总面宽17米，主体面阔11米，总进深21.5米，内高5米，建筑面积约355.5平方米。前落大厝面阔三间，中为凹形门廊及下厅，两侧厢房，门面为花岗岩"柜台脚"和墙裙，檐下"水车堵"的白灰地以民国蓝及黑白线条相间综合彩绘，花岗岩青石门当有"麻姑献寿"浮雕，罕见的下水道穿过下厅正中成弧形向塌寿左侧排出，抬梁式梁架，硬山顶，燕尾脊。后落大厝面阔三间11米，进深三间10.5米，中为厅堂，两侧厢房，后落廊道宽敞，正面墙体中木框大门，两侧木制屏帐中置有木构窗，步通为鼓形花岗岩柱础，灯梁端首有玫瑰花木雕装饰，穿斗式梁架，硬山顶，燕尾脊。

郎官第

即郑运金旧居，位于新店镇前浯社区沟西前中33号，修建于清光绪十七年（1891年）。坐北朝南。前后两落大厝，中为天井及两侧榉头，面宽18.5米，主体面阔12米，总进深22.2米，占地面积约401平方米。前落面阔五间，前部为横向檐廊，中设大门，门上嵌石匾镌刻"郎官第"，落款"辛卯年仲冬""晴川洪舟"，明间为中厅，左右各为次间及梢间，正面墙面为白色花岗岩墙裙及红砖斗子墙堵，次梢间开设4扇青石棂窗；明间及次间屋面高于两侧梢间屋面，形成双燕尾脊。后落面阔三间18米，进深三间10.8米，前为横向檐廊，正中为厅堂，两侧以砖墙相隔，各有两间厢房，中部屋面高于两侧屋面，双燕尾脊。此建筑为规模较大的闽南红砖古民居，前后落檐廊保留着精美的石雕"柜台脚"墙裙、檐柱柱础、墙柱柱础及水车堵彩绘图案，后落厅内后堂门上可见金彩完好的龙纹木雕板。尤其是宽敞的红砖坪与宅第相辉映，更显堂皇富丽。

苏马驾宅

位于新店镇前浯社区沟西前东1号,始建于清代光绪年间。坐北朝南,前后两落大厝,中有天井,两侧榉头,总面宽16米,总进深18.5米,占地面积约296平方米。厝前有砖埕。大厝东侧建有一列护龙,正面加盖一间天台屋顶小阁楼。前落大厝面阔三间11米,进深5.5米,天井4米,中为门廊及下厅,两侧厢房,正面墙堵以清水烟炙砖墙和花岗岩墙裙砌筑,檐下"水车堵"的彩绘泥塑多已脱落,硬山顶,燕尾脊。后落大厝主体面阔三间11米,进深三间9米,内高5.5米,廊道宽大,梁枋上漆金木雕有垂莲拱和人物故事、卷草花鸟等图案,精雕细琢。穿斗式梁架,硬山顶,燕尾脊。此建筑为土木、砖石结构的"二落带护龙"。

苏马驾,越南华侨。清时为私塾先生,知识渊博。此建筑落成之后,他在前落檐廊柱和后轩步柱上题书漆金楹联,分别为"司马公家训积德当先 东平王格言行善最乐"、"由人毁誉肖天地何所不容 反已修为学圣贤当尽在我"。

杨靴宅

位于新店镇前浯社区前中26号，始建于清代。坐东朝西偏北。三落大厝，前后两个天井，面阔11.5米，总进深31.1米，建筑面积357.65平方米。前落大厝面阔三间，进深5.6米，天井4米，正中为凹形门廊，大门顶堵绘有戏曲人物，鼓形青石门枕。正面"水车堵"内彩绘图案中可见建造年代之落款"光绪丙午年仲夏"。出境仕女图，塌寿灯梁托木雕有双凤朝牡丹，花岗岩青石窗，内外墙裙均为磨光"泉州白"花岗岩长方形石板叠砌。墙身清水烟炙砖拼贴，身堵为"喜上楣梢""百鸟朝凤"彩绘，穿斗抬梁综合结构。中落大厝面阔三间，进深三间8.5米，硬山顶，燕尾脊，前廊梁架有垂莲拱、人物及花鸟纹等漆金木雕。后落前有天井3.5米，面阔三间，进深三间9.5米，中为厅堂，两侧厢房，内高5米，此建筑墙裙为花岗岩石构，墙身红砖砌筑，三合土抹面，山墙清水烟炙砖贴面，整体为闽南土木、砖石建材结构，皆为清代侨建风格。

杨靴，越南华侨。

前浯"三间张"民居

位于新店镇前浯社区沟西"前中",无门牌号,建于清代,坐北朝南。三间张榉头止,面阔12米,进深14米,建筑面积约168平方米。正面大门两侧为平面墙,花岗岩条石墙裙,墙身红砖砌体,三合土抹面,榉头止马鞍墙,中为天井,两侧榉头,铺砖平顶。大厝西侧相接一列护龙,但已破落荒废,明堂面阔三间12米,进深10米,内高5.5米,檐廊步通瓜柱木雕花鸟纹饰,穿斗式梁架,硬山顶,燕尾脊。

此建筑为越南华侨石江汉所建,当年返回故里共兴建3座大厝,依次为三间张、大九架、十一架两落双边护。

石江汉宅

位于新店镇前浯社区沟西前中71号，始建于清末。坐北朝南，前后两落大厝，中为天井及两侧榉头，面阔11.5米，总进深22米，建筑面积约253平方米。前落大厝面阔三间，中为凹形门廊及下厅，两侧厢房，门面从下自上依次为花岗岩"柜台脚"、角柱和墙裙，红砖墙堵和白灰地彩绘，檐下"水车堵"和"墀头"有彩绘图案，抬梁式梁架，硬山顶，燕尾脊。后落大厝面阔三间11.5米，进深三间11米，内高5.5米，中为厅堂，两侧厢房，花岗岩条石墙裙，墙身红砖砌体，三合土抹面，穿斗式梁架，硬山顶，燕尾脊。廊道漆金木雕，檐枋、替木、坐斗、挑檐枋等构件上雕有缠枝花卉，但木雕上金彩已脱落。

济美堂

位于新店镇前浯社区沟西前中26号，始建于清代光绪年间。坐北朝南，前后两落大厝，中有天井及两侧榉头，总面阔10米，总进深13.4米，建筑面积约134平方米。大厝东侧建有一列稍矮的护龙，前落面阔三间，中为门廊，两侧明间，正面花岗岩磨光板式墙裙，上部清水烟炙砖贴面，塌寿顶堵有戏曲人物彩绘，身堵两侧花鸟图案，抬梁式梁架，硬山顶，燕尾脊。后落大厝面阔三间10米，进深三间7.5米，内高4.7米，正厅两侧抬梁式梁架，木制墙板，硬山顶，马鞍脊。堂柱题书"父母遐龄白发堂中荣暮景 儿孙满眼彩衣阶下舞春风"楹联，门面左右有4堵戏曲人物和老翁仙童图案，笼扇及门扇上的木作保存较好。

彭番达宅

位于新店镇彭厝社区彭厝自然村南部松西41-42号，始建于民国，坐东朝西偏北。前后两落大厝，中为天井及两侧榉头，面阔五间18.5米，总进深21.1米，建筑面积约390.35平方米。前落大厝面阔五间，进深6.5米，中为凹形门廊及下厅，两侧厢房，门面从下至上采用花岗岩"柜台脚"、角柱和墙裙，红砖墙堵建筑，前檐下"水车堵"有吉祥花卉彩绘图案，后檐步柱上有一对漆金楹联为"世事让三分显兴则明 心田留一点子种孙耕"，抬梁式梁架，硬山顶，双翘脊。后落大厝面阔五间18.5米，天井进深4.2米，中为厅堂两侧厢房，进深三间10.5米，内高5.5米，花岗岩牡蛎石墙裙，墙身红砖砌体，三合土抹面，穿斗式梁架，硬山顶，双翘脊，板瓦屋面。

彭楷叶宅

位于新店镇彭厝社区彭厝自然村松西136号。始建于民国，坐东北朝西南。三间张榉头止，面阔11.5米，总进深16米，建筑面积约184平方米。正面大门两侧为平面墙，花岗岩牡蛎石墙身，白灰勾缝，山墙清水烟炙砖贴面，榉头止马鞍墙，中为深井，两侧榉头，平台屋顶铺有红砖，以绿色彩釉陶装饰栏板。明堂面阔三间11.5米，进深10.5米，内高5.5米，中为厅堂，两侧厢房，屋顶密檩铺筑。木制楼板，大房门朝子孙巷，顶落明厅墙裙以台湾产瓷砖贴面，檐廊步通瓜柱木雕狮座、戏曲人物和花鸟纹饰，穿斗式梁架，硬山顶，燕尾脊，两端脊斗各泥塑一尊凤狮，脊坠饰有观音出境。

彭永全宅

位于新店镇彭厝社区彭厝自然村松西44号。始建于民国二十二年（1933年）坐东北朝西南。前后两落大厝，中央天井，前有庭院，面阔10米，进深6.5米。东西两侧各建一座门楼，院墙正面中为"凤"字形，面阔11米，总进深17.4米，占地面积约273平方米，建筑面积181.4平方米。穿斗式梁架，木制楼板，硬山顶，燕尾脊。前落大厝面阔三间，正面墙裙堵以磨光花岗岩砌筑，柜台脚石构基座，墙体清水烟炙砖贴面，"水车堵"及"水车出境"均饰山水泥塑浮雕，大门花岗岩石门框，两侧身堵有"八仙过海"和"仙鹤"砖雕；下厅墙裙堵以台湾产瓷砖贴面。两侧榉头，墙堵为花岗岩石构，檐下有落空菱形砖窗，天台屋顶，用绿色彩釉陶装饰栏板。后落墙裙为花岗岩条石，墙身红砖砌筑，白灰粉墙，山墙清水烟炙砖贴面，内大门左右两侧白灰底以工笔重彩绘上"瓜瓞绵绵""多子多福"图案。此建筑为土木、砖石闽南红砖民居建筑风格，为越南华侨彭永全所建。

彭楷佑宅

位于新店镇彭厝社区彭厝自然村松西136号东北角，无门牌号，始建于民国时。两列古厝并排，隔巷1.1米，均坐东北朝西南，但布局规格不一，东南列为面阔三间，西南列为面阔五间，位于同一院墙内（院墙及门楼已坍塌，西端残墙约4米），均为前后两落大厝，中央天井及两侧榉头，总面宽30.6米，总进深18.5米，内高5.6米，占地面积约780平方米，建筑面积约541平方米。其中，东南列前落面阔三间11.5米，进深5.5米，中为凹形门廊及中厅，两侧厢房，硬山顶，燕尾脊。前落正门塌寿檐下"水车堵"和"水车出境"饰有泥塑戏曲人物，身堵有花鸟等吉祥图案彩绘，柜台脚踏石有花纹，花岗岩磨面石窗，中为厅堂，两侧厢房，屋顶密檩铺筑，抬梁式梁架，硬山顶，燕尾脊。西南列前落面阔五间18米，进深18.5米，主体面阔11.5米，前落进深5.5米，中为凹形门廊及中厅，两侧厢房，硬山顶，燕尾双翘脊。前落正面"水车堵"饰有泥塑"三娘教子"和戏曲人物，身堵泥塑博古和花鸟等吉祥图案，门面从下自上依次为花岗岩"柜台脚"、墙裙和红砖墙堵，中为厅堂，两侧厢房，屋顶密檩铺筑。后落大厝前部为天井，进深4米，榉头两侧墙裙以清水烟炙砖砌筑，上部木制墙堵，主体建筑中为厅堂，进深三间9米，内高5.5米，两侧厢房，花岗岩牡蛎石墙裙，墙体红砖砌筑，白灰粉墙，子孙巷檐枋的瓜柱和垂华拱均保存，抬梁式梁架，硬山顶，燕尾脊。此建筑为越南华侨彭楷佑所建。

郭洙挑宅

位于新店镇后村社区下家自然村22—23号,两列古厝回向建筑,俗称"回向四落",中央庭院。各栋前后两落,中央天井及两侧榉头。22号大厝,始建于民国,坐东朝西,面阔11米,前落进深7.3米,天井4.2米,后落进深10.5米,内高3.9米,建筑面积195.8平方米。前落大厝面阔三间,中为凹形门廊及下厅,两侧厢房,前落正面墙裙堵长方形板石砌筑,清水烟炙砖贴面。踏石柜台脚式,穿斗式梁架,硬山顶,燕尾脊;23号大厝,始建于清代。坐西朝东,面阔11米,总进深13.4米,天井4米,内高4.8米,占地面积约147.4平方米。前落大厝面阔三间,中为凹形门廊及下厅,两侧厢房,前落正面墙裙堵花岗岩块石砌筑,水车堵彩绘泥塑均已脱落,穿斗式梁架,硬山顶,燕尾脊。后落大厝面阔三间11米,进深三间5.2米,墙裙花岗岩块石砌筑,墙身红砖砌体,三合土抹面装饰。穿斗式梁架,硬山顶,燕尾脊。两列古厝南北侧各设有庭院大门,两侧围墙堵各三个落空红砖窗,院埕以板石铺砌,从东向西依次抬高0.06米,庭院东南处凿有一口水井,直径0.8米,井水清澈见底。

澳头苏氏小筑

位于新店镇澳头社区上施自然村西北部，建于清末。坐东北朝西南，前后两落大厝，前有庭院，西南角为院门，院门上嵌石匾，题刻"苏氏小筑"；两大厝之间有天井及两侧小护厝，面阔15米，总进深24米，占地面积360平方米。前落大厝面阔五间，中为凹形门廊及中厅，两侧次间及梢间为厢房，抬梁式梁架，架设于木板隔墙上，浮雕夔龙纹、卷草纹，施以红彩，明间抬高，硬山顶，双燕尾脊。后落大厝面阔五间15米，进深三间10米，前为宽阔檐廊，中为厅堂，两侧次间及梢间为厢房，穿斗式梁架，硬山顶，双燕尾脊。此建筑为典型闽南古厝红砖民居，体量较为庞大，在前落门面水车堵内及门厅木板隔墙上和后落檐廊墙面上的彩绘神道人物、历史典故及花卉、书法等图案尤具特色，屋面脊座上地彩绘泥塑及闽南民居特有的瓷片剪贴仍然鲜艳醒目。

此建筑20世纪70年代遭受破坏，2004年又因强台风再遭毁坏，现后落屋顶陷塌，天井两侧护厝也已破漏。原房主为越南华侨。

蒋山奖宅

位于新店镇澳头社区澳头自然村后埔顶，无门牌号，始建于清代。坐南朝北，前后两落大厝，中有天井及两侧榉头，大厝西侧建有一列护龙，总面宽16米，总进深17米，占地面积约272平方米。古厝前有石埕庭院，门楼朝东。前落大厝面阔三间，进深4.7米，中为门廊及下厅，两侧厢房，抬梁式梁架，硬山顶，燕尾脊。柜台脚及塔脚石浮卷草纹，前后落正面大门两侧及榉头墙裙均以花岗岩板石砌筑，榉头平台立有清水砖拼格栏杆，檐下"水车堵"内有山水花卉彩绘，身堵以黑白线条素描梅、兰、竹、菊图案。

后落大厝面阔三间10.5米，进深三间8.3米，天井进深4米，内高5米，厅堂后轩保留1对竹匾和屋主画像，抬梁式梁架，硬山顶，燕尾脊。

蒋山奖，生卒年不详，为清代大连旅顺船队舵手。他曾保存一口直径约1.5米的"船眼"，现赠捐于厦门郑成功纪念馆。

澳头"向东厝"

位于新店镇澳头社区澳头自然村村东下海仔8号,建于清光绪年间,坐西朝东,是澳头唯一面向东的古大厝,故名"向东厝"。前后两落大厝,中有天井及两侧榉头,大厝两侧各有一列护龙,南侧多出一列不规范的多边形护厝,总体建筑面阔20.5米,总进深18.5米,占地面积约379.25米。前落大厝面阔三间,中为门廊及中厅,两侧厢房。古厝正面为"泉州白"色花岗岩墙裙、"柜台脚"和"斗子墙",正面墙堵拼贴多组(法国)进口的釉面瓷砖,前落大厝门廊四周、檐下"水车堵"彩绘花鸟图案、彩绘泥塑装饰。两侧身堵上方分别题书"风和""日暖",院墙大门斗嵌刻"蒋氏小宗",抬梁式梁架,硬山顶,燕尾脊。后落大厝主体面阔三间10.5米,进深三间8米,天井进深4米,内高4.8米,中为厅堂,后轩通柱楹联为"孝子旧家声愿子孙毋忘祖德 乾坤新气象惟贤哲可显宗亲"。穿斗式梁架,硬山顶,燕尾脊。大厝两侧有廊道与两侧护龙相通,护龙前后各有小天井,均为相对独立的小三合院,护龙为燕尾脊,硬山顶。此建筑为土木、砖石结构的"两落双边护"闽南红砖民居。

上施砖仔埕古厝

位于新店镇澳头社区上施自然村，无门牌号，建于清代，坐北朝南，原为前后两落大厝，中为天井及两侧护厝（榉头），大厝东侧相接一列护龙，后落于"八二三"炮战时被炸毁，已翻修，此建筑面宽约16米，总进深21.5米，占地面积约344平方米。前落大厝面阔三间，中为门廊及下厅，两侧厢房，墙裙以花岗岩条石砌筑，红砖墙体，三合土抹面，抬梁式梁架，硬山顶，燕尾脊。正面两侧石窗上堵分别题书"富贵花开""竹报平安"。"泉州白"的花岗岩裙堵下装饰雕花"柜台脚"，塌寿身堵泥塑题材有"人物""仙鹤""太平有象"等。后落大厝面阔三间11米，进深三间10.5米，天井进深4.5米，厅堂及两侧厢房改建成铺砖平顶。

主体建筑前有庭院，门楼偏东，庭院外正面铺筑砖坪约120平方米，故将此建筑称"砖仔埕古厝"。

林永、林超宅

位于新店镇浦园社区浦园自然村165号,始建于清末。坐东朝西偏北,前后两落大厝,中为天井及两侧榉头,面阔11.5米,总进深20.5米,建筑面积约230平方米。前落大厝面阔三间,中为凹形门廊及下厅,两侧厢房,门面从下自上依次为花岗岩"柜台脚"、角柱和墙裙,红砖墙堵和白灰地彩绘,檐下"水车堵"和大门顶堵有凤鸟、山水、劳耕人物彩绘图案,抬梁式梁架,硬山顶,燕尾脊。后落大厝面阔三间11.5米,进深三间10米,内高5.1米,中为厅堂,两侧厢房,花岗岩条石墙裙,墙身红砖砌体,三合土抹面,穿斗式梁架,硬山顶,燕尾脊。廊道上的木雕、檐枋、替木、坐斗、挑檐枋等构件上雕有缠枝花卉。

王耀适宅

位于新店镇欧厝社区欧厝自然村市南94号,始建于明代,清代、民国多次重修,1993年再次修葺。坐南朝北,前后两落大厝,中央天井,面宽11.5米,总进深18.5米,占地面积约212.75平方米。前落大厝面阔三间,进深5.5米,正中为凹形门廊及下厅,两侧厢房,正面墙裙为花岗岩磨光石板,大门上方嵌刻"太原衍派"匾额,顶堵及身堵均以花鸟、山水彩绘装饰,硬山顶,燕尾脊。后落大厝面阔三间11.5米,进深三间9.2米,中为厅堂,两侧厢房,花岗岩条石墙裙,墙身红砖砌筑,白灰粉面,穿斗式梁架,硬山顶,燕尾脊。脊堵泥塑麒麟、凤凰浮雕,木构斗拱装饰简朴。

蔡荣华宅

位于新店镇蔡厝社区蔡厝自然村村北222号东南角，无门牌号，建于清末。坐东朝西，前后两落大厝，中央天井及两侧榉头，面阔11.7米，总进深18米，天井3.8米，内高4.8米，占地面积约318.8平方米。前落大厝面阔三间，凹形门廊，下厅两侧厢房，前落正面墙裙堵长方形板石砌筑，清水烟炙砖贴面。廊道砛石内侧铺砌板石，踏石柜台脚式，穿斗式梁架，硬山顶，燕尾脊。后落大厝面阔三间11.7米，进深三间8.7米，墙裙花岗岩条石砌筑，墙身红砖砌体，水涮石抹面装饰。穿斗式梁架，硬山顶，燕尾脊。南侧单列护龙（属现代后期新建），中部两层，硬山顶，马鞍脊。

许永姜宅

位于新店镇东界社区东界自然村北127号，建于清末民国初年。坐北朝南，总面阔17.5米，总进深20米，占地面积350平方米，建筑面积493平方米。原为前后两落大厝，中为天井，两侧榉头，西侧单边护龙厝。民国期间前落改建为中西合璧二层楼阁，后落大厝保存原貌。前落建筑面宽17.5米，进深7.6米，通高6.6米，底层廊道中有厅门及厅堂，红砖墙堵，门心雕有花鸟纹，廊道墙堵贴有日本产马约利卡瓷砖，硬山顶，平台楼板。厅内保存民国年间此建筑落成之后，越南华侨赠存的两幅带有楹联的镜框，左侧对联为"得妙友来如对月 有奇书读胜看花"，右侧对联为"福德远扬叶众望 泉光华夏擢帮长"。两侧为厢房，楼阁面阔三间，中为厅堂，木制楼板、楼梯，红砖楼阁前后均有通长廊道，是当地少见的双层建筑物。后落面阔三间12米，进深9.1米，天井进深4.3米，内高5米，花岗岩石墙裙，墙身红砖砌筑，三合土抹面，板瓦屋面，硬山顶，燕尾脊。

许永姜，民国时任旅居越南华侨福建正帮长。

洪查某洋楼

位于新店镇东界社区石塘自然村西环村路旁，无门牌号，始建于民国，坐北朝南，中西合璧式二层楼房。面阔17米，进深14米，高8.5米，占地面积2 385平方米，总建筑面积476平方米。正面磨光花岗岩基座，上部清水烟炙砖砌筑，正面两厢为八角形前突，正门四级石砌台阶，清水砖拱形门，一二层四周为回廊，西洋式廊柱券顶，木制楼板楼梯，清水砖腰线，建筑材料及装饰技法均以典型西洋风格为主。

此建筑现为公房，后因火灾，楼顶坍塌。

芦山别墅

位于新店镇前浯社区前东排洪沟旁，无门牌号，始建于清代，坐东朝西偏北，为一落大厝。前有庭院，西北角为院门，院门上嵌青石匾，题刻"芦山别墅"，院门内南侧单间榉头，面宽11.5米，总进深9米，主体进深5.5米，占地面积103.5平方米。前为宽阔檐廊，中为厅堂，两侧稍间为厢房，门朝廊道，穿斗式梁架，木制楼板，硬山顶，马鞍脊。

此建筑原为晚清时越南华侨苏马驾的私塾学堂，院内原有一座亭阁已朽塌。在院墙正面尚遗存一堵私塾学堂授课的彩绘，极为鲜艳夺目。

洪朝选故居

位于新店镇洪厝社区洪厝自然村中部,为洪朝选出生地。建于明嘉靖、隆庆年间(1522—1572年),清代屡有重建。坐北朝南,原为前、中、后三落大厝,为典型的闽南"大十一架"古厝。现保留前、中落,面阔三间,面宽11米,总进深20米,占地面积约220平方米。前落大厝于近年重新翻建,改造为石构平房,平台屋顶,门额上有"柏坡瑞祥"四字。中落大厝保持原样,面阔三间11米,进深三间10.5米,中为厅堂,两侧厢房,抬梁式梁架,硬山顶,燕尾脊。厅堂内尚保留清代鼓形石柱础,厝前天井有雕刻"柜台脚"纹石阶。故居前花坛内两株铁树传为洪朝选当年手植。

洪朝选(1516—1582年),字舜臣,号芳洲,别号静庵,明代"理学名宦"林希元的侄女婿。明嘉靖二十年(1541年)进士,从政二十七年,历任户部主事、郎中,吏部郎中,四川按察副使,广西右参政,山西左参政,太仆寺少卿,都察院右佥都御史、右副都御史,刑部左侍郎,以左侍郎署尚书事致仕。其学识渊博,为官清廉,被誉为"乡贤名宦",著有《芳洲摘稿》《归田稿》《续归田稿》等。

洪允吉宅

位于新店镇洪厝社区洪厝自然村竹树后163号，建于清光绪十一年（1885年）。坐北朝南，前后两落古厝，中为天井，两侧榉头，面宽12米，总进深21米，占地面积约250平方米。前落面阔三间，中为凹形门廊及中厅，两侧厢房，硬山顶，燕尾脊。后落前部为宽檐廊，面阔三间12米，进深三间10米，中为厅堂，两侧厢房，抬梁式梁架，硬山顶，燕尾脊。此建筑为土木、砖石结构，花岗岩条石墙裙，身堵红砖砌筑，三合土抹面。前落正面墙体以下半部磨光花岗岩白石墙裙雕有夔龙纹"柜台脚"，花卉纹和案几纹转角柱础正面石窗两侧密缝拼砌几何锦地纹的红砖墙堵，榉头木制楼板。左侧坍塌，上世纪70年翻修。后落宽檐廊有清代"文房四宝"石柱础，塌寿正门顶堵饰有泥塑阁楼、戏曲人物，山水花卉，体现了古代工匠的高超技艺，廊下两侧身堵蓝彩楷书楹联为"心作良田百世不书之 善为至宝一生用有余"，体现出主人的高雅清趣。

洪文顶宅

位于新店镇洪厝社区洪厝自然村后埕27—29号,始建于民国二十六年（1937年）,坐北朝南。三间张榉头止,面阔12米,进深14米,建筑面积约168平方米。正面大门两侧为平面墙,花岗岩条石墙裙,墙身红砖砌体,三合土抹面,榉头止马鞍墙,中为天井,两侧榉头,铺砖平顶。大厝西侧相接一列护龙,但已破落荒废,明堂面阔三间12米,进深10米,内高5.5米,檐廊步通瓜柱木雕花鸟纹饰,硬山顶,燕尾脊。

蔡笃春宅

位于新店镇茂林社区茂林自然村海墘11号。始建明末清初,坐北朝南,面宽11.5米,总进深14.5米,建筑面积166.75平方米。中轴线上分为前后两落大厝,中有天井及两侧榉头。前落大厝中为凹形门廊及廊道,两侧小厢房,面阔三间11.5米,进深一间2.5米,硬山顶,燕尾脊。后落大厝面阔三间,进深二间8米,内高5米,中为厅堂两侧厢房,板瓦屋面,两侧各有3列筒瓦,穿斗式梁架,硬山顶,燕尾脊。整体建筑为土木、砖石闽南红砖民居,三合土墙基,夯土墙体及白灰墙面,厅堂两侧墙裙清水烟炙砖贴面,梁架木作简易,风格朴实。

柳云安宅

位于新店镇吕塘社区后树自然村16—19号，修建于民国。两列古厝并排，回巷16.6米，宽2米，均坐北朝南，两列古厝布局结构相似，均分别为前后两落大厝，中央天井及两侧榉头，总面宽25.1米，总进深21米，内高5.6米，占地面积约717.86平方米，建筑面积各499.8平方米。每幢前落大厝面阔三间，中为凹形门廊及中厅，两侧厢房，硬山顶，燕尾脊，前落正门泥塑"河东衍派"四字，塌寿檐下"水车堵"和"水车出境"饰有泥塑和剪瓷，身堵泥塑花瓶和吉祥图案，柜台脚踏脚有花纹，正面有鹿纹砖雕，花岗岩磨面石窗。后落大厝前为檐廊，面阔三间10米，进深三间10米，中为厅堂，两侧厢房，厅堂后轩步柱题写楹联为"鸿规创立父慈子孝旧家声 燕翼贻谋水绕山环新第宅"。抬梁式梁架，硬山顶，燕尾脊，脊堵上剪瓷花卉装饰。门廊石雕墙裙、门铛精美，两侧墙堵装饰有砖雕、彩绘泥塑等，榉头内侧墙面贴有釉面瓷砖，后落大厝宽檐廊墙堵有花鸟纹砖雕。此建筑为土木、砖石结构的闽南红砖民居，为越南华侨柳云安所建。

郭玲珑宅

位于新店镇后村社区洞庭（二）176号，建于民国十九年（1930年）。坐东朝西。建筑风格为三落大厝，前后两个天井，面阔12米，总进深36.7米，建筑面积440.4平方米。前落大厝面阔三间，进深一间7.5米，天井4.6米，正中为凹形门廊，柜台脚卧龙纹路，花岗岩青石窗两边台湾产瓷砖贴面，身堵两侧题书"善为传家宝，忍是积德门"，内外墙裙均为磨光花岗岩长方形石板拼砌。墙身红砖砌筑，水涮石抹面装饰，穿斗抬梁综合结构，斗拱双狮、双麒麟漆金木雕；中落大厝面阔三间12米，进深三间11米，硬山顶，燕尾脊，前廊梁架有垂莲拱、人物及花鸟纹等漆金木雕；后落前有天井4.1米，面阔三间12米，进深三间9.5米，中为厅堂，两侧厢房，内高5.8米，此建筑为土木、砖石建材结构，建筑风格简约，石柱础、石门铛、檐角的"墀头"石雕及梁架上木雕等民国原有建筑物。

院前西北角凿有一口水井，井口边长0.45米，井口距水面2.5米。

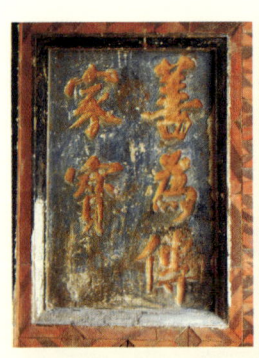

王武师宅

即"槐庭小宗"。位于新店镇珩厝社区珩厝自然村王永界祖厝后,始建于清代。坐北朝南。属闽南三落大厝,前后两个天井,总面阔11.5米,总进深36.5米,占地面积870平方米,建筑面积419.75平方米。前落大厝面阔三间,进深一间6.5米,天井4.2米,正中为凹形门廊,柜台脚卧龙纹饰,内外墙裙均为磨光花岗岩长方形石板拼砌。墙身清水烟炙砖砌筑,三合土抹面。正门上方泥塑"槐庭小宗"匾额,两侧身堵以鸟兽、花卉、树木砖雕装饰,穿斗抬梁式结构,硬山顶,燕尾脊;中落大厝面阔三间11.5米,进深四柱10.5米,硬山顶,燕尾脊,前廊梁架有垂莲拱、人物及花鸟纹等漆金木雕;后落前有天井,进深4.8米,面阔及进深与中落相同,天井西侧另建一座偏大门,立有"滨海草堂"匾额,两侧身堵题书"滨水重流增气概 海澜壮阔助宏图",主厝中为厅堂,两侧厢房,内高5.8米,此建筑为土木、砖石建材结构,石柱础、门铛、檐角的"墀头"石雕及梁架上木雕等为原建筑物。

吴祝庆、吴神赐宅

位于新店镇霞浯村南大路霞南25号，建于民国五年（1916年）。坐东朝西，前后两落大厝，中为天井及两旁护厝（榉头），面宽16米，总进深22米，占地面积约360平方米，厝前有庭院，西北角开设院门。前落面阔五间，中为门廊及中厅（明间），门上嵌"让德流芳"青石匾，两侧次间和梢间均为厢房，梢间厢房正面开小门，穿斗与抬梁混合式梁架，明间及次间为屋面为硬山顶，燕尾脊，两梢间分别为单独稍矮的屋面，硬山顶，燕尾脊。天井两旁护厝前为宽檐廊（方亭），抬梁式梁架，卷棚顶。后落大厝面阔五间16米，进深四间10米，中为厅堂，两侧次间和梢间均为厢房，穿斗与抬梁混合式梁架，硬山顶，燕尾脊，两侧梢间为单独稍矮的屋面，硬山顶，燕尾脊，大厝前部为宽檐廊，两端建有小阁楼及小方亭屋顶。

此建筑体量庞大，梁架跨度宽阔，天井四周围绕宽大檐廊，复杂的屋顶造型和黄色筒瓦屋面颇具特色，装饰华丽讲究，是闽南古厝红砖民居的典型代表。前落正面墙体是古厝的门面，下部为白色的花岗岩墙裙和夔龙纹"柜台脚"，上部为密缝拼接的锦地红砖墙堵；凹形门廊四周墙体的石雕最为精彩，从下至上以素面的白色花岗岩为地，嵌以细腻的青色辉绿岩石雕，青白相间，典雅高贵，底层青石雕为高浮雕龙纹、花鸟纹、狮兽、案几纹的墙柱柱础、勒角、柜台脚，中部镶嵌的长方形青石板，以阴刻、线刻或浅浮雕表现人物花鸟、钟瓶鼎彝、词句对联等，犹如传统的中国书画作品，顶部为条带状的高浮雕及漏空透雕的戏剧人物故事。精细的漆金木雕集中体现在门廊和檐廊上方的梁枋、古厝厅堂的梁架斗拱上，此外，屋檐下"水车堵"内的彩绘泥塑、"交趾陶"以及屋脊基座上的彩色瓷片剪贴等，宛如传统古典盛妆的裙边装饰，色彩斑斓，绚丽多姿。

建房工匠来自安溪，房主吴氏兄弟为印尼华侨。

吴怡洁宅

位于新店镇霞浯社区霞浯自然村南27号，修建于民国初年。坐东朝西，前后两落大厝，中为天井及两侧护厝（榉头），南侧一列护龙，宽6米，总面宽16米，进深17米，占地面积约270多平方米。前落面阔三间，中间为凹形门廊及中厅，两侧厢房，硬山顶，燕尾脊。后落面阔三间11米，进深三间9米，前部为檐廊，两端建有小阁楼及小方亭屋顶，中为厅堂，两侧厢房，抬梁与穿斗式混合梁架，硬山顶，燕尾脊。南侧护龙屋顶前部的西、南面转角呈两面水形屋脊山墙，极具个性，护龙檐廊前以过水廊隔出前后两个小天井。

此建筑为土木、砖石结构的闽南古厝，正面两侧墙堵拼贴釉面锦纹花砖，门廊石构墙裙嵌入精美的转角柱础、勒角、柜台脚等石雕，厅堂内笼扇、门扇、隔扇、窗棂、灯杆托座、神龛及檐廊梁枋保留着精美的漆金木雕，神龛横枋有金彩人物故事纹饰。

洪万合宅

位于新店镇新店社区新店自然村中路52号东侧，无门牌号，始建于明朝万历三十九年（1611年）。坐北朝南，建筑风格为一组三落大厝，单边护厝，前后两个天井，面阔17米，总进深29.7米，占地面积657.9平方米，建筑面积504.9平方米。前落大厝面阔三间11.5米，进深5.8米，天井进深4米，正中为凹形门廊，柜台脚卧龙纹路，花岗岩石窗两边清水烟炙雕砖贴面，身堵两侧雕有吉祥图案，内外墙裙均为磨光花岗岩长方形石板叠砌。墙身红砖砌筑，穿斗抬梁式综合结构，中落大厝面阔三间11.5米，进深三柱5.8米，子孙巷双步柱，木柱为石柱础，硬山顶，燕尾脊，后落前有天井，进深3.6米，面阔三间11.5米，进深三柱5.8米，中为厅堂，两侧厢房，内高5.1米，板瓦屋面塌陷，硬山顶，燕尾脊，此建筑为土木、砖石建材结构，厅堂保留4个八角菱形石柱础，浮雕有书卷、动物、花卉等清代原有建筑物。

洪志衡宅

位于新店镇新店社区新店自然村新中路45—46号,始建于清末。坐西南朝东北,前后两落,双边护厝,中为天井,两侧榉头,总面宽24米,主体面阔15.5米,总进深20.5米,内高5.4米,占地面积756平方米,建筑面积约492平方米。前落大厝面阔三间,进深5.8米,中为凹形门廊及下厅,两侧厢房,门面为花岗岩"柜台脚"和墙裙,檐下"水车堵"和"水车出境"严重破坏,抬梁式梁架,硬山顶,燕尾脊。榉头花岗岩板石墙裙,墙身木制板,后落大厝面阔三间15.5米,进深四柱10.5米,中为厅堂,两侧墙体为木制版,步柱为开光鼓形花鸟纹饰柱础,灯梁端首有玫瑰花木雕装饰,穿斗式梁架,硬山顶,燕尾脊。

张庆治宅

位于新店镇东园社区东园自然村沟仔北147号,建于清末。坐北朝南。主体建筑为前后两落大厝,中为天井,两侧筒瓦屋面榉头,东侧带护厝,总面宽17.5米,总进深20.1米,占地面积492平方米,建筑面积351.75平方米。前落大厝面阔三间,进深6米,天井进深4.1米,正中为凹形门廊,正面花岗岩板石墙裙,上部清水烟炙砖墙身,水车堵山水、鸟兽、楼阁泥塑装饰,硬山顶,燕尾脊,后落大厝面阔三间12米,进深四柱10米,内高5米,屋面两侧各列5条筒瓦,硬山顶,燕尾脊,厅堂内大理石开光柱础、神龛、案桌漆金木雕等清代遗物保存较好。

张世清宅

位于新店镇东园社区东园自然村东园自然村沟仔北115号，始建于民国年二十三年（1934年），坐北朝南，面宽17.5米，总进深19.2米，前埕8.5米，占地面积约485平方米，建筑面积336平方米。中轴线上分为前后两落大厝，中有天井，左右两侧榉头，大厝西边相连一列护厝。主体前落大厝面阔三间12米，进深6米，天井进深4.2米，中为凹形门廊及中厅，两侧厢房，门上泥塑洋灰质"三星拱照"匾，塌寿花岗岩板石墙裙，清水烟炙砖砌筑，石框大门嵌有大理石人物浮雕门铛，硬山顶，燕尾脊。后落大厝面阔三间12米，进深三柱9米，中为厅堂两侧厢房，子孙巷两侧板顶各建有一间小阁楼，穿斗式梁架，硬山顶。整体建筑为土木、砖石闽南红砖民居，梁架木作简易，风格朴实。

张世清长子张启明为空军大校，飞行教官。

张清潭宅

位于新店镇东园社区东园自然村沟仔北77号前面,始建于民国元年（1912年）,坐北朝南偏西,面阔三间11.5米,进深一间9.5米,内高5.2米,占地面积115平方米,建筑面积109.25平方米。正面为花岗岩墙裙和清水烟炙红砖墙面,凹形门廊及石框大门,正面是东西走向,廊道三拱门,用花岗岩石装饰栏杆,柜台脚雕有吉祥花纹,两坡板顶屋面,土形山墙,硬山顶,马鞍脊,为闽南中西结合红砖建筑风格。

张清潭（1874—1967年）,民安里东园村人,幼年随父侨居安南西贡,少时聪颖好学,清光绪十六年（1890年）到法国皇家医科大学留学,获医学博士学位,回国后任广州市中法医学院教授；光绪二十一年（1895年）跟随孙中山先生进行革命活动。民国初年走上医学仕途,任中国陆、海、空第二临时后方医院X光科和内科主任、陆军中校二等军医、粤军总司令部军医处卫生材料科主任。

林加模宅

位于新店镇西滨社区西滨自然村81号，建于清末民国初。坐北朝南，前后两落古厝，中为天井，两侧榉头，面宽11.5米，总进深21.5米，占地面积约257.25平方米。前落面阔三间，中为凹形门廊及中厅，两侧厢房，硬山顶，燕尾脊。后落前部为宽檐廊，石框大门两侧楹联为"犀海门环九宝庆朝家 牛山堂宸五营归驾驭"。古厝主体面阔三间11.5米，进深三间11米，内高5.5米，中为厅堂，两侧厢房，抬梁式梁架，硬山顶，燕尾脊。此建筑为土木、砖石结构的闽南古厝红砖民居，前落正面墙体以下半部磨光花岗岩白石墙裙雕有夔龙纹"柜台脚"、花卉纹和案几纹转角柱础，与上半部密缝拼砌几何锦地纹的红砖墙堵相互映衬，形成绝妙的色彩与质感对比，后落檐廊上的过水梁、走筒等上的精雕细琢龙纹、花鸟纹等体现了古代工匠的高超技艺，廊下墙堵的蓝彩几何纹地上点缀的白灰地水墨画则体现出主人的高雅清趣。

王永叫宅

位于新店镇霄垅社区霄垅自然村新莲北2号东北侧,建于清末民国初。坐东南朝西北,前后两落古厝,中为天井,两侧榉头,面宽五间17.5米,主体面阔11.5米,总进深四柱21.5米,建筑面积约376.25平方米。前落面阔五间,中为凹形门廊及中厅,两侧厢房及稍低次间,大门泥塑"天枢照耀"匾额,塌寿身堵饰有"双凤朝牡丹"砖雕,左右侧堵上方分别题书"蛟腾""凤起",正面墙体以下半部磨光花岗岩白石墙裙雕有夔龙纹"柜台脚"、花卉纹转角青斗石柱础,硬山顶,三川脊。后落前部为宽檐廊,古厝主体面阔五间11.5米,进深四柱10.5米,内高5.3米,中为厅堂,两侧厢房,板瓦屋面,两侧各饰5列筒瓦,抬梁式梁架,硬山顶,燕尾脊。此建筑为土木、砖石结构的闽南红砖民居古厝。

陈其春旧居

位于新店镇祥吴村东浦自然村南部，修建于清乾隆时（1736—1795年）。坐北朝南，前后两落大厝及后院附属小院落，前后落大厝之间为天井及两侧小护厝（榉头），大厝东西两侧各建一列护龙，总面宽27米，总进深39米，占地面积约1 050平方米。前落大厝面阔三间，中为凹形门廊及中厅，大门上嵌有"父子兄弟叔侄登科"石匾，两侧厢房，硬山顶，燕尾脊。后落面阔三间12米，进深三间9.5米，中为厅堂，两侧厢房，抬梁式梁架，硬山顶，燕尾脊。

大厝后附属小院落为三合院式，坐北朝南，前为院门，中有天井，两侧小护厝（榉头），后落为大厝，面宽12米，进深11米，占地面积约130平方米。后落为砖石、土木的闽南古厝红砖民居，面阔三间12米，进深三间5.5米，抬梁式梁架，硬山顶，燕尾脊。古厝多处残破，院门尚保留清代鹤、鹿纹石门铛。

两侧护龙以琉璃方格窗及拼砖窗花隔出前后多个小天井。此建筑为砖石、土木结构的二落带护龙形式的闽南古厝民居，因年久失修，多已破落，两侧护龙已塌圮。古厝收藏有清乾隆时为陈其春所立的"举人"牌匾及为陈永禧所立"登科"牌匾各1块。

相传东浦陈氏三世祖陈崇晃与妻叶氏生有两男，长子陈奠康潜心教督两子习武，长子陈其春，次子陈其夏均先后中武举，此后陈其春之子陈永禧，陈其夏之子陈捷元也中武举，故有父子兄弟叔侄同登科之美传。

栖云楼

原古厝前悬有"栖云楼"石匾,故名。位于马巷镇三乡街四角街29号,建于清乾隆年间(1736—1795年)。坐北朝南,原为前、中、后三落大厝,前有鱼池,后有果林,前、中落在上世纪抗战期间被飞机炸毁,已重建,后落大厝保存原貌,大厝前有后建石构小护厝(榉头)及楼梯。整体建筑面宽12米,总进深22米,占地面积约264平方米。后落大厝为二层楼阁式闽南民居形式,面阔三间12米,进深10.5米,楼高11米,底层高4.5米,二层楼阁高2.5米,山尖高4米,花岗岩石构墙裙及"斗子墙"红砖墙堵,红砖山尖,两坡硬山顶,燕尾脊。底层前部为廊道,宽2.7米,地铺六角形石砖,廊道两端各开石拱门一个,辉绿岩石匾额上有"拱辰""迎薰"题刻,系清康熙五十九年(1720年)清溪(今安溪)举人李鸿翔所书。底层中有厅门及厅堂,厅内设有楼梯及阁楼,今已废,两侧为厢房,厅门上有"登高□自"石匾,大门两侧墙面上有长方形高浮雕盘龙团鹤纹青斗石雕板。楼阁面阔三间,中为厅堂,两侧为厢房,为女主人李玉英起居、梳妆之处。栖云楼是当地少见的清代早期双层建筑物,曾因是清代马巷才女李玉英的居宅而被称作"梳妆楼"。

李玉英,安溪湖头人,清初文渊阁大学士、宰相李光地的侄女,善诗文,其父李光墺为康熙六十年(1721年)进士,历官翰林院庶吉士、山东学政、国子监司业。据光绪《马巷厅志》记载,李玉英嫁与林芳德之子林中桂为妻。民国《同安县志》载称李氏为才女,著有《栖云闺咏》《栖云楼下见菊花有感》等诗。林芳德,清代马巷富绅,曾捐修同安文公书院和马巷文昌阁。

林芳德宅

位于马巷镇友民社区六路巷35、36号（马巷小学旧大门旁），始建于清乾隆年间（1736—1795年）。坐东朝西，前后两落大厝，中为天井，两边护厝（榉头），大厝南北两侧各建护龙，为典型闽南红砖民居——两落带护龙形式，总面宽36米，总进深40米，建筑面积1 440平方米，占地面积约1 500平方米，大厝前有庭院及围墙。前落大厝面阔五间，正中为凹形门廊，穿斗抬梁式混合梁架，硬山顶，双燕尾脊。后落大厝面阔五间21米，进深四间12米，内高6米，穿斗抬梁式混合梁架，硬山顶，双燕尾脊。护龙为稍矮的马鞍式屋脊，护龙前、后两端均开有小门。此建筑规模庞大，保存状况良好，所在六路巷地名即因此宅规模为"六路"结构而命名。

林芳德，为清乾隆时马巷首富之一，号称"林百万"，曾出资捐修同安文公书院及马巷文昌阁等，其子林中桂娶当朝宰相李光地侄女李玉英。

朱成卿宅

位于马巷镇后亭社区马巷街67—71号，始建于清末，坐东朝西，沿街三层骑楼式建筑，面阔三间12.6米，进深10.6米，楼高12米，建筑面积269平方米，占地面积150平方米。一层现开店面，前为骑楼廊道；二层红砖外墙，圆拱形欧式窗；三层前为露台，琉璃瓶栏杆，具有欧式建筑风格。屋后连建两落大厝，已改建。

朱成卿，民国初年任马巷商会会长。

苏遂宅

位于马巷镇三乡社区下苏巷村114号，苏氏家庙旁。建于清雍正五年（1727年），坐北朝南偏西。前后两落大厝，中为天井及两侧小护厝（榉头），大厝西侧为一列护龙，总面宽15.5米，总进深17米，建筑面积263.5平方米，占地面积约298平方米。前落大厝面阔三间，前部为檐廊，中为门厅两侧厢房，硬山顶，燕尾脊。后落面阔三间10米，内高4.5米，中为厅堂，两侧厢房有砖土墙相隔，挑檐斗拱简洁，硬山顶，燕尾脊。此建筑为砖木结构，尚保留明末清初木构建筑的朴实风格。门前新立旗杆石4对。

苏遂，清雍正八年（1730年）进士，其故居亦称"进士第"。

伯府（李长庚故居）

位于马巷镇后滨社区后滨自然村27号，建于清乾隆时。坐东朝西，前后两落大厝，中有天井及两侧榉头（20世纪80年代翻建），大厝南北两边各有一列护龙，现总面宽21米，总进深19.8米，占地面积约378平方米。前落大厝面阔三间，进深两间，正中大门上悬挂"伯府"匾，抬梁式梁架，硬山顶，燕尾脊。后落大厝面阔三间11.4米，进深两间10米，内高5.1米，原为穿斗式梁架，1998年因火灾烧毁，檐廊屋顶重修。此建筑为闽南红砖民居样式，土木、砖石结构，建筑风格朴实。厝内收藏李长庚墓前牌坊"钦赐祭葬"等石构件（原墓址在马巷坪边，已毁）及其夫人墓地表建筑部分石构件。原门前立有2对旗杆石。

李长庚（1751—1808年），字超人，号西岩，乾隆三十六年（1771年）武进士，历任福建海坛镇总兵、铜山参将，闽浙水师提督，嘉庆十二年（1807年）于黑水洋追剿东南海上义军蔡牵部时阵亡，卒后嘉庆皇帝钦赐祭葬，追封壮烈伯，谥忠毅，故居称"伯府"，著有《诗文遗集》。

李增阶故居

位于马巷镇后滨社区后滨自然村64号,建于道光三年(1823年)。坐北朝南偏西,前后两落大厝,中为天井及两侧小护厝(榉头),大厝东西两侧各有一列护龙,总面宽25.7米,通进深21米,占地面积约540平方米。前落大厝面阔三间,前为长条檐廊,中为大门,两端为护龙天井小门,前落为为中间的门厅和两侧厢房,穿斗式梁架,硬山顶,燕尾脊,屋面两侧各有5条筒瓦。后落面阔三间11.7米,进深两间10.2米,内高5.1米,前部檐廊宽阔,中间厅堂,以木板墙与两侧厢房相隔,穿斗式梁架,硬山顶,燕尾脊。此建筑年久失修,较为破旧,后落檐枋及隔扇门可见人物、钱纹等木雕,檐下保留有精美的夔龙纹石柱础。

李增阶(1773—1834年),字益伯,号谦堂,曾任清代海坛镇守备,追剿海上义军蔡牵;曾任广东惠州水师提督、虎门提督,道光初年鸦片战争前夕驻守广东虎门炮台,卒后诰授振威将军,著有《外海纪要》。

城场当店

即林咸平、林福爱古厝。位于马巷镇城场村东北部，建于清代乾隆时期。坐北朝南，前后两落大厝，中有天井，天井两侧翻建的护厝（榉头），面宽10.6米，总进深18米，占地面积约190平方米。前落大厝面阔三间，前为檐廊，中为凹形门廊及中厅，两侧厢房，抬梁式梁架，硬山顶，燕尾脊。后落大厝面阔三间10.6米，进深四间9米，中为厅堂，两侧厢房，穿斗式梁架，硬山顶，燕尾脊。此建筑为土木、砖石结构的闽南红砖民居，石作、木雕精细讲究。前落大厝檐廊及门廊两侧墙面万字锦、鸟兽纹及宝瓶花卉纹砖雕极为精美。门廊旁墙裙的夔龙纹石雕、转角柱础、门框上人物纹门钹以及后落大厝的牛马纹石柱础体现出古代工匠的高超技艺，石门框背还刻有"单厚馨宜"及"得""禄"字；前落梁架间的狮兽、花草纹漆金木雕保存较好，后落大厝挑檐的灯笼形替木及厅堂前的笼扇门人物故事木雕，玲珑剔透，这些构件尽显当年古宅豪华之景。

古宅南20米处另有古大厝，为陈嘉庚助学处，今已破落。

林鸭霄宅

位于马巷镇城场村村东35号,林咸平古宅西侧,建于清乾隆时。坐北朝南,前后两落大厝,中为天井,天井两侧榉头(翻建),大厝前有石埕庭院,两侧开院门,院前另有一列书房,坐北朝南,前有小院,西南角设院门,面宽10.4米,总进深30米,占地面积约305平方米。前落大厝面阔三间,中为凹形门廊及厅堂,两侧厢房,穿斗式梁架,硬山顶,燕尾脊。后落大厝面阔三间10.4米,进深四间8米,穿斗式梁架,硬山顶,燕尾脊。书房面阔三间(20世纪80年代重修),卷棚顶。庭院内东、西两侧门旁各立1对龙凤纹旗杆石,方形基座高0.25米,边长0.9米,旗杆石高1.5米,宽0.36米。此建筑为土木、砖石的闽南红砖民居,石构墙基及墙裙,墙堵上半部为红砖"空斗墙",漆金木雕广泛运用。

林鸭霄,清中期武举人。

林向荣宅

即林巧稚祖居。位于马巷镇琼头社区琼头自然村西北路70—74号,建于清代,为林巧稚父亲林良英出生地。坐北朝南,原为前后两落大厝,中为天井及两侧护厝(榉头),大厝东侧相接一列护龙,今护龙及天井旁东侧护厝已破落荒废,前落大厝改建成铺砖平顶。此建筑面宽约17米,总进深18米,占地面积约310平方米。后落大厝面阔三间11米,进深四间8米,穿斗式梁架,硬山顶,燕尾脊。

林巧稚(1901—1983年),医学家,中国妇产科的主要开拓者。出生于厦门鼓浪屿基督教家庭,毕业于北京协和医学院,终身未嫁,一生接生5万多个婴儿。

陈玉坎宅

位于马巷镇山亭社区下边自然村东边池塘旁,建于民国初年。坐西朝东,前后两落大厝,中央天井,左右护厝,面宽10米,总进深17米,占地面积约170平方米。前落大厝面阔三间,进深一间,正中为凹形门廊及中在厅,两侧厢房,硬山顶,燕尾脊。后落大厝面阔三间10米,进深两间9米,中为厅,供"庚午"年绘制的福禄寿神像,两侧厢房,穿斗式梁架,硬山顶,燕尾脊。属于闽南红砖古厝民居,木构斗拱装饰简朴,大门边有麒麟、凤凰砖雕及拼砖对联"积德培麟趾 傅经起凤毛"。

陈玉坎,生卒年不详。其6岁丧父,次年丧母,贫困交加,与祖母相依为命。9岁到下潭尾码头当童工,19岁漂洋过海抵新加坡做船务工,染帆布,修整船只,后回故里建家立业。

孝子堂

即林化衷古厝。位于马巷镇城场社区城场自然村东南面，建于清代中期，20世纪80年代重修。坐北朝南，前后两落大厝，中为天井及两侧护厝（榉头），大厝东边一列护龙，总面宽18.2米，总进深20米，占地面积约360平方米。前落大厝面阔三间，正中为凹形门廊和门厅，两侧厢房，硬山顶，燕尾脊。后落大厝面阔三间12.4米，进深四间10.3米，穿斗式梁架，硬山顶，燕尾脊。护龙檐廊旁天井以方格形琉璃窗栏隔成前后两段。前庭院左右两侧各立2对旗杆石，高1.5米，宽0.36米。此建筑为土木、砖石结构的闽南红砖民居形式，装饰风格质朴，前落大厝基本保留原样，后落大厝及天井护厝为新翻修。

林化衷，相传因其父卧病不起，三年守护，割胳膊肉为药引，治愈父病，其故居为清嘉庆皇帝封赐"孝子堂"。本村林氏宗祠内"纯孝宿儒"匾额即为嘉庆皇帝所赐。

陈鸿祺宅

位于马巷镇山亭社区侯阁自然村62号,始建于民国,2000年,室内重新装修。坐北朝南,前后两落大厝,中央天井及两侧榉头,面阔16米,总进深18米,前埕9.6米,占地面积约441.6平方米。建筑面积288平方米。前落凹形门廊,下厅两侧厢房,面阔三间11.5米,进深5.5米,正面墙裙堵长方形板石砌筑,清水烟炙砖贴面。大门顶堵的"双凤朝牡丹"及水车堵内的亭阁、花鸟等泥塑保存较完整。踏石柜台脚式,天井与下厅之间的廊道左右两边门,东侧榉头板瓦屋面,西侧榉头平台,东西侧琉璃栏板,硬山顶,燕尾脊。后落大厝面阔三间11.5米,进深四柱8.5米,内高5米,外墙裙花岗岩条石砌筑,墙身红砖砌体,白灰抹面装饰。穿斗式梁架,硬山顶,燕尾脊,脊堵以落空红砖格砌筑。东侧护龙正面建有单间小阁楼,后期拆掉。门埕院宅大门朝西,门两侧边堵有王义之题书的楹联"文章移造化 忠孝作良田"。

陈鸿祺(1882—1955年),原名陈金锻,字寿生。1906年从全闽师范学堂毕业,往日本东京明治大学深造,获法学学士学位。期间加入孙中山领导的辛亥革命。回国后任闽海澄县首任知事,1912年调往南洋群岛任视学官。1916年袁世凯称帝,他愤而辞职,回厦门寓居。曾先后应聘中学教员及小学校长数年。1921年创办马巷中心小学。1926年转办实业。

陈剑央洋楼

位于马巷镇山亭社区店顶自然村51号，始建于1955年，坐东朝西，中西合璧式二层楼房。面阔三间12.5米，进深一间12.5米，楼高10米，第一层内高3.7米，占地面积156.25平方米，总建筑面积312.5平方米。正面磨光花岗岩基座，上部清水烟炙砖砌筑，正面廊道罗马柱前突，正门三级石砌台阶，西洋式清水砖多层窗檐及腰线，木制楼板楼梯，建筑装饰技法均以典型西洋式风格为主。

陈剑央（1911—1970年），1928年参加革命，曾与中共同安临时县委书记陈先查等地下党员在山亭沿海一带秘密工作，1934年漂洋过海谋生，1970年卒于柬埔寨。

下新厝

位于马巷镇城场社区林氏家庙东南侧大沟桥边,建于清代。坐北朝南,前后两落大厝,中为天井及两侧榉头,大厝西边一列护龙。总面宽18米,进深15.5米,建筑面积约279平方米。前落大厝面阔三间11.5米,中为凹形门廊及中厅,两侧厢房,前落水车堵及塌寿顶堵人物花鸟泥塑装饰,门廊正面墙堵以红砖精雕麒麟与花鸟,两侧墙堵题写楹联为"彩流薇灵钟安宅第 祥光兆庆福降德门",主体墙裙以条石砌筑,山墙以清水烟炙砖贴面,穿斗式梁架,硬山顶,燕尾脊,两坡屋面两侧各有3排筒瓦。后落大厝面阔三间11.5米,进深四间8.2米,天井3.8米,内高5.2米,中为厅堂,两侧厢房,穿斗式梁架,板瓦屋面,硬山顶,燕尾脊。前后两落均保留有清代"柜台脚"及柱础。

房主林良帆,为清末从事上海至缅甸船运。事业有成,勿忘家园,兴建此宅,名扬海内外。

林维声宅

位于马巷镇城场社区城场自然村"上新厝"西北角,无门牌号,始建于民国。两列古厝并排,隔巷长17.2米,宽2米,均坐北朝南,前后两落大厝,中央天井及两侧榉头。总面宽30.4米,总进深17.2米,内高5米,占地面积约530平方米,建筑面积495.68平方米。其中,东列前落面阔三间11.2米,进深5米,天井3.7米,后落进深8.5米,建筑面积182.64平方米,中为凹形门廊及中厅,两侧厢房,门面从下自上依次为花岗岩"柜台脚"、墙裙和红砖墙堵,硬山顶,燕尾脊。西列前落主体面阔三间11.5米,进深5米,护龙面阔6.7米,总进深17.2米,建筑面积313.04平方米,中为凹形门廊及中厅,两侧厢房,正面以砖雕有4堵"太平有象"吉祥图案,砖拼楹联一对为"维吾仁是里 声名德为邻"。"水车堵"饰有泥塑戏曲人物,柜台脚及踏石花纹精雕细刻,抬梁式梁架,硬山顶,燕尾脊。此建筑为越南华侨林维声所建,为城场林姓第一富豪。

上新厝

位于马巷镇城场社区城场自然村东南部,"孝子堂"西北侧,建于清代。坐北朝南,前后两落大厝,中为天井及两侧护厝(榉头),大厝西边一列护龙。大厝前有石埕庭院及围墙,西南角开院门。总面宽15米,进深25米,占地面积约375平方米。前落大厝面阔三间,中为凹形门廊及中厅,两侧厢房,穿斗式梁架,硬山顶,燕尾脊,两坡屋面两侧各有3排筒瓦。后落大厝面阔三间11.2米,进深四间10米(俗称十一架垫步),中为厅堂,两侧各有前后厢房,穿斗式梁架,硬山顶,燕尾脊,两坡屋面两侧各有3排筒瓦。此建筑为土木、砖石的闽南红砖民居。前落门廊两侧墙堵上的几何花纹拼砖墙面、诗句对联砖雕、水车堵彩绘等色彩艳丽,后落大厝石柱础及挑檐的梁架木雕保存较好。前落大门对面院墙上有石刻"福"字,方形石碑,边长0.65米。此宅主人为林良帆的兄长,清末从事上海至缅甸船运。

林君升故居

林君升故居之一位于马巷镇井头社区井头自然村村中28号，建于清代。坐东朝西，前后两落大厝，中为天井及两侧小护厝（榉头），后落大厝背面另辟小院落，总面宽13米，总进深约34米，占地面积约442平方米。前落面阔三间，中为凹形门廊及厅堂，两侧厢房，花岗岩墙裙，雁字红砖墙堵，门廊旁墙壁装饰拼砖万字锦；穿斗式梁架，硬山顶，燕尾脊，屋面两侧各有3条筒瓦。后落面阔三间13米，进深三间12.5米，前为厅堂及两侧厢房，宽檐廊，背面另有小厅堂及两侧小厢房，面朝后院落，穿斗式梁架，硬山顶，燕尾脊，屋面两侧各有3条筒瓦。此建筑平面布局具有特色，后落大厝前背各设中厅及两侧厢房，但建筑较为破旧，南侧小护厝、厢房及中落后部已坍塌。

故居中保留"圣旨"石匾1方，呈长方形，高0.75米，宽0.55米，厚0.25米，正面直刻楷书"圣旨"两字，字下浮雕案几纹，其余三面环绕3条龙纹，此匾为墓道石坊构件。另在大厅后轩神龛内保存一面当年林君升留下来的"令"字旗。

林君升故居之二位于马巷镇井头社区井头自然村村内，建于清代（传为林君升生日所建）。坐东朝西，前后两落大厝，中为天井及两侧小护厝（榉头），后落大厝之后另辟后院，总面宽17米，总进深约31.5米，占地面积约535平方米。前落面阔五间，中为凹形门廊及门厅（明间），两侧各有次间、梢间厢房，花岗岩墙基、墙裙和红砖墙堵，南侧次间墙堵经翻建，门廊两侧装饰有拼砖葫芦锦墙面，穿斗式梁架，明间次间屋面略高于两侧梢间屋面，硬山顶，双燕尾服脊。后落面阔五间17米，进深三间13米，前为厅堂及两侧厢房，宽檐廊，后部另辟小厅堂及两侧小厢房，面朝后院，穿斗式梁架，中部屋面高于两侧屋面，硬山顶，双燕尾脊。此建筑体量庞大，装饰风格朴实，后落大厝开设前、后厅堂，具有特色。建筑年久失修，多处破败，北侧厢房已坍塌。屋前保留1对旗杆石。

故居中保留有2块木质神主牌，分别刻有"皇清　诰授荣禄大夫右　历任提督江浙闽广军务左都督　节制各镇　钦赐驰驿归里全祭全葬加三级　谥温僖　显考敬亭林府君之神主""皇清　诰封正一品夫人　显妣　孝慈林母郑太君之神主"，各长0.4米，宽0.1米，厚0.03米。

林君升（1688—1755年），字圣跻，号敬亭，马巷镇井头村人，历任定海总兵、金门总兵、广东提督、台湾总兵、福建水师提督、江南提督。文武双全，著有《自遣偶草》《舟师绳墨》等。

洪养宅

位于马巷镇蔡浦社区蔡浦自然村海尾西46—47号，建于清末。前后两落大厝，中有天井及两侧榉头，面阔12米，总进深18米，建筑面积216平方米，占地面积约250平方米。前落大厝面阔三间，中为凹形门廊及中厅，两侧厢房，硬山顶，燕尾脊。后落大厝面阔三间12米，进深四间9米，内高5.1米，中为厅堂，两侧厢房，穿斗式梁架，硬山顶，燕尾脊。此建筑为土木、砖石结构的闽南红砖民居，采用花岗岩墙裙、夔龙纹"柜台脚"和红砖墙堵，最精彩装饰之处在于门廊两侧的彩绘和门面红砖墙面大量使用的进口釉面花砖拼帖图案，塌寿身堵两侧题书"养人顺水 造物瀛洲"，窗上堵以两个儿子的名字作诗"玉树窗东 清南菜圃"，使建筑显现出华丽富贵，也打上外来文化的烙印。

洪纤若宅

位于马巷镇窗东社区窗东自然村北侧,始建于明代,清代重建。坐东北朝西南,前后两落大厝,中有天井及两侧护厝,原大厝两侧各建有一列护龙,现已倒塌,古宅面宽12.2米,总进深21.1米,建筑面积257.42平方米,占地面积约286平方米。前落面阔三间,中为为凹形门廊及门厅,两侧厢房,穿斗式梁架,硬山顶,燕尾脊。后落面阔三间12.2米,进深三间11.2米,内高5.1米,穿斗式梁架,硬山顶,燕尾脊。此建筑为土木、砖石结构的闽南红砖民居,花岗岩墙裙、红砖、白灰墙面,房屋举架较高、进深均较大,装饰朴素,仍保留清早中期建筑风格。可见前落门铛及后落厅堂内石柱础,大门前南侧有旗杆石1对。

洪纤若,明代万历三十二年(1604年)进士、两粤司宪,现于窗东洪氏宗祠内立有其"进士"匾一方。

洪熙寰宅

位于马巷镇窗东社区窗东自然村东侧,建于清代。坐东北朝西南,前后两落大厝,中有天井及两侧小护厝(榉头),面宽11.2米,总进深17.7米,建筑面积212.4平方米,占地面积约250平方米。前落面阔三间,中为凹形门廊及中厅,两侧厢房,穿斗式梁架,硬山顶,燕尾脊。后落面阔三间11.2米,进深四间9米,内高5.2米,穿斗式梁架,硬山顶,燕尾脊。此建筑为闽南红砖民居,建筑风格朴素典雅,原门廊两侧及檐下水车堵的彩绘花鸟图案多已脱落。门前石埕左右各立有1对旗杆石,南侧1对为方形基座,雕有书籍、盘肠图案,旗杆高1.5米,宽0.35米。旗杆旁有古井1口。

洪熙寰(1573—1620年),明万历时武举人。

大夫第（洪晓春故居）

位于马巷镇窗东社区窗东自然村北207号，建于清代。坐东北朝西南，前后两落大厝，中有天井及两侧护厝（榉头），大厝左右各有一列护龙，西侧护龙前部为二层楼阁式，总面宽19.5米，进深17.1米，建筑面积335.45平方米，占地面积约375平方米，门前为砖埕庭院，院门开于南角。前落面阔三间，正面中间为门廊及中厅，大门上方嵌有石匾，镌刻"大夫第"，匾长1米，高0.4米。中厅两侧为厢房，穿斗式梁架，硬山顶，燕尾脊。后落面阔三间11.5米，进深四间8.3米，内高5.1米，穿斗式梁架，硬山顶，燕尾脊。此建筑为土木、砖石结构的"二落带护厝"形式的闽南红砖民居。古厝正面有梅花、菱花等几何纹拼花红砖墙面，花岗岩浮雕花鸟纹墙裙、夔龙纹"柜台脚"、青石雕鱼蟹纹转角柱础、人物故事纹门铛，檐下水车堵有山水纹、蝴蝶纹彩绘泥塑、交趾陶和彩绘山水人物图案，把古厝门面装点得富丽堂皇。护厝卷棚顶山墙的白灰泥塑悬鱼山花、"财神洞"与"斗子墙"红砖墙面相互映衬，极富装饰性。庭院边角有古井一口，井口为2块石板拼合，砖砌井壁，井口直径0.36米，深2.9米。井水甘甜可口，至今仍为其后裔及左邻右舍村民使用。

洪晓春（1865—1953年），名鸿儒，号悔庵，马巷窗东村人，清末举人。从清末至厦门沦陷，前后七次担任厦门市商会总理、会长，教育会会长，市政会副会长、会长。日伪时期拒绝出任厦门商会会长，是爱国企业家、社会活动家。解放后，历任市人代会代表、省人民政府委员和省工商联合会筹委会主任。洪晓春及夫人李玉兰墓位于厦门岛内水务集团莲坂水库旁，2006年6月因成功大道建设而迁移，择地另葬。

沁香小筑

即洪晓春书房。位于马巷镇窗东社区窗东自然村北236号,建于清光绪十七年(1891年)。坐东北朝西南,为前后两落大厝,前落曾重建,两落之间为天井,进深3.7米,中原有方亭已圮,天井东南边墙开院门,门上有石刻牌匾,横书"沁香小筑",落款"光绪辛卯 笑山书"。后落大厝面阔三间10.8米,进深两间6.5米,内高4.6米,建筑面积110.16平方米,占地面积约120平方米。穿斗式梁架,板瓦屋面,硬山顶,燕尾脊。此建筑为土木、砖石结构的闽南红砖民居,年久失修,已渐荒废,现尚保留后落檐廊墙面和廊门上的彩绘动物花鸟、人物故事图案,墨书"崇简""乐道""遵德"书法作品等。

懋斋

即洪藩古厝，位于马巷镇蔡浦村西部（海尾西16号对面），建于清代。坐东朝西，中为庭院，左右两侧各有南北两列大厝，大厝均坐北朝南，整体古厝面宽9.8米，总进深18.4米，占地面积约180平方米。庭院中以墙隔分为南北两个院落，南院落较大，北院落较小。庭院西墙院门，为凹形门廊，院门上镶嵌青石匾额，石匾横镌行书"懋斋"，落款"壬戌仲冬 联奎书"，匾长0.8米，宽0.4米。北列大厝面阔三间9.8米，进深一间3.9米，穿斗式梁架，硬山顶，燕尾脊。此宅1949年前曾作为中共地下党活动地点，现已破落。

洪旭故居

位于马巷镇蔡浦村中部，建于清代，此后多次修建。坐东朝西，原为前后两落大厝，中央天井及护厝，墙体为花岗岩条石墙基，土坯砖墙堵及白灰墙面，硬山顶，燕尾脊，占地面积约250平方米。今古厝部分已荒废、塌圮，部分改建，布局结构变更。古厝为洪世禄出生地。

洪旭（？—1666年），乳名世禄，字念荩，号九峰，马巷镇蔡浦村人。南明政权时，洪旭为郑芝龙部将，郑芝龙降清后，洪旭与陈辉、施琅等90余人投郑成功抗清，征战泉州、南京及台湾等地，历任户官、水师右军、兼理兵官事务等职，因功累官至中提督，永历帝封为太子太师忠振伯。复台后调驻厦门，即今厦门洪本部。康熙五年（1666年）洪旭病逝，归葬故里。

陈金恒宅

位于马巷镇亭洋社区亭洋自然村69号,建于民国。坐东朝西,前后两落大厝,中为天井及两侧榉头,面宽11米,总进深17.8米,占地面积约285平方米,建筑面积195.8平方米。前落大厝面阔三间,进深5.5米,天井进深3.8米,中为凹形门廊及中厅,两侧厢房,门面两厢房红砖角柱砖雕2对楹联,内侧为"创业凭光泽　守成赖后人";外侧为"门庭多吉庆　家室永和平",板瓦屋面,硬山顶,燕尾脊。后落大厝面阔三间11米,进深四柱8.5米,内高5.2米,中为厅堂,两侧厢房,穿斗式梁架,硬山顶,燕尾脊。此建筑为土木、砖石结构的典型闽南红砖民居,集石雕、砖雕、拼砖、瓷砖拼贴、漆金木雕及彩塑堆贴等多种装饰手法于一身,作为重点装饰的门面,以花岗岩石雕和青斗石雕相互衬托,不仅表现出青、白不同颜色和质感,且纹饰运用浮雕、漏雕、阴刻等技法,精致典雅;白底红花的砖雕花鸟图案令人眼花缭乱;墙体正面两侧的拼砖图案,利用红、褐色等色差的几何形小砖拼帖出对联、诗句及八仙、人物故事等,严丝合缝,精小细微,达到出神入化境地;檐下"水车堵"内的彩绘及彩塑山水人物故事图案,色彩鲜明,高低错落,犹如一帧展开的山水画卷,此厝堪称闽南红砖民居的经典之作。

陈剑钳、陈玉枫宅

位于马巷镇亭洋社区亭洋小学西南80米处，无门牌号，始建于民国二十五年（1936年）。坐东朝西，南北两组建筑并列，中为巷道相隔，巷道前后设门，门上建小阁楼，总面宽24.2米，总进深18米，占地面积约637平方米，建筑面积414平方米。每组建筑由前、后落大厝及中央天井、护厝组成，前落大厝均面阔三间11.5米，进深5.5米，天井进深4米，中门凹形门廊及门厅，大门上方均嵌"颖川世胄"匾额，南列大门额首女儿墙上泥塑一只展翅雄鹰。左右两组大厝正面砖雕楹联分别为"足游千里外 腰缠万贯来""教子千方勤 传家万世忍"，花岗岩石大门两侧的对联分别为"颖上冠山书香百世 川环带水德荫千秋""守东平王为善两字 遵司马公积德一端"。南北两组大厝各在一左一右的前落厢房上建筑单间阁楼，板瓦屋面，硬山顶，燕尾脊。后落大厝面阔三间11.5米，进深四柱8.8米，内高5.2米，穿斗式梁架，硬山顶，燕尾脊。此建筑为土木、砖石及钢筋、洋灰混合结构的闽南古民居式建筑，正面的琉璃方格及花瓶式栏杆具有西式建筑风格，门廊及门面的砖雕拼贴墙面保存较好。

陈允济宅

　　第一栋位于马巷镇郑坂社区山顶头自然村西侧，建于民国六年（1917年）。坐东朝西，前后两落大厝，中有天井及两侧护厝（榉头），大厝南侧建有一列护龙，总面宽16米，总进深20米，前埕进深6.5米，占地面积约424平方米，建筑面积320平方米。厝前有砖埕庭院。前落大厝面阔三间，中为门廊及中厅，两侧厢房，抬梁式梁架，硬山顶，燕尾脊。后落大厝面阔三间10米，进深三间10米，内高5.5米，抬梁式梁架，硬山顶，燕尾脊。此建筑为土木、砖石结构的闽南红砖民居，古厝门面是装饰重点，正面墙堵拼帖多组（法国）进口的釉面瓷砖，门廊两侧墙面装饰着彩绘泥塑，护龙门上方立有琉璃瓶栏杆，檐下"水车堵"内彩绘图案中可见落款"时在民国丁巳年"；后落廊道梁枋上漆金木雕、笼扇及门扇上的漆金木雕保存较好，高浮雕花卉纹石柱础精美，后落檐廊墙堵上装饰的数组交趾陶梅、兰、竹、菊图案最具特色。

另一栋位于马巷镇郑坂山顶头自然村东北侧，与陈允济古厝之一相距30米，建于民国六年（1917年）。坐东朝西，前后两落大厝，中有天井及两侧护厝（榉头），大厝南北两侧各建有一列护龙，总面宽23米，总进深21米，前埕进深6.5米，占地面积约483平方米，建筑面积622.5平方米。厝前有砖埕庭院。前落大厝面阔三间，中为门廊及中厅，两侧厢房，硬山顶，燕尾脊。后落大厝面阔三间11米，进深三间12米，内高5.5米，穿斗式梁架，硬山顶，燕尾脊。此建筑为土木、砖石结构的"二落带护龙"闽南红砖民居，古厝正面墙堵以红、白两色的砖墙和花岗岩墙裙为主，檐下"水车堵"及护龙山墙"财神洞"的彩绘泥塑多已脱落，后落廊道宽大，墙堵上有花鸟纹砖雕图案，梁枋上漆金木雕有垂莲拱和人物故事、太狮少狮、卷草花鸟等图案，精雕细琢，玲珑剔透，依然金碧辉煌，厅堂笼扇和梁枋上的漆金彩绘、漆金木雕以及漆金木雕神龛保存较好。

陈允济，越南华侨。

陈玉出宅

位于马巷镇郑坂社区山顶头自然村2号，始建于民国。坐东朝西，前后两落大厝，中为天井，两侧榉头。面宽11.5米，总进深18.2米，占地面积307平方米，建筑面积约209.3平方米。前落大厝面阔三间，中为凹形门廊及下厅，两侧厢房，硬山顶，燕尾脊。花岗岩板石墙裙，清水烟炙砖墙身，后落大厝面阔三间11.5米，进深四柱8.5米，三川木制大门，中为厅堂，两侧厢房，硬山顶，燕尾脊。

陈玉出（1884—1964年），字逸群，自清乾隆至光绪，其家有陈其春、陈其夏、陈永禧、陈捷元、陈国帮6位先人中过武举，时称"父子兄弟叔侄同登科"。清末虽家道中落，但出生名门的陈玉出仍自幼饱览经史，书"公平廉明"布条自勉，他所著的《陈氏先世名人言行对联》由北京大学图书馆收藏，现其裔孙持有这本遗书被收藏后的回单及《鹦哥遗恨记》一书。

朱藏岭宅

位于马巷镇桐梓社区桐梓自然村宫口8—9号,建于清光绪二十五年(1899年),前后落大厝及天井于2005年重新装修。坐东北朝西南,前后两落大厝,中有天井及两侧榉头,大厝两侧各有一列护龙。面宽21.5米,总进深20米,前埕进深10.5米,占地面积约655平方米,建筑面积430米。厝前庭院西侧有二层小楼,坐西北朝东南。前落大厝面阔三间,中为门廊及中厅,两侧厢房,大门上悬石匾,刻"银青衍派""光绪庚子年孟冬置 重人书",建筑结构为抬梁式梁架,硬山顶,燕尾脊。后落大厝面阔三间11.3米,进深三间10米,内高5.6米,中为厅堂,穿斗式梁架,硬山顶,燕尾脊。大厝两侧有廊道与两侧护龙相通,护龙前后各有小天井,均为相对独立的小三合院,护龙为卷棚脊,硬山顶。此建筑为土木、砖石结构的"两落带护厝"闽南红砖民居,古厝正面为白色花岗岩墙裙、"柜台脚"和"斗子墙"红砖墙堵,前落大厝门廊四周、檐下"水车堵"彩绘泥塑已受破坏,主厝与护厝的凹寿身堵分别题书对联为"一勤天下无难事 百忍堂中有太和""万卷青篇灯下读 一枝丹桂月中攀",大门上方一对小石狮门臼,既实用又富于装饰。

朱藏新宅

位于马巷镇桐梓社区桐梓自然村宫口10号,建于清光绪二十五年（1899年），2005年重修。坐东北朝西南，前后两落大厝，中有天井及两侧榉头。面宽11.5米，总进深20.7米，占地面积约312米，建筑面积238.05平方米。抬梁式梁架，硬山顶，燕尾脊。后落大厝面阔三间11.5米，进深四柱10.5米，内高5.1米，中为厅堂，穿斗式梁架，硬山顶，燕尾脊。古厝正面下部为"泉州白"花岗岩墙裙，上部红砖墙身，大理石窗框雕刻甚美，"柜台脚"浮雕双龙戏珠及戏曲人物，前落大厝门廊之身堵有八仙人物彩绘图案，色彩鲜艳。主厝凹寿身堵题书对联为"银铠金花垂半壁 青衣紫绶耀高堂"，富有闽南华侨建筑气派。

许宗森宅

位于马巷镇后许社区后许自然村88号,建于清末。坐北朝南,前后两落大厝,中为天井及两侧榉头,面阔12.2米,总进深22.8米,建筑面积278.16平方米,占地面积约300平方米。前落大厝面阔三间,中为凹形门廊及中厅,两侧厢房,抬梁式梁架,硬山顶,燕尾脊。后落大厝面阔三间12.2米,进深四柱10米,内高5.4米,中为厅堂,两侧厢房,穿斗式梁架,硬山顶,燕尾脊。此建筑为土木、砖石结构的闽南红砖民居,前落门面从下自上依次为花岗岩"柜台脚"和墙裙,红砖墙堵和白灰地彩绘,檐下"水车堵"和"墀头"的彩绘及泥塑(泥塑多已掉落),门厅梁架上的飞鹰及人物故事等木雕精雕细琢。后落廊道宽敞,正面墙体为红、蓝色拼砖锦地花纹和白地彩绘鹿纹等,檐柱梁架的木作结构体积庞大,雕琢繁复,在檐枋、替木、坐斗、挑檐枋等构件上,运用镂雕、圆雕、阴刻等各种技法表现出动态的人物故事、走狮攀猴、展翅鸟雀、缠枝花卉等,廊柱上方横枋还有羊首衔瑞草圆雕,但木雕上金彩已脱落。此建筑曾作为私塾。

许宗森,越南华侨。

陈乌章宅

位于马巷镇沈井社区沈井自然村199号,建于清光绪元年(1875年)。坐北朝南,前后两落大厝,中有天井及两侧护厝(榉头),面宽12米,总进深17.7米,建筑面积212.4平方米,占地面积约260平方米。前落大厝面阔三间,中为凹形门廊及中厅,两侧厢房,抬梁式梁架,硬山顶,燕尾脊。后落大厝面阔三间12米,进深三柱8.2米,内高4.9米。中为厅堂,两侧厢房,抬梁式梁架,硬山顶,燕尾脊。此建筑为土木、砖石结构的闽南红砖民居,采用花岗岩墙裙和红砖墙堵,门面装饰浓妆重彩,不仅门廊两侧墙面的万字锦拼砖内填人物彩绘花纹、白底彩绘花鸟图案令人眼花缭乱,门框上和屋檐下"水车堵""墀头"的山水风景、人物故事、飞禽走兽等彩绘纹饰与形象逼真的书本、蝴蝶、山石等彩塑相互衬托,色彩艳丽、生动传神,把古厝打扮得妖娆多姿。房主为缅甸归国华侨。

陈九灿宅

位于马巷镇沈井社区沈井自然村109号,建于清代。前后两落大厝,中为天井及左右两侧榉头,面宽13.3米,总进深21米,建筑面积279.3平方米,占地面积约320平方米。前落大厝面阔三间,中为凹形门廊及中厅,两侧厢房,硬山顶,燕尾脊。后落面阔三间13.3米,进深三间11.5米,内高5.5米,穿斗式梁架,硬山顶,燕尾脊。此建筑为土木、砖石结构的闽南红砖民居,可见护厝墙面的镂空砌砖,还有檐下"水车堵""墀头"的彩绘泥塑及屋脊上五颜六色的交趾陶、瓷片剪贴等闽南古厝民居的特有装饰。

陈九灿,缅甸归国华侨。

蔡岳宅

位于马巷镇舫阳社区坪边自然村坪边下30号,建于清末。坐东朝西,前后两落大厝,中央天井及两侧护厝(榉头),面宽12米,总进深18米,建筑面积216平方米,占地面积约240平方米。前落大厝面阔三间,中为门廊及中厅,两侧厢房,抬梁式梁架,硬山顶,燕尾脊。后落大厝面阔三间12米,进深三间10米,内高5.1米,穿斗式梁架,硬山顶,燕尾脊。此建筑为土木、砖石结构的闽南红砖民居,保存现状较差,前落正面墙堵檐下"水车堵"保留少量泥塑。

黄廷元宅

位于马巷镇西炉社区西炉自然村107号，建于民国初年。坐东朝西，原为三合院式建筑，前有院门，中为天井，两侧护厝，正面院墙及护厝为红砖墙裙、土坯砖墙堵及白灰墙面，护厝为卷棚顶。现前落、天井、榉头被其后裔拆建新楼，残存后落大厝，面宽11.5米，总进深约6.3米，建筑面积71.3平方米。占地面积约75平方米。后落前为檐廊，石构墙裙、土坯砖墙堵及白灰墙面，卷棚顶。

黄廷元（1860—1936年），字复初。马巷西炉村人，同盟会会员，厦门辛亥革命著名志士，厦门近代著名实业家。

李欧宅

位于马巷镇西炉社区小崎自然村23号东侧,建于民国时。坐北朝南偏西,前后两落大厝,中为天井及两侧榉头,东侧建有一列护厝,面宽20米,总进深20.8米,占地面积约596平方米,建筑面积416平方米。前落大厝面阔三间,中为凹形门廊及中厅,两侧厢房,塌寿保存有垂华拱等木构件,板瓦屋面,硬山顶,燕尾脊。后落大厝面阔三间11.5米,进深四柱10.5米,中为厅堂,两侧厢房,硬山顶,燕尾脊。此建筑为土木、砖石结构的典型闽南红砖民居。

李应辰旧居

位于马巷镇西炉社区李厝自然村李氏家庙西侧,始建于清光绪十七年(1891年)。坐北朝南,前后两落大厝,中有天井,两侧榉头。面宽13.8米,总进深17.13米,建筑面积236.39米。

前落面阔三间,进深5.6米,中为凹形门廊及中厅,两侧厢房。天井进深3.3米,左右两侧廊道宽0.7米。正面以花岗岩块石墙裙和红砖墙堵砌筑,门面塌寿身堵白底花卉及吉祥物彩绘,门框上悬"奠厥攸居"匾额,屋檐下"水车堵"泥塑脱落,模糊不清,硬山顶,燕尾脊。

后落面阔三间,进深5.25米,宽5.02米,寿堂深1.45米,两侧厢房,内高5.6米。柱础为花岗岩圆柱,素面无雕饰,板瓦屋面,硬山顶,燕尾脊,建筑风格简朴大方。

该居经历土地改革等历史沧桑，住户因先后建筑新居而迁出，现无人居住，加上年久失修，屋内杂草丛生，砖质墙体风化，导致严重剥落。天井右边榉头及寿堂左后厢房墙体坍塌，屋面檩头外露，仅存零星板瓦，呈现一派破败景象。

近年来，随着两岸民间交流的不断升温，淡水李氏族亲曾多次组团前来谒祖寻根。

李应辰（1860—1922年），翔安马巷镇西炉社区李厝村人渡台之第六代后裔，光绪十七年（1891年）由台赴福建省考，中举人。与族弟李应东、族叔李祥奎（均为武举人）并称台湾淡水地区"兄弟叔侄举人"，一时传为佳话，旋即回李厝建屋，在祖庙前立旗杆两对，在祖庙内悬"文魁""武魁"匾额。

清光绪二十一年（1895年），甲午战争时，清廷割让台湾，李应辰不甘亡国之痛，乃率族人奋起抗日，配合台北刘永福之抗战，奋战数月不敌，逐携家眷避难回故里，驻于其所建之"举人屋"。1922年逝于厦门，两岸族人世代均尊称为"举人公"，缅怀其抗日事迹。

1997年，台湾之《福建杂志》、2002年的《海峡评论》多次载文纪念，题目为"不该被遗忘的抗日举人李应辰""临危仗剑事专征，一寸心强十万兵——淡水李应辰"。

2010年纪念抗战胜利65周年时，北京"中国人民抗日纪念馆"（卢沟桥）为增设"台湾抗战厅"而再次发文纪念，题为"台湾抗日举人李应辰"。

洪英宅

位于马巷镇市头社区市头自然村南,无门牌号,始建于民国二年(1912)。坐北朝南,中西合璧单体二层楼阁式民居,面阔三间11.5米,进深两间11米,内高9米,前埕4.6米,占地面积180平方米,总建筑面积253平方米。楼房正面中间为拱形门廊及门厅,两侧厢房,正面传统的花岗岩石构墙裙,红砖墙体,女儿墙琉璃栏板,建筑风格以典型欧式装饰为主,正面3个拱形门,廊道层顶天台,硬山顶,两坡屋面。楼房正面外墙上水泥角柱及墙堵彩绘泥塑花鸟、动物、宝剑等,形象生动,妙趣横生,高雅别致。

洪英,中华民国时期为国民党上校。

宋添水宅

位于内厝镇锄山村大乡自然村59号,建于清代,2008年重修,坐东南朝西北。前后两落大厝,中为天井,两侧榉头,面宽11米,总进深16米,占地面积约220平方米,建筑面积176平方米。前落大厝面阔三间,进深3.6米,中为凹形门廊及中厅,两侧厢房,重修时,石框大门上镶嵌一方"荔苑传芳"青石镀金匾额,硬山顶,燕尾脊。后落天井进深3.9米,面阔三间11米,进深四柱8.5米,内高4.9米,穿斗式梁架,硬山顶,燕尾脊,墙裙至防火墙均以卵石砌筑。此建筑为土木、砖石结构的闽南山区古代民居的特有建筑风格。

鲁藜故居

　　位于内厝镇许厝村大乡东部，建于清末，2005年重新装修过。故居为二落家族大厝的北列附房，坐东北朝西南，前为古厝，后为庭院。面宽11.2米，总进深8米，建筑面积89.6平方米，占地面积约100平方米。古厝面阔三间11.2米，进深一间，块石构砌墙裙，土坯砖墙，卷棚脊，硬山顶。房后庭院改建成小护厝。此建筑已破落，多处坍塌。1914—1917年，著名诗人鲁藜就在这度过童年，三岁时随父亲侨居越南西贡市，1932年初夏，鲁藜护送重病垂危的父亲返回故里，曾在此居住生活。

　　鲁藜（1914—1998年），原名许图地，笔名鲁藜，内厝镇许厝村人，现代著名诗人、作家。早年加入中国共产党，抗日战争暴发后，奔赴延安投入革命洪流，写出大量优秀作品，新中国成立后，历任全国作家协会副主席，天津市文联主席、市政协主席等。

陈期盘洋楼

位于内厝镇曾厝村曾厝自然村中部，建于清末。坐南朝北，为三层楼阁式民居（原为五层），面阔四间15米，进深一间5.1米，楼高9.1米，占地面积120平方米，建筑面积229.5平方米。一二层正面中间为凹形门廊及门厅，门匾镌刻"云霞竞远"四字，门面墙堵许多文字已毁。东侧两间厢房，西侧一间厢房，西侧厢房有木梯通往楼顶，三层中为天台，两侧为护厝，为水形山尖硬山顶，卷棚顶。此建筑采用的屋面形式、建筑材料及装饰技法以传统的闽南红砖民居风格为主，如传统的花岗岩石构墙裙，一二层檐下"水车堵"的彩绘泥塑，门旁的"交趾陶"对联，二层门厅的木雕门扇及门廊上的垂莲拱、漆金木雕构件和砖雕等，三层的护厝形式等，但在二三层采用的花瓶式琉璃栏杆，二楼铺设的釉面花砖地板及楼阁式造型等方面也明显受到外来文化的影响。此建筑原为全村至高点，楼房四周布设枪孔，二层厅堂中央为活动的镂空楼板，具有较强的军事防御功能。

陈棋盘，马来西亚华侨。

陈期盘、陈期杆宅

位于内厝镇曾厝村曾厝自然村中部，建于清宣统二年（1910年）。坐西朝东，前后两落大厝，中有天井及两侧小护厝。面宽12.3米，总进深23米，建筑面积282平方米，占地面积约310平方米，厝前有砖埕庭院。前落大厝面阔三间，中为凹形门廊及门厅，两侧厢房，抬梁式梁架，硬山顶，燕尾脊。后落大厝面阔三间12.3米，进深三柱11米，内高5.2米，檐廊宽大，抬梁式梁架，硬山顶，燕尾脊。此建筑为土木、砖石结构的闽南红砖民居，集中应用闽南民居多种装饰手法：前落门廊两侧运用石青和酱红彩绘的"平安鼎盛""富贵牡丹"图案，寓意吉祥，对比强烈，留有"庚戌年"落款；檐下"水车堵"的彩绘泥塑刘、关、张三国故事及山水、锦地花纹等，色彩鲜明，富于装饰；屋顶脊座上的彩色瓷片剪贴花卉，隽秀精致，五彩缤纷；后落大厝的石柱础浮雕莲荷纹，生动自然；古厝的漆金木雕运用最广泛，如前落门廊檐枋上的龙纹替木，后落廊道檐枋上的垂莲拱、展翅飞鸟、盛开花卉、太狮少狮、瓜形坐斗，古厝内雕饰着花瓶纹、人物纹及花鸟、几何锦地纹等门扇、隔扇、笼扇、槛窗及柱头、梁座等，采用镂雕、浮雕、圆雕、浅雕、线刻、阴刻及镂空雕刻、镶嵌等多种技法，集实用、装饰于一体，互为衬托，千变万化，构筑出富丽堂皇的居住空间。

陈棋盘、陈棋杆兄弟，马来西亚华侨。

陈思振、陈思管、陈思灵宅

位于内厝镇曾厝村曾厝自然村126号,建于清末。坐西朝东,前后两落大厝,中央天井及两侧小护厝,面宽12米,总进深21米,建筑面积252平方米,占地面积约295平方米。前落大厝面阔三间,中为凹形门廊及门厅,两侧厢房,抬梁式梁架,硬山顶,燕尾脊。后落面阔三间12米,进深三柱11米,内高5.2米,中间厅堂,两侧厢房,穿斗式梁架与土砖墙夹砌,硬山顶,燕尾脊。此建筑为土木、砖石结构的闽南红砖民居,漆金木雕门扇及梁架上漆金木雕构件极为精细,前落正面装饰最为讲究,以花岗岩和青斗石精雕细琢的"柜台脚"、转角墙裙、裙边、转角柱础及窗框、门臼等,门廊两侧墙面铺设釉面瓷砖,檐下白灰墙装饰多层彩绘锦带,"水车堵"内立体的彩绘泥塑、交趾陶与平面的彩绘互为映衬,最精彩的是以小巧的葫芦形、梭形、菱形、圆形、半圆形、蝴蝶形及各种几何形红砖拼贴装饰的正面墙堵,精细繁复,令人叫绝。

陈可补宅

位于内厝镇曾厝村曾厝自然村东部,建于清末。坐西朝东,前后两落大厝,中央天井及两侧小护厝。面宽12.2米,总进深17米,建筑面积207.4平方米,占地面积约250平方米。前落大厝面阔三间,中为凹形门廊及门厅,两侧厢房,正面墙裙及两边侧墙以块石砌成,硬山顶,燕尾脊。后落大厝面阔三间12.2米,进深三柱8.6米,内高4.8米,中为厅堂,两侧厢房,穿斗式梁架与土砖墙夹砌,硬山顶,燕尾脊。此建筑为闽南古厝红砖民居,正面门廊两侧为拼砖万字锦墙面,建筑风格朴素。

陈可补,民国初年为马来西亚侨领。其子陈期岳,马来西亚国会议员,国共联合抗日立功,现金门为其立碑为念。

陈期恭、陈期底宅

位于内厝镇曾厝村曾厝自然村288号，建于清末民国初。坐西朝东。前后两落大厝，中为天井，两侧榉头，南侧护厝。面阔18米，总进深20米，建筑面积360平方米，占地面积约460平方米，建筑面积360平方米。前落大厝主体面阔三间11.5米，进深6米，天井进深4米，中为凹形门廊及下厅，两侧厢房，大门上方泥塑"浯江衍派"匾额，两侧对联为"荆树有花兄弟乐 书田无税子孙耕"，前落花岗岩块石拼砌墙裙，清水烟炙砖墙身，身堵以彩绘图案装饰，硬山顶，燕尾脊。后落大厝面阔三间11.5米，进深三柱10米，内高5.2米，中为厅堂，两侧厢房，硬山顶，燕尾脊，子孙巷步通保留两个大理石浮雕花卉柱础。

柯明沙、柯神宗宅

位于内厝镇新垵村田中央自然村38号、40号、188号，建于清末，坐东北朝西南。前后两落大厝，中有天井及两侧榉头。面宽11.5米，总进深19米，占地面积约357平方米，建筑面积218.5平方米。前落面阔三间，进深5.7米，中为凹形门廊及中厅，两侧厢房，硬山顶，燕尾脊。后落大厝面阔三间11.5米，进深四柱9.5米，内高5.1米，中为厅堂，两侧厢房，穿斗式梁架，板瓦屋面，两侧各列3条筒瓦，硬山顶，燕尾脊。此建筑为土木、砖石结构的闽南红砖民居，采用花岗岩墙裙、夔龙纹"柜台脚"和红砖墙堵，装饰技艺最好之处在于门廊身堵的麒麟、狮子砖雕图案和两侧的泥塑吉祥浮雕。

李乌斜、李乌坪宅

位于内厝镇新垵村官塘自然村中,无门牌号,建于清末。坐北朝南,前后两落双边护大厝,中央天井及两侧榉头,面阔21.5米,总进深19.2米,占地面积约618平方米,占地面积412.8平方米。主体前落面阔三间11.5米,进深5米,天井3.7米,凹形门廊,大门上泥塑"陇西衍派"匾牌,下厅两侧厢房,两侧设有通往护厝边门,前落正面墙裙堵长方形石板拼砌,清水烟炙砖拼花贴面。下厅两侧穿斗式梁架,木制墙,花岗岩石窗、门框、门铛,硬山顶,燕尾脊。主体后落大厝面阔三间11.5米,进深五柱10.5米,内高5.2米,墙裙花岗岩条石砌筑,墙身红砖砌体,白灰抹面装饰。子孙巷步通1对青斗石柱础,穿斗式梁架,板瓦屋面,两侧各列5条筒瓦,硬山顶,燕尾脊。护厝后界厢房二层楼阁,马鞍脊,两坡四角垂脊,其建筑面积庞大,保存基本完整,平面布局中轴对称,内部构造雕刻精细,堂皇富丽。

陈承金宅

位于新圩镇诗坂村诗坂自然村二里35号，建于清代，坐南朝北。前后二落大厝，中央天井。大厝左右两侧各带一列护龙，均以过水廊同大厝相连接，两边护龙又以过水廊隔为前后两个小天井，整体建筑平面为中央一个大天井，四周围绕四个小天井，即为中央的大四合院和四周4个小三合院形式，这种闽南典型的"二落大厝带护龙"古厝形式反映了闽南家族"分居不分家"的生活起居习俗。此建筑总面阔25米，总进深20米，建筑面积500平方米，占地面积约580平方米，门前有石埕庭院。前落面阔三间，正中为凹形门廊和厅堂，两侧厢房，穿斗式梁架，硬山顶，燕尾脊。后落面阔三间12米，进深四柱8米，内高5.5米，中为厅堂，两侧各有一间厢房，穿斗式梁架结构，硬山顶，燕尾脊。建筑采用土木、砖石建材，虽然门廊檐下垂莲拱及后落前廊檐下木雕装饰多褪色或糟朽，但花岗岩雕饰的墙堵、墙裙、门框窗栏、护龙门口石雕板，精美的青斗石柱础、"柜台脚"、门铛，烟炙砖大量运用，仍显现出这幢闽南红砖民居昔日的风采。

陈乌从宅

位于新圩镇诗坂村诗坂自然村西三里6号，始建于民国九年（1920年），坐北朝南。前后两落大厝，中有天井及两侧榉头，总面阔11.5米，总进深18.8米，占地面积约256平方米，建筑面积为216.2平方米。前落面阔三间，进深5米，正面通长檐廊，正中为凹形门廊，下厅三川门，两侧厢房，正面花岗岩磨光板式墙裙，上部红砖砌筑瓷砖贴面，瓦当和滴水均为烧瓷，转角清斗石柱础。正面墙饰有漆金垂花拱，水车堵泥塑活现，身堵用台湾产瓷砖装饰。边堵两侧花鸟浮雕，抬梁式梁架，硬山顶，三川脊。后落大厝面阔三间11.5米，进深四柱10米，内高5.3米，正厅两侧抬梁式梁架，大理石鼓形柱础，花鸟浮雕明显，硬山顶，燕尾脊。

陈氏武举人宅

位于新圩镇云头村云头自然村顶中，门牌为云头顶中109、125、228、230、232、236、238、240号。建于清嘉庆时。该建筑群为东西向四幢呈一字排开，均坐北朝南，屋前砖埕西侧另盖有二层阁楼式民居，整体占地面积约3 000平方米，建筑面积约2 000平方米。其中主体建筑为一组三落大厝，前后两个天井，左右带护龙，总面宽22米，总进深35米。前落大厝面阔三间，进深一间，正中为凹形门廊，抬梁式梁架结构，灯梁端首有蟹甲木雕装饰；中落大厝面阔三间10米，进深四间10米，穿斗与抬梁式混合结构，硬山顶，燕尾脊，前廊梁架及厅堂后隔扇上有垂莲拱、狮及花鸟纹等漆金木雕；后落前有横向大天井，后落大厝面阔七间22米，进深三间9米，中为厅堂，两侧各有三间厢房，此建筑为土木、砖石建材结构，建筑风格简约，石柱础、石门铛、檐角的"墀头"石雕及梁架上木雕等清代遗物保存尚好。

陈国兴，清嘉庆十五年（1810年）武举第八名。陈成河，清同治九年（1870年）年武举第六名。

庄鼎台宅

位于新圩镇庄垵村庄垵自然村69号。始建于明代，保留现状为清代早中期，因年久失修，破落严重，多处重修。坐西朝东，面阔10米，总进深16.5米，建筑面积165平方米，占地面积约250平方米。中轴线上分为前后两落大厝，中有天井及左右两侧护厝，大厝北边相连的护龙已坍塌。前落大厝面阔三间10米，进深4米，天井进深3.5米，中为凹形门廊及中厅，两侧厢房，硬山顶，燕尾脊。后落大厝面阔三间10米，进深三柱9米，内高5.1米，中为厅堂两侧厢房，穿斗式梁架，硬山顶。整体建筑为土木、砖石闽南红砖民居，三合土墙基，厚0.2～0.3米，夯土墙体及白灰墙面，梁架木作简易，风格朴实。门前左右各有1对旗杆石。

庄鼎台，明崇祯三年（1630年）解元，为张能恭榜文科举人。

蔡庆西宅

位于新圩镇乌山村乌山后厝自然村中水泥路旁,建筑风格俗称"倒吊莲",无门牌号,始建于清代。坐西朝东偏南,前后两落双边护大厝,中央天井及两侧榉头,面阔22米,总进深18.3米,天井3.6米,建筑面积402.6平方米,占地面积约480平方米。前落大厝面阔五间12米,进深18.3平方米,凹形门廊,下厅两侧4间厢房和次间,前落正面墙裙堵长方形板石砌筑,上部为白底葫芦形和几何形砖雕拼砌,精小细微,两侧身堵白灰墙入梅花砖拼,穿斗式梁架,护厝正面厢房东西向翘脊,硬山顶,燕尾脊。后落大厝面阔五间12米,进深五柱9米,内高5.1米,梁架结构中墙裙红砖砌筑,墙身杉木板封堵,穿斗抬梁综合式梁架,硬山顶,燕尾脊。前埕两旗杆石已毁。

黄筑谈宅

位于新圩镇古宅村后地35—38号,始建于清末民国初期。坐东朝西偏南,前后两落双护龙大厝,中央天井,两侧榉头,总面阔25米,主体面阔11.5米,总进深17.3米,前埕7.8米,占地面积625平方米,建筑面积432平方米。前落面阔三间11.5米,进深5米,天井进深3.6米,中为凹形门廊,大门上立有"紫云衍派"匾额,顶堵戏曲人物彩绘装饰,正面水车堵有"孔明献空城"和"马超与曹操刀枪相对"图案,榉头两侧版筑以图文装饰,其中有"东山爱竹""天寒有鹤守梅""李中连斗酒图"等。后落面阔三间,进深8.7米,内高4.9米,硬山顶,燕尾脊。厅堂内保留有清代鼓形石柱础。

新圩中土楼

新圩中土楼位于新圩镇新圩社区下市自然村中土楼12号,地理坐标为北纬24°44′25.8″,东经118°15′11.0″,海拔高度38米。

该土楼由清代晚期新圩富绅黄贡义所建,为长方形二层楼房,硬山顶,马鞍脊,板瓦屋面。坐西朝东,面阔11.3米,进深6.2米,其中:一层高3.3米,二层3.8米。建筑面积140.12平方米,占地面积260平方米。墙体由三合土碎砖瓦夯筑而成,厚0.55米,留有板筑痕迹,厚实坚固。一楼正中设大门,中为厅堂,两侧为厢房,门厅后有石阶楼梯通往二楼;二楼布局与一楼相同。窗框为石制,一楼两侧边墙各开2个窗,二楼正面开3个窗,侧边墙各开1个窗。该建筑保存较好,是比较典型的土楼式民居建筑。

新圩尾土楼

位于新圩镇新圩社区下市自然村内,原新圩供销社院内,东北侧约80米为新圩镇政府所在地,地理坐标为北纬24°44′19.2″,东经118°15′10.5″,海拔高度35米。

该土楼由清代晚期新圩富绅黄贡义所建,两座并列,布局相同,间距1.5米,坐西朝东,由三合土夹杂碎砖瓦夯筑而成,保留有板筑的痕迹,墙体厚实坚固,"人"字形两坡屋顶,板瓦屋面,一楼正中为大门,二楼除未安装大门外格局与一楼相同,楼上楼下与边墙各开1个窗,以条石做门框和窗框。南侧一座面阔12米,进深8.1米,楼高约7.1米,墙体厚0.55米,建筑面积97.2平方米。北侧一座面阔11.5米,进深8.1米,墙体厚0.55米,内高7米,建筑面积93.15平方米。总建筑面积190.35平方米,总占地面积288平方米。

该建筑保存完整,是比较典型的土楼式民居建筑。

陈国孝宅

位于新圩镇东寮社区东寮自然村北一里14号,始建于清代。坐东朝西,前后两落双边护大厝,中为天井及两旁榉头,总面阔25.5米,总进深21.1米,占地面积约717平方米,建筑面积538.05平方米。主体前有庭院,两侧加盖一间回向平房,红砖前埕。前落面阔三间,进深6.5米,天井进深4.1米,下厅前为檐廊。中为门廊及中厅,门上嵌"云岭衍派"匾,大门两侧身堵花岗岩板石墙裙上部红砖几何图形拼花,穿斗与抬梁混合式梁架,硬山顶,三川脊。下厅与榉头为花岗岩墙裙,木制板墙。后落大厝面阔三间13米,进深四柱10.5米,中为厅堂,宽檐廊,穿斗式梁架,硬山顶,燕尾脊。

黄番浸宅

位于新圩镇古宅村大乡尾角34—36号，始建于清代，坐东南朝西北。前后两落大厝，中为天井，两侧榉头，大厝东侧单列护龙。总面宽14.5米，通进深19.4米，前埕8.6米，占地面积约406平方米。主体面阔11.5米，进深19.4米，建筑面积281.3平方米。前落面阔三间，进深6米，前部为横向垂华拱檐廊，大门居中，门上悬匾"春霭华堂"，两组青斗石门铛以人物及动物为背景，精雕细刻，正面横廊下部为磨光花岗岩石墙裙，上部清水烟炙砖贴面，横向檐廊共划为6堵，每堵以黑线条勾勒不同人物画像，前落为穿斗抬梁混合式梁架，中间屋顶高于两侧屋顶，双燕尾脊。后落为厅堂，面阔三间11.5米，进深四柱9.6米，抬梁式梁架，硬山顶，燕尾脊。脊上装饰交趾陶塑、瓷片剪贴等，厅内保留较多清代木雕和数组雕有动物、花卉等吉祥物青斗石柱础。

乌山九十九间

位于新圩镇乌山村大厝内47—48号,建于清代,1980年重修,坐西朝东。前后两落大厝,中有天井及两侧护厝,大厝南北两边各建有2列稍矮的护龙,大厝前有石埕庭院,正中开设院门,门旁两侧小护厝(榉头),整体建筑规模庞大,总面宽45米,总进深30米,占地面积达1350平方米,前埕9.5米,占地面积1777.5平方米。前落大厝面阔五间18米,中为凹形门廊及中厅,内高4.8米。两侧次间梢间均为厢房,硬山顶,明间及次间屋面稍高,双燕尾脊,瓦楞坡面,两侧各有3排筒瓦;后落面阔五间,进深三间,中为厅堂,两侧次间梢间为厢房,穿斗式梁架,硬山顶,双燕尾脊。左右护龙中部均有过水廊与大厝中央天井相连,并将每列护龙隔出前后两个小天井,形成中央1个大四合院,四周4个小三合院形式,护龙均为硬山顶燕尾脊(东北角为卷棚顶)。此建筑因规模庞大,当地称"九十九间",在建造中采用了石构墙裙及红砖"斗子墙"、砖瓦夹砌墙体及红砖窗栏等,体现出闽南红砖民居的独有特色。

黄希比大夫第

位于新圩镇古宅村大路自然村33—34号，建于清代。坐东朝西偏南。建筑风格为一组三落大厝，二座并列，东侧为三落十一架出步大六路厝，面阔35米，总进深26米，占地面积约1 260平方米，建筑面积910平方米。主体前落面阔五间19米，进深26米，一进天井进深4米，门上嵌"大夫第"匾，两侧次间和梢间均为厢房，硬山顶，双燕尾脊。中落面阔五间，进深9.5米，二进天井进深5.2米，内高5.2米，两旁护厝前为宽檐廊，抬梁式梁架，硬山顶，燕尾脊。后落大厝面阔五间，进深6.5米，中为厅堂，两侧次间和梢间均为厢房，穿斗与抬梁混合式梁架，硬山顶，燕尾脊。西侧面阔三间12米，进深28.6米，前落进深5.6米，天井进深4米，中落面阔三间，进深10.5米，内高5.2米，二进天井进深3.7米，后落进深8.5米，占地面积464平方米，建筑面积343.2平方米。前落正面墙体是古厝的门面，下部为白色的花岗岩墙裙和夔龙纹"柜台脚"，上部为锦地红砖雕花墙堵；凹形门廊四周墙体的石雕最为精彩，从下至上以素面的白色花岗岩为地，底层青石雕为高浮雕龙纹、花鸟纹、狮兽、案几纹柱础、勒角，颇具特色，装饰华丽。

此建筑体量庞大，中间回巷面阔1.5米，前埕宽广，两列总建筑面积1 253.2平方米，占地面积为1 778平方米，是闽南罕见的古建筑。

叶捕宅

位于新圩镇凤路村路坂尾自然村中部,建于清康熙时,坐东南朝西北。前、中、后三落大厝,前后各有一天井,大厝左右两侧各有一列护龙,是典型的闽南民居"三落带护龙厝"形式。总面宽35.5米,总进深23.8米,占地面积约1 165多平方米,建筑面积844.9平方米。主体前落面阔五间,进深8.2米,穿斗与抬梁混合式梁架,硬山顶,双燕尾脊。中落面阔五间20米,进深四柱14米,内高5.9米,穿斗式梁架,硬山顶,燕尾脊。后落天井进深4.3米,面阔五间,进深三柱11.3米,硬山顶,燕尾脊。此建筑为土木、砖石结构的闽南红砖民居,梁架间有少量简易木雕,可见凤凰造型和花鸟纹替木、鸭掌形三爪的瓜柱、垂莲柱头,还有镂雕人物故事的花格纹隔扇、棂窗等,正门两侧门廊保留下的红砖拼砌的万字锦墙面极富特色,柿蒂纹的青斗石圆柱础、方柱础仍保留着清代早、中期的时代风格。

叶捕(1662—1722年),清初油坊商人,传为当时同安八大富户之一。

陈国镭宅

位于新圩镇东寮社区院西自然村25号。始建于民国时,其后裔陈恩典旅居台湾,1988年回故里集资重修。坐东北朝西南,前后两落大厝,前有庭院,主体建筑中为天井及两侧榉头,面阔12米,总进深20.9米,建筑面积约250.8平方米,占地面积341平方米。前落大厝面阔三间,进深6.2米,中为凹形门廊及下厅,两侧厢房,大门两侧身堵以花卉砖雕装饰,前后落屋面各饰5列筒瓦,抬梁式梁架,硬山顶,燕尾脊。后落大厝面阔三间12米,进深三柱10.5米,内高5.3米,中为厅堂,两侧厢房,花岗岩条石墙裙,墙身红砖砌体,穿斗式梁架,硬山顶,燕尾脊。

陈国垂宅

位于新圩镇东寮社区铺内自然村6号。建于清末。坐北朝南,前后两落大厝,中为天井及两侧榉头,总面阔17.5米,总进深19.6米,前埕8米,占地面积约483平方米,建筑面积343平方米。前落大厝面阔三间,进深6米,木制三川门,天井进深3.9米,中为凹形门廊及下厅,两侧厢房,抬梁式梁架,硬山顶,燕尾脊。后落大厝面阔三间,进深四柱9.7米,内高5.2米,中为厅堂,两侧厢房,明堂正中一座神龛,上方嵌刻"箕裘永绍",穿斗式梁架,硬山顶,燕尾脊。此建筑为土木、砖石结构的闽南红砖民居,前落门面从下自上依次为花岗岩"柜台脚"和墙裙,红砖墙堵,下厅及厅堂墙裙均为清水砖,墙身为杉木制板结构,榉头墙体下部花岗岩板石,上部杉木制板,门厅步通梁架上的太狮少狮及人物花卉等雕琢繁复,在檐枋、替木、坐斗等构件上运用各种技法表现动态的人物故事、走狮攀猴、展翅鸟雀、缠枝花卉等。

塔、桥、埭、牌坊

翔安境内溪流短小，因此，古桥多为小型的石板桥，或单孔或三孔，桥墩迎水面筑成船首形，利于分流抗洪。其中，根岭倒桥始建于唐代，相传晚唐著名文人罗隐曾游经此桥。今吕塘中保练氏始祖迁自武平，为明代修建翔安董水六坎桥的外来姓氏之一。

翔安海岸线绵长，海湾诸多，自古以来，拦海造田、围埭建坝是人们征服自然、抵御自然灾害的重要措施，保留下来的水利设施有窗东埭、西滨张埭、道台坝及诗坂肚脐坝等。窗东埭由20世30年代厦门爱国企业家洪晓春捐建，堤坝长300余米，分别开设2个纳潮疏洪涵洞，堤坝既可抵挡海潮，坝内又可垦田养殖，至今仍发挥作用。

自公元一世纪前后佛教传入中国，有中国风格的塔就开始兴建。佛塔是佛法的象征，代表"法力无边"，因此，各地常借助建塔来求保平安、驱妖镇邪。翔安境内分布着各种形式的石塔、砖塔，例如东村石塔、蔡厝石塔、东界石塔、董水前石塔、蔡厝文笔塔及姑井砖塔，它们多建于村前路旁或宫前庙后，这些石砖塔成为当地的标志性建筑。姑井砖塔为清代密檐实心八角砖塔，原有3座，现存1座，是厦门地区仅存的古代砖塔。

古代翔安为同安属地并隶属泉州府，修建于1 200多年前唐代的古宅十八湾古道自古以来是翔安通往东部方向的重要的商旅要道，也是古代翔安学子赴州府所在地——泉州和省城——福州赶考的主要通道，而耸立于小盈岭上的"同民安"关隘则犹如一位饱经历史沧桑的老者，向过往的人们述说着900多年来翔安百姓抗风修路、创业守家的经历。

古建筑

- 东村风水塔
- 东界石塔
- 石笔塔
- 蔡厝风水塔
- 董水前石塔
- 姑井砖塔
- 山前风水塔
- 钟宅舍利塔
- 莲前佛塔
- 泰安桥
- 沈井北斗溪便安桥
- 根岭倒桥
- 洪前东山渡桥
- 翁墓桥
- 乐安桥（大柴桥）
- 诗坂肚脐坝
- 窗东埭（晓春涵）
- 同民安关隘
- 澳头天旌节孝石坊
- 浦园天旌节孝石坊

东村风水塔

位于新店镇新店村东村南部村边（同春宫旁），修建于明清时期，近年重修。七级实心石塔，正方形覆斗形基座，其上以方形石板及覆斗形石块交替垒砌，塔顶为方柱体，其中一面刻有佛像，其余三面各刻行书一字，一面镌刻"法"字，其余两面因石质风化漫灭不清。基座边长0.6米，塔顶方柱边长0.3米，高0.42米，通高1.42米。

东界石塔

位于新店镇东界村西200米农田中，修建于明万历四十二年（1612年），民国十年（1921年）重建，20世纪80年代重修。塔坐西朝东，为六边五级实心塔，方形基座，以花岗岩条石叠砌，石板塔檐，通高8.56米。基座边长3.85米，高1.65米，塔身第一层边长1.4米，高1.4米，第二层边长1.3米，高1.4米，向上依次收分，顶层每边长约0.4米，塔顶为六边庑殿顶及葫芦形塔刹。第五层东面镌刻"大明万历壬子年建"，西面和南面分别镌刻"星拱"和"镇宝""民国十年"，其余相隔的三面浮雕魁星及佛像。

此塔原为风水塔，因立于浔海海滨，也起航塔作用。

1988年公布为县级文物保护单位。

石笔塔

位于新店镇蔡厝村东面、新嶝路东380米农田中，始建年代不详，此地原有天然花岗岩锥形石柱，曾于顶端竖立锥形小石柱，当地俗称"文笔"，后被毁，清代重修。以花岗岩块石垒成实心圆锥体，下大上小，尖首，高约11米，底径3.9米，周长11米。柱体顶端竖立1根长约1.5米的锥形石柱，柱上题刻文字数行，因位于顶端未能辨认。此塔为蔡厝风水塔，因外观形似文房用笔，俗称"文笔塔"。塔身四周为一棵百年榕树所环绕。

蔡厝风水塔

位于新店镇蔡厝村蔡厝自然村西部村边堤坝上，修建于明清时期，1990年重修。分为底部台座和上部石塔，通高3.2米。台座为新修花岗岩长方形，长1.68米，宽1.58米，高约0.6米。石塔为实心四层，高2.6米，第一层塔基为六边形台，边长0.65米，雕刻须弥座；第二层为六边形柱体并雕刻竹节形角柱，其上为六边形石板；第三层为直筒形柱体，其上为仰莲圆石板；第四层为瓜菱形圆柱，其上为六坡庑殿顶。塔顶为转轮形塔刹。此塔局部以水泥修补。

董水前石塔

　　位于新店镇董水前村东南面村边（刘水线公路旁），即新建的观音宫南面30米。花岗岩石构方形三级实心塔，方形须弥座，通高2.8米。须弥座为花叶形四足，边长1.05米，高0.25米，第一层边长0.6米，高0.8米，其中下部四立面浮雕万字纹、莲花纹，高0.2米，上部为新修水泥立面；第二层四面浅浮雕坐莲佛像，边长0.45米，高0.64米；第三层四面深浮雕坐莲佛像，边长0.52米，高0.58米；塔顶为四角庑殿顶及葫芦形塔刹。塔底有新修方形水泥基座，边长1.6米，高0.8米。此塔具有明代风格，经重修后保存较好。

姑井砖塔

位于新圩镇庄垵村姑井自然村西南500米田中，始建年代未见记载，属元代造作风格。塔原有3座，现存完整与残缺者各一座，形制相同，相距约15米。东塔坐西南朝东北，居东侧为密檐实心八角砖塔，原有宝瓶塔刹已塌陷，残余5层，建造于高1.04米，周长12米的石砌方形基座上。塔体残高5.4米，塔体由下往上逐层收分，底层边长1.1米。第一层至第五层每层高度分别为0.9、0.9、0.8、0.6、0.4米，各层以瓦檐相隔，瓦檐由板瓦、筒瓦、滴水组成，塔檐八角起翘，砖拱挑檐，上复筒瓦，滴水模印水莲、璎珞、卷云及双龙戏珠等花纹。第二层和第五层西面各开一门状佛龛，内原置石雕佛像。

西塔残存塔底两层的一部分，残高1.8米，一层边长1米，二层边长0.9米。两座砖塔均以红砖砌建，外抹白灰，现外表白灰已脱落。

姑井地名源自"辜井"，早期为辜姓居民居住地。据传，该村为"麻雀穴"，村民怕麻雀飞走，所以建造三座砖塔，代表三根"网柱"，寓意罩网护雀。今残余此二塔，是厦门地区仅存的砖塔。

山前风水塔

位于新店镇洪前社区山前自然村南堤坝上，修建于明清。1999年重修。坐东朝西，此风水塔分为塔座和塔身两部分，通高3.35米。基座因地势偏低而挺高，为花岗岩六层长方形条石砌筑，水泥抹面，从下至上逐层上缩，第一层边长1.2米，高0.3米。须弥座为明清时期石构件，长0.75米，宽0.8米，高.26米，上部塔身高0.85米，宽0.41～0.52米，西侧雕有一尊佛像，其他三面为素面。塔刹直径0.15～0.25米，高0.55米，塔顶为转轮形塔刹，此塔局部以水泥修补。

钟宅舍利塔

位于新店镇钟宅社区后房自然村东通道路西大榕树下，修建于宋代，1988年重修，坐南朝北。此塔属高僧圆寂埋葬舍利子的建筑，三层楼阁式，花岗岩石构件，分为塔基、塔座、塔身、腰檐、二三层塔身、上部腰檐、塔刹等部分组成，通高3.75米，中部略收，往上逐层缩小。塔座边长1.1米，高0.78米，第一层塔基为花岗岩长方形台，边长2.1米，高0.75米，雕刻须弥座；第二层为正方形柱体，边长0.8～0.36米，北侧雕刻僧帽图案，其上腰檐为剖面梯形石板，底小顶大；第三层为长方形柱体，边长0.36米，高0.6米，其上腰檐也为剖面梯形石板，石柱四面阴刻僧像和文字，东面刻"僧"、南面刻"宝"、西面刻"法"、北面雕"僧像"，每个字约0.25米。塔顶为转轮形塔刹，直径0.25米，高1米。

莲前佛塔

位于内厝镇莲前村莲前自然村水尾洞仙祖宫左侧，修建于宋代，2001年重修，坐东南朝西北，占地面积约20平方米。此塔属三层楼阁式建筑，花岗岩石构件，分为塔座、塔身、塔刹等部分组成，通高3.5米，逐层上缩。塔座高1.4米，宽0.9~1.4米，塔身高1.1米，宽0.8米，底层塔基为花岗岩长方形台，塔身石柱西面阴刻僧像，其他三面镌刻"佛"字，塔顶为转轮形塔刹，塔刹高1米，直径0.05~0.3米。

泰安桥

位于新店镇西滨村与澳头村之间海湾中围海所造的张埭水库中,建于清乾隆二十九年(1764年),南北走向,距离西边村约100米。桥体残长5米,宽3米,占地面积约40平方米,为明清澳头通往泉州古驿道的交通要道,原为海湾南北两岸行旅通道。现在桥北端西南侧50米的张埭堤头岸边,有3块石碑并排竖立,各相距约1米,记载泰安桥历次修建的情况。

沈井北斗溪便安桥

位于马巷镇沈井村西500米北斗溪上，古桥始建于明万历二十三年（1595年）冬，2000年重修。桥呈东—西向，单孔，两端为新建桥墩，桥面距水面约13米。桥面由三块石板铺设而成，桥长5.1米，宽2.2米，石板厚0.35米，侧面留有齿状打石孔，桥端石板上可见阴刻"林湘施"等字。2000年拓宽溪床时，发掘一块嵌刻"排坑桥"桥碑，据传，排坑桥原名为便安桥，清初沈氏重命之。是古代同安通往泉州的古道桥。

《马巷厅志》载："便安桥，在同禾里沈井铺去府署八里。《通志》初名五马桥。嘉靖乙未圮，知县叶允昌修，更今名。万历三十五年，通判陈钦福修复圮。邑人陈廷佐重修。国朝康熙二十五年，施俊复修。明林希元记：同安负山襟海，上达京国，下通百粤。七泉之巨邑，南北之要冲，孔道也。去沈井五里而近，地曰坝山。有溪一带，横溪为桥，以渡行人。郡守经之，因名五马桥。据溪上流受溪涧诸流之委，□□遭雨潦则猛湍，冲决击啮，故恒善坏。其路逶南而北折，而东行道污焉。乙未冬，适桥圮，邑侯后林叶公顾而叹曰：'善坏弗安，行迁弗便，弗安弗便，其曷善政。'延相地势移道自南在属之东，去其环折，移桥于下流，以避汛湍，为梁三接，厥途孔迩，厥桥孔硕。侯顾而乐曰：'迩则弗迁，弗迁则便。硕则弗坏，弗坏则安。'更名便安。于是，耆民茅辈相率以记，请次崖。林子曰：'吾于斯桥而知侯之政矣。'昔先王经理天下城邑，山川井野市里罔弗条悉，至于桥梁道路，亦罔或后。然则非政之所先，而可以观政也。侯制百里之命，僚佐弗具，政事如猬毛。人将日给不暇，而顾若无事，于桥梁道路，尤有余力焉，可谓难矣。侯讳允昌，字某，别号后林，浙之慈溪人。"

根岭倒桥

又名"五版桥"。位于马巷镇朱坑村根岭自然村东南500米的九溪畔,建于唐五代,清光绪时重修,为马巷、新店通往泉州府的交通要道。桥为石构平梁桥,东西走向,二墩三孔,全长约26米,桥孔跨距约5.5米,桥面宽2.5米,由5块花岗岩石板纵向并铺宽,石板长6～6.3米,宽0.46～0.51米。桥墩为条石一纵一横砌筑成舟形。

民国《同安县志》卷五载称:"倒桥在昆岭下八、十都之界,相传晚唐名士罗隐出游此地,谶云'屡造屡倒'故名倒桥"。罗隐(833—909年)为唐代晚期著名文士。可知根岭倒桥唐已有之,当属翔安地区,也是整个厦门地区现存始建年代最早的桥梁。

洪前东山渡桥

位于新店镇洪前社区东山自然村入村口,修建于1955年,西南至东北走向。通长120米,宽2～4.6米,高7.5米。梯形桥墩,长4.6米,宽2～2.5米,高3米;全长19个拱门,拱门长4.6米,宽3.5～4米,高5.8米。人民公社时期,东山渡桥为汀溪水库至新店镇澳头沿海重点引水工程之一。

翁墓桥

位于马巷镇西龙蛟池坝仔下,始建于明代,清雍正时重建,光绪时重修,是古代马巷通往下潭尾、唐厝港和同安的重要交通桥。古桥为石构、单孔券顶,东南至西北走向,全长17米,宽2.1米,墩台、桥面皆以条石垒砌。

《马巷厅志》载:"翁墓桥,在马家巷水口,关镇之要。建于前明,国初废,里民黄世斌鸠工重建,桥侧有叶道士墓,俗呼道士为翁公祖,故桥以此名。"

乐安桥（大柴桥）

位于新店镇澳头社区澳头自然村下海仔1号与沙塘42号中间，始建于明代，明时澳头村西有一条海湾小港穿入村中，长约100米，宽30米。该海港是刘五店通往泉州府必经之路，故修筑这条古道桥，原为木架桥，俗称"大柴桥"。清光绪年间重修，此桥彻底改为石构无栏杆平梁桥，东西走向，5墩6孔，全长约18.7米，桥孔跨距约3.7米，桥面宽4.9米，由5块花岗岩石板纵向并铺宽，石板长5~5.2米，宽0.4~0.41米。桥墩为条石一纵一横砌筑成"丹"形，占地面积约80平方米，建筑面积45.75平方米。

解放后，澳头社区的当地群众在此围海筑潭，储蓄淡水，灌溉农田。

诗坂肚脐坝

位于新圩镇诗坂村，道台坝遗址的上游，相距约2.5公里，修建于清代。坝址为溪中拦水坝，以花岗岩石砌成，平面呈"S"形，长38米，顶宽1~2米，高2~3米，中部有闸门，门高1米，宽0.8米。此坝现仍在使用，北侧坝基建于岩石上，南侧蓄水。此坝为当地富绅黄贡义修建。

窗东埭（晓春涵）

位于马巷镇窗东村与城场村相连的拦阻海水堤坝，西北—东南向，长约350米，土坝，梯形断面，基宽4～6米，高3～4米，民国二十七年（1938年）洪晓春修建，堤外为盐田，堤内为农田。今堤坝东南角靠近窗东村边尚保留两孔涵洞（俗称"晓春涵"），以条石筑成。涵洞两孔并排，每孔高3米，宽1.5米，洞上铺设石板为桥面，宽3.8米，两洞之间以宽0.9米石墙相隔，南端（坝外）凸出2.4米。涵洞北面（坝内）平面呈"八"字形，洞之间隔墙为船形尖首。洞旁石壁上保留双闸石槽遗迹。涵洞下原有两个小涵洞，各宽1.5米，高约1米，安装有活动涵板，便于海水涨潮入内及坝内泻水，今已淤塞。桥面两侧原有石护栏及"窗东桥"石碑，已毁。原堤坝西北段另一涵洞已改变原状。

"同民安"关隘

位于内厝镇后垵村东北部小盈岭西南坡,翔安区与南安县交界处,坡下为福州至厦门公路,地理坐标为北纬24°41′0″,东经118°19′37.7″,海拔高度为110米。

小盈岭为漳州至泉州古驿道,"同民安"关隘所在的岭口形如漏斗,东北风经岭口长驱直入,古代沙溪一带村民田地苦为风沙所害,当地曾流行谚语"沙溪七里口,无风沙自走。"南宋绍兴二十三年(1153年),朱熹任同安主簿时主持建造石坊于岭上,寓意"以坊补缺,安定斯民"。手书"同民安"三字作为匾额。清雍正十二年(1734年)石坊塌圮。清乾隆三十三年(1765年)马巷秀才林应龙等倡捐,在原址上将坊改建为同安通往泉州的关隘。

现在保存下来的关隘为石砌而成,东西走向,南北向开有拱形门。长8.6米,高3.56米,中间拱门宽2.38米,高2.44米。拱门上方有朱熹所题"同民安"石匾,石匾长1.63米,高0.5米,落款为"朱熹书"。关隘东侧立有石碑,以原坊脊改制而成,碑中直书"小盈岭南同交界碑",碑刻四周小字为同安知县吴镛撰写的《改坊为关记》,碑高1.9米,宽0.58米,厚0.1~0.2米,由于年代久远和风化,字迹已漫漶不清。

关隘旁有三株古榕树,相传为朱熹手植,称为"挡风树"。小盈岭还是清顺治八年(1153年)郑成功打败清军都督杨名高的古战场遗址。

1984年公布为县级文物保护单位。

翔安文物

古建筑

澳头天旌节孝石坊

位于新店镇澳头村上施自然村西北角农田中，建于清代光绪九年（1883年）。石构，四柱三间三重牌楼式，庑殿顶，面阔5.2米，残高4.5米，明间宽2.4米，两侧次间各宽0.7米，明间横枋双面浮雕双龙戏珠纹，明楼枋额双面横镌"天旌节孝"，额下横匾双面镌刻"旌表 同安 诰赠武德佐骑尉 苏清浮 妻 诰赠五品 洪太宜人 坊"，两侧分刻"咸丰 岁次辛酉年 皇清 恩准旌表"及"光绪九年 岁次癸未年 十月 立"。次间横枋双面浮雕麒麟、狮等纹饰。坊柱前后两侧均镌刻楹联，彰表和宣扬妇德。柱基以石板夹立。上世纪80年代坊顶部因台风而倒塌、失落。

浦园天旌节孝石坊

位于新店镇浦园社区浦园自然村西南300米处农田中，建于清代光绪年间，坐东北朝西南。石构，两柱一间牌楼式，面阔3米，残高3.1米，占地面积约40平方米。柱基以石板夹立，正方形花岗岩石柱边长0.3米，牌坊石柱内外重复嵌镌刻着对联曰"□□矢志扶黄□　惟此甘心到白头"。李懿透为其母竖牌坊；其后裔孙在家庙立一方"天旌节孝"牌匾，彰表可贵妇德。

石坊毁于"文革"，原三重牌楼式庑殿顶均被拆下，西南侧约30米处的一条小溪上有一座石构桥（两端花岗岩石墩尚存），通往浦园的小路必经此石坊，现面貌全非。

石碑石刻

　　石碑、石刻不仅是书法和雕刻作品的载体，更记录了各历史时期社会发展和风土民情的宝贵信息，它从不同侧面展示了先民开拓创业、守土爱乡的传统精神。翔安境内保存有大批碑刻、石刻和出土的墓志铭，其中，"天旌节孝"坊和"儒门芳节"碑反映了传统儒教思想在翔安的影响；张埭清代石碑群再现了古代劳动人民围海造田、征服自然的情景；豪山"祈雨道场"石刻为研究古代翔安气象提供了可贵的资料；镌刻于海边巨石的"鳌石""超旷"刻石，是古代文人即景抒情的写照。如今，这些遗迹已成为翔安历史的写照和旅游参观的人文景点。

石碑石刻

翔安文物

- "儒门芳节"碑
- 香山张氏风水碑
- "乐谷窝"碑刻
- 南监重修柳氏先茔墓表
- "鳌石""超旷"题刻
- 莲河石碑群
- "海镜"石刻
- "真隐处"石碑
- 陈埭堤头石碑群
- "万善同归"碑和"净义同归"碑
- "捐银"石刻
- 香山岩寺石碑群
- 北宋陀罗尼石经幢
- 宏路石生像
- 黄季韬"石帮记"石刻
- 新圩禁毁山林石刻
- 后行风水石刻
- 云彩沟石室
- 奉旨迁界碑
- 马巷启智学校碑记

"儒门芳节"碑

位于新店镇东界村石塘自然村北的水厂东面150米处，即刘五店通往马巷的古道旁，因洪厝村至此四里，俗称四里碑。康熙五十一年（1712年），同安县知县朱奇珍为节母黄赵氏而立。碑面朝东南，长方形，方首倭角，高1.92米，宽0.77米，厚012米，正中直书宽笔碑文"儒门芳节"，前后两侧小字题刻"文林郎　知同安县事　朱奇珍为""黄节母　九十龄　赵太孺人　立"，梯形碑座，长0.9~1.1米，宽0.11~0.18米，高0.4米，碑座底部为三合土基础。

朱奇珍，长沙举人，清康熙五十二年（1713年）主持修撰康熙五十二年版的《同安县志》。

香山张氏风水碑

位于新店镇红山果林场香山岩寺东北约470米东南坡，"真隐处"碑南侧80米处，立于明末清初，占地面积约30平方米。长方形石碑，朝向东南，高0.7米，宽0.43米，厚0.1米，周围花岗岩石板夹立。石碑镌刻楷书三行"此地是六柱祖□□堆　不许求过他人　亦不许自葬在此。"此碑为新店东园村张姓六房始祖的风水地界碑。

"乐谷窝"碑刻

位于新店镇大宅社区大宅自然村龙脊山上，距大宅村东北方向约80米处，镌刻于明代，面向西南。岩石形如鸢鸟，长1.8米，宽0.66米，厚0.28米，占地面积约3.5平方米。正中直书楷书碑文"乐谷窝　形如鸢鸟　含荔飘香　荔子恋飞鸢　时眼曾开莫了然　最许紫薇环绛帐　文尽地泽脱余毡　待临远近牵成偶　参拜高低串一联　横案能收千里处　长江水济火炎天　冈山氏题"。

"乐谷窝"古词碑刻文字优美，气势磅礴，讴歌和赞美了故土的秀丽景色，好比鸢鸟在冥冥之中深情地呼唤，此石刻的发现与有关翔安新区建设的资料不谋而合，起到了历史佐证的作用。

南监重修柳氏先茔墓表

位于新店镇吕塘村西林自然村东面50米处公路旁，明弘治十五年（1502年）立，俗称"太监碑"，原墓毁而仅碑存。碑面朝东，倭首长方形，高2米、宽0.9米、厚0.2米，由通政使司右通政纬鼎撰文，南京詹事府主簿王隆书丹并篆额。碑额横书两行"南监重修柳氏先茔墓表"，正文楷书阴刻24行，满行46字，共657字，记述柳智生平事迹及弘治十年（1497年）遣从弟柳苗返回同安修葺祖坟祖祠的经过。此碑为弘治十五年（1502年）所立，是研究明代宦官制度及福建沙县邓茂七等农民起义的实物资料。

柳智，字澄渊，别号无碍居士，新店镇吕塘村西林人，明正统十四年（1449年）福建沙县、尤溪邓茂七等发动农民起义波及安溪、同安等地，柳氏因年幼于离乱中为官军所获，荐送入宫充当太监，屡获升迁，明景泰六年（1455年）领大善殿簿事，先后侍奉代宗、英宗、宪宗三帝，成化九年（1473年）升任南京针工局事及管理内库。入宫六十年，以"薄于奢华""近于贤能"及乐善好施著称，卒葬于南京二郎岗永宁禅寺之西。

"鳌石"、"超旷"题刻

两处题刻相距约250米。"鳌石"题刻位于新店镇澳头村苏氏祠堂左边岩石上，系清代道光二十三年（1843年）苏廷玉所题。"鳌石"二字为横书行楷，字径高约0.74米，宽约0.53米，前、后小字落款"道光癸卯""苏廷玉书"，篇幅高1.2米，宽1.8米。因该石形如海中巨鳌，故名。"鳌石"也是苏廷玉的别号。

"超旷"题刻位于新店镇澳头村南面临海的岩石上，为清代道光二十三年（1843年）苏廷玉题写。"超旷"二字为横书行楷，字径约0.48米，前后小字落款"道光癸卯""苏廷玉书"。

苏廷玉（1782—1852年），字韫山，号鳌石，新店镇澳头村人，清嘉庆十三年（1808年）举人，嘉庆十九年（1814年）进士，授翰林庶吉士，累官至四川总督加兵部侍郎。鸦片战争时，在福州五虎门训练劲旅抵御英军。工书法，著有《亦佳室诗钞》《从政杂录》等。

莲河石碑群

位于新店镇莲河社区莲河自然村圆通庙南侧,年代均为清代,碑面向西,占地面积约20平方米。四方石碑为清道光十年(1830年)的"圆通堂静室碑记",高1.7米,宽0.65米,厚0.15米;清嘉庆二十四年(1819年)的"孝子陈勋里",高1.7米,宽0.71米,厚0.20米;清光绪十一年(1885年)的"建修东西义冢碑",高1.8米,宽0.65米,厚0.20米及清代的"莲河渡码头建造捐金碑",高2.0米,宽0.75米,厚0.20米。

"海镜"石刻

位于新店镇大宅社区大宅自然村白石岭上,距大宅村西北方向约1.7公里,镌刻于明代,面向西南。岩石突出部分长2.1米,宽1.2米,占地面积约3.5平方米。石刻字长宽各约为0.3米。

相传,古代货轮从泉州港湾驶向金门海域,眺望香山,大宅白石岭上这块岩石的剖面会放射出光芒,犹如一面镜子,可起导航作用,故称"海镜",理学家在此镌刻"海镜"二字。

"真隐处"石碑

位于香山岩寺东北约450米香山东南坡,朱熹任同安主簿时游览香山,赞叹此处风景及风水,题字留念。碑为长方形,碑体朝南,高1.2米。宽0.8米,厚0.26米,石碑正中直刻行楷繁体"真隐处"三字,字径约0.25米。

朱熹(1130—1200年),南宋著名理学家和教育家,也是厦门历史名人。他于南宋绍兴二十三年(1153年)24岁时任泉州府同安县主簿,为官四年,在古同安(含今同安、翔安和金门、厦门二岛及龙海的局部地区)等地讲学传道,著书立说,影响极大。他为官清正,俭朴安贫,注重教育,兴文废盲,不但为同安百姓做了许多好事,培养了许多人才,而且身体力行,移风易俗,使古同安成为"海滨邹鲁,文教昌明"之胜地。

陈埭堤头石碑群

位于新店镇西滨村西南50米的陈埭堤头岸边，三块石碑并排竖立，各相距约一米。其中有：

"重修张埭"碑，立于清光绪十年（1884年）。花岗岩倭首长方形，高约1.3米，宽0.6米，厚0.09米，碑额题刻"重修张埭"，碑文楷书15行约700余字，记述张埭建成于明代，清乾隆六十年（1795年），因台风破坏，堤坝、桥梁被毁，光绪十年（1884年）兴工重修，使埭岸与泰安桥尾相连，长48丈，建小石亭于埭坝渠门之上，桥头尊奉护桥将军，树修桥银两支出、捐款者姓名碑石。民国《同安县志》记载，泰安桥重修于光绪十年（1884年）。

"泰安桥"碑，立于清光绪十一年（1885年）。花岗岩倭首长方形，高约1.2米，宽0.6米，厚0.13米，碑额题刻"泰安桥碑"，碑文阴刻楷书17行，约500余字，记修桥事及捐修者。

"再修泰安桥"碑，立于民国十六年（1927年）。花岗岩倭首长方形，高约1.3米，宽0.73米，厚0.1米，碑额镌刻"再修泰安桥碑"，碑文阴刻楷书15行，记载重修桥梁之事及捐修者姓名。

张埭始建于明代，系今西滨村与澳头村之间海湾中围海所造的土地，原埭坝与泰安桥相连接，是海湾南北两岸行旅通道。

"万善同归"碑和"净义同归"碑

位于香山岩寺西南100米花岗岩台基上，坐西北朝东南，占地面积约20平方米。二堆土丘墓冢，墓冢前左右并立两方长方形墓碑，均以花岗岩石块夹立。

西侧为倭角长方形墓碑，高1.08米，宽0.7米，厚0.16米，碑额和正中镌刻"皇清""净义同归"，两侧数排小字为"丁酉下元收浯大小……十方善信发心□□立石"，记述康熙五十六年（1717年）香山岩寺兴建时，香山岩寺善男信女收殓荒山尸骨、金门港 湾浮尸修墓建坟合葬之善举。

东侧为长方形墓碑，高0.72米，宽0.42米，厚0.1米，正中碑文镌刻"清万善同归"，两侧四排小字为"康熙壬辰下元季冬 缘首蔡专官捐银伍两 祈子孙昌盛 道人 许明贤 募化十方 宰官善信发收盖宝 同立石。"记载康熙五十一年（1712年）香山岩寺信男及道士收殓荒山尸骨、修墓合葬之善举。

"捐银"石刻

位于香山岩寺西侧800米狮球山顶大岩石西面，清代建。石刻约高1.1米，宽0.8米，隶书字体三列"南安林平助重兴香山岩 绿（缘）银四什两"，字径约20厘米。

香山岩寺石碑群

包括清代石碑2方、民国石碑1方,呈一字排开,并立于香山岩寺北侧墙外20米处。

"重修香山岩"碑。倭角长方形,高2.02米,宽0.78米,厚0.15米,长方体碑座,长0.96米,高0.38米,厚0.3米,浮雕麒麟纹。碑额题刻"碑 香山岩 牌",碑文阴刻楷书18行,记载捐款修建香山岩的人名姓氏及钱款,落款为"光绪戊寅年葭月日",四周有浮雕卷草纹。

"香山岩修路"碑。倭角长方形,高0.86米,宽0.48米,高0.15米,长方体碑座,长0.68米,高0.32米,厚0.34米,浮雕须弥座纹。碑文镌刻楷书三行"厦门 禾山 尚忠社 陈亨峻 敬修 香山岩东西两路 光绪丁亥仲冬 董事蔡妈武 立",记述施主陈亨峻点头故事,因得到清水祖师庇护得以平安从南洋而归,遂在香山东、西方各建亭子一座,铺砌登山石板路数里。

"重修香山岩"碑。倭角长方形,高0.93米,宽0.42米,厚0.08米,长方体碑座,长0.58米,高0.18米,厚0.32米,浮雕须弥座纹。碑额镌刻"香山岩碑",碑首题刻"修理下落捐洋芳名于左",碑文楷书10行,记载修葺香山岩寺的筹款数额、捐款人姓名及开支情况,落款为"民国廿一年月日"。

北宋陀罗尼石经幢

2011年2月，新店镇霞浯社区进行文物调查时发现一座北宋陀罗尼石经幢。位于翔安区新店镇霞浯村距"水浏线"南约200米。

霞浯陀罗尼经幢的构件共有18件，其中，完整的有15件，残损的3件。宝顶、盘盖、幢身、仰莲、龙纹底座等保存完整，采用厦门当地产花岗岩石雕琢而成。

幢身为八角棱柱形，通高120厘米，八面均刻有文字，字幅长110厘米，宽16厘米，除第一面分五行刻有幢记外，其余七面分四行，每行21字至24字，上面还有界格，以纤细遒劲的楷书字体，刻出启请文和《加句灵验佛顶尊胜陀罗尼经》。八棱柱上下截面中间，有圆柱体阳榫，直径6厘米，高5厘米，分别承接下面圆形三叠仰莲和上面八角形挑檐翘角。下面仰莲直径78厘米，高16厘米，雕刻三叠仰莲，莲瓣肥厚匀称，莲瓣有凸起的脊线，上面有圆形凹榫；伞盖为八角挑檐翘角，直径79厘米，高11厘米，整体轻巧精致，下面阴刻两组圆形等对称凹纹，缺损一角，其余七角有嵌铁的痕迹，下面有圆形凹榫。挑檐翘角与下面仰莲不同，中间有一个直径7厘米的通透凿孔。另外4件八棱柱形幢身，其中两块较大的，通高48厘米和42厘米、柱身高25厘米，每面宽18厘米，外有矩形边框，长20厘米，宽12厘米，框内雕刻有歌舞乐伎的人物，比例适中，姿态各异，服饰飘逸，形象生动；两块较小的，通高36厘米和32厘米，柱身高24厘米和22厘米，八面均雕有佛龛，龛内刻有浮雕佛像和菩萨，技法圆熟高超，佛像庄严端正，形象古拙，部分佛像脸部线条清晰，仍可看出五官造型。两块较小的幢身上下两端中部都有一个直径5厘米，深4厘米的凿孔。一块单层仰莲直径54厘米，高16厘米，中间有直径6厘米的通透凿孔。三块零碎的石构件，两块是挑檐翘角，角上也有嵌铁痕迹，其中一块有1/2大，直径68厘米；另一块1/3大的仰莲直径约60厘米，高22厘米，中间也有凿孔的痕迹。

两块最大的石构件，一块扁鼓形，上下两面直径50厘米，高30厘米，最大周长193厘米。侧面环雕双龙戏珠，三爪雕龙，龙身蜿蜒，四爪布局合理，鳞理清晰，虽有部分缺损，仍栩栩如生。两个龙头保存完好，隆鼻突出，相对共戏一颗火珠。水波纹底座1件，底面直径79厘米，高20厘米，环雕8组水波纹。

出土的三块长方形雕有侏儒力士的石构件，长52厘米，宽29厘米，其中两块较为完整。侏儒力士憨态可掬，作半跪状，赤裸上身，手撑膝盖，低头耸肩，力顶须弥座。

经幢的幢身分为八面，共刻有730多字。其中，第一面为幢记，分5行，刻有"泉州 南安县 太平乡 福兴里都 劝善僧道□……"。

经幢出现在汉魏时期，唐代开始有石刻经幢，形成规制延续到宋代，北宋，石经幢建造之风发展达到最高峰。按佛教之说，在幢上书写经文，可以使靠近幢身或幢上尘土的人减轻罪孽，得到超脱。

陀罗尼石经幢保存下来的较多，其中，在福建闽南地区，与霞浯石经幢年代和式样相近的有两处，一是泉州市南安县丰州桃源宫石经幢，建造于宋仁宗天圣三年（1025年）；二是保存在厦门市同安区博物馆内的石经幢。特别是后者，与霞浯石经幢几乎完全相同，刻有经文的幢身高113厘米，较霞浯石经幢矮7厘米，文字已漫漶不清，年代不明。霞浯石经幢的出土证明了同安石经幢的年代也应为北宋。

霞浯的经幢出土的地点虽不是原址，但原址与出土地点不会很远，历史上受多次地震的影响，又靠近海边，故据此推断，霞浯石经幢的倒塌应与地震和飓风海啸有关。由于长期被掩埋于地下，较少受到风吹雨淋，石刻表面的风化较少，这是霞浯石经幢的文字保存较好的主要原因。霞浯石经幢建造年代为北宋明道二年（1033年），所刻经文多数可以辨识，主要部件完整，是厦门市有确切纪年的、年代最早的、经文保存最清晰的石经幢，为研究宋代佛教在厦门的传播和影响提供了实物资料，填补了厦门翔安没有北宋碑刻的空白，有重要的历史、艺术和科学价值。

翔安文物

石碑石刻

宏路石生像

位于内厝镇莲塘村宏路自然村环村路旁，建于清代。大理石石生像头戴盔形官帽，双手持握宝剑，其左侧竖一尊坐狮。人物石像高1.1米，宽0.2米；石狮高0.43米，宽0.26米，占地面积约10平方米。

相传，村民供奉此座石像以守望乡村，保一方平安。

黄季韬"石帮记"石刻

位于新圩镇金柄村后大帽山山腰。镌于明万历十九年（1591年），幅高1.12米，宽0.6米，字幅上部横题楷书"石帮记"三字，下部正文为直行楷书，计5行共48字，记述当地"石帮洪瀑，雨必成灾，殒吾良陌，且伤观瞻"的生态环境以及黄氏本人倡导乡民垒砌石墙、筑造槽道制约风雨水害的情形，落款"万历辛卯秋月 季韬 谨撰"。此石刻是反映古代该地区自然环境保护状况的重要文物资料。

黄季韬，名文炤（1556—1651年），字季韬，新圩金柄村人，明晚期著名学者，明亡后终生不仕，晚年隐居轮山潜心著述，时人称之为"理学布衣"。主要著作有《道南一脉》《理学经纬》。

新圩禁毁山林石刻

位于新圩镇金柄村后之山腰上，后整石移入村内的黄氏宗祠边。石刻由黄氏族先人镌作于明万历十四年（1586年）。直行隶书，幅高0.55米，宽0.5米，全文为"林木有阻风、储湿、固口之奇功，宝也。大仑尽木皆护，毁者非吾族人也"，落款"万历丙戌年"。大仑为山名。此石刻纪年较早，是反映古代山区住民以乡规民约方式自发保护大自然生态环境的宝贵资料。

后行风水石刻

位于新圩镇新圩社区后行自然村后行山石子场东南坡，海拔高95米，镌刻于明代。相传"仙人"看中此处风水而题。暴露地面岩石为半圆形，石刻剖面朝西南，高1.2米，宽0.8米，厚0.26米，石刻正中直刻行楷繁体"穴吉地　山人而中正骑龙　艮坤丑末碓　有人此地丁酉月"，落款"仙人"，字径约0.05米，石碑范围占地面积约五平方米。

云彩沟石室

　　位于新圩镇金柄村金柄自然村"上帝公宫"东南"云彩沟"中，修建于明代嘉靖十六年（1537年），坐东北朝西南。石室前部坍塌，残存面阔4米，进深3米，建筑面积约12平方米。其建筑方式以天然石洞为基础，用乱毛石填补石缝。室内岩石上镌刻"石室"，落款"丁酉"，字高约0.35米，宽约0.20米。石室前呈八字形，泉水源源不断地流淌，两侧陡峭岩石，于西南侧3米高处的石壁上题刻"云彩沟"三个字，落款"甲申"，字高约0.25米，宽约0.15米。

　　相传，此石室为明代学者隐居深山潜心著述之处。

奉旨迁界碑

　　马巷镇沈井村维修沈氏祖庙时，发现地基上方有一块石碑，长0.38米，宽0.28米，厚0.13米，上阴刻着"奉旨迁界"四个字。

　　历史上沿海迁界禁海有两次：第一次是明太祖为断绝倭寇和陈友谅海上的残余势力之粮饷，下令迁界禁海；第二次是清顺治十八年（1661年），郑成功奉明正朔抗清，困守金、厦，清廷为了断绝拒守海岛的郑军给养渠道，开始下旨海禁迁界。这是厦门迄今发现的唯一迁界禁海的令牌。

马巷启智学校碑记

位于马巷镇三乡社区翔安第一中学校园碑苑内，占地面积约三平方米。镌于民国二十八年（1939年），幅高1.55米，宽0.77米。字幅正文为直行楷书，为启智学校创建碑记。1939年日本侵华年间，日军飞机投掷炸弹三枚，美丽的校园夷为平地，碑右下角残缺，是碑即为历史见证。碑后另竖一方"壮士纪念碑"，幅高1.3米，宽0.75米，直行碑文"壮士纪念碑"，下横题"人人到此必须致敬"，落款"一九四零年七月七日奠基""同安马巷各界敬立"。1940年，马巷各界为纪念抗日阵亡将士，竖碑于马巷后亭将士墓前左侧，为对学生进行爱国主义教育及加强石碑保护，20世纪90年代末，翔安一中将此碑迁入校园。此碑刻是反映抗战时期相关活动的重要文物资料。

翔安古墓葬

1972年，在新圩镇乌山村征集到的双面刃无栏石戈及陶器，与新石器时代墓葬的出土器物相同，据此推断，数千年前厦门地区就有人类活动。

翔安地区现存的古代墓葬，以明清两代的居多，以明代墓葬最具地方特色。墓葬的地表建筑普遍用花岗岩、辉绿岩或三合土为材料，有的墓前还建有石牌坊、石碑亭、石翁仲、石象生等；墓穴一般为土坑竖穴，砖砌券顶墓室，外包三合土。三合土以粘土、细砂掺和煮熟的糯米、红糖汁及麻筋等混合搅拌而成，异常坚固，防盗防水，又可根据需要随形夯筑；有单室、双室、三室、四室等多种，以双室墓为主。

明代墓葬前有一类特殊墓碑形式——挡跺石，为花岗岩或三合土质地。正面上部呈盔形或半球形，中央浅刻太阳纹圆圈，下方及两侧浅浮雕云月纹，碑面无字，这可能与古代波斯中亚传来的拜火教及其分支摩尼教有关。

宋代以来，中原及其他地区陆续迁来翔安的人口数量增加，他们分散于翔安各地，从事农耕、渔猎或亦耕亦渔等生产活动，使当地不断得到开发和发展。他们亡故后就地安葬，葬所有的成为家族墓地，有的成为认祖归宗的祭奠所在，如山亭陈氏祖墓、城场林氏祖墓、曾林蒋氏祖墓、西亭洪氏祖墓、郑坂郑氏祖墓、陈塘丁氏祖墓、湖头郭氏祖墓、蔡厝蔡氏祖墓群、赤土埕吴氏祖墓、莲前许氏（许彦明）祖墓、新圩殿前大将军、武德侯沈世纪墓等。

除此之外，翔安还保留多座名人墓葬，其中保存较好的有林君升墓、蔡延森墓、洪朝选墓（复建）、蔡复一墓（复建），这些墓葬规模较大，由中轴线上的墓埕、墓道坊、墓围、墓冢及对称的望柱、翁仲、碑亭等组成，以花岗岩为主材，雕刻精湛，墓区布局规整，气势恢宏。

- "大树子军"墓
- 陈仁炳墓
- 五十郎陈公墓
- 陈孟山墓
- 城场林氏祖墓
- 林祯祥墓 林怡斋墓
- 林景福墓
- 林君升墓
- 林君升母亲墓
- 林卓斋墓
- 蒋氏始祖蒋观赐墓
- 蒋氏二世祖墓
- 黄宣剡墓
- 黄超营墓
- 黄廷元墓
- 洪大乔墓
- 洪玉表墓
- 洪焕春夫人墓
- 洪清溪墓
- 洪乾清墓
- 洪景询墓
- 潘氏始祖墓
- 陈允济墓
- 郑坂郑氏祖墓
- 陈塘丁氏祖墓
- 郭环墓
- 李诚斋墓
- 蔡大田墓
- 蔡毅斋墓
- 蔡靖节墓
- 彭信奄墓
- 蔡太保墓
- 蔡添秀墓
- 蔡延龄墓
- 蔡钟友墓
- 蔡延森墓
- 蔡延芳墓
- 蔡延茂墓
- 蔡汝隆墓
- 蔡巽天墓
- 蔡云程墓
- 洪简轩墓道碑
- 洪朝选墓
- 洪觐光墓
- 吴瑞墓
- 王缓然墓
- 东园孝妇冢
- 蔡贵易墓

- 蒋芳镛墓
- 林竹石墓
- 许彦明墓
- 陈文雍夫妇墓
- 沈世纪墓
- 蔡复一夫妇墓
- 苏益墓
- 陈温圃夫妇墓
- 王昆季墓
- 陈世荣墓
- 凤尾墓
- 明曾祖张公墓
- 北门蔡氏始祖墓
- 郭培宽墓
- 郭梓心墓
- 后树郭门叶氏祖墓
- 郭席聘墓
- 郭锡政墓
- 郭克腾、郭克贤墓
- 郭孔源墓
- 康氏开基祖妣赵氏墓
- 康氏祖墓
- 康氏始祖墓
- 康氏二世一祖墓
- 康弼燕墓
- 康氏二世二祖墓
- 康恪菴墓
- 陈敦敏墓
- 洪纯翼墓
- 范金凤墓
- 彭用乾墓
- 杨舜墓
- 陈夫人墓
- 陈浮实墓
- 陈浮实夫人墓
- 珩厝王门康氏墓
- 彭克循墓
- 魏门陈氏墓
- 炉前魏氏祖墓
- 魏君衡夫妇墓
- 魏国泰祖母墓
- 魏文伟墓
- 何厝陈门梁氏夫妇墓
- 陈恒元墓
- 吴碧涯夫妇墓
- 许衍墓
- 许衍墓
- 许伯诩墓

古墓葬

- 许东轩夫妇墓道碑
- 孙朱夫人墓
- 乡饮宾陈日突墓
- 洪学静夫妇及长子墓
- 黄肇纶墓
- 陈平崖墓
- 面前埔蔡门郭氏墓
- 麦垵曾氏始祖墓
- 邱时庵墓
- 大嶝后店王氏祖墓
- 陈槐村墓
- 广修和尚墓
- "檀越黄公"墓
- 成觉慧和尚墓
- 觉苑长英师墓
- 心慧珍和尚墓
- 长禄和尚墓
- 黄氏墓
- 香山明墓
- "娘仔墓"

"大树子军"墓

即林壮猷墓，位于马巷镇城场村周边自然村北面村边农田中，原修建于厦门岛内深田路，民国时迁此。坐东朝西，长方形墓碑，倭角，高0.74米，宽0.53米，其上楷体直书"大树子军"四字。

林壮猷，南明政权郑成功部将。清顺治五年（1648年）八月十六日清军攻入同安县城时屠城，林壮猷率部与清军激战，城池失守后，誓死不降，吞金箔而死，极为壮烈。死后郑成功尊称其"大树子军"，寓意其所率部队如同参天大树的子孙。今城场村西76号有林壮猷故居，原为前、中、后三落，曾被清军烧毁，后重新翻建，现局部已坍塌或翻修。前落坐东朝西，面阔三间10米，为土坯墙体，保留清初石构门槛及门臼。本村林氏宗祠内有郑成功所赐"气锁关山"匾。

陈仁炳墓

位于马巷镇山亭村东面500米龟山西坡，为山亭村陈姓祖墓，明代修建，20世纪90年代重修。占地面积约200平方米。半圆形土丘墓冢，长3米，宽3米，高0.6米，墓前立弧顶盔形墓碑，浅浮雕刻有太阳纹、祥云纹、结带纹，碑高0.68米，长2米。前有供桌，水泥基座，长0.8米，宽0.55米，高0.5米。墓围平面呈"风"字形，三级墓埕，前有半月池。

五十郎陈公墓

即陈妃振墓。位于马巷镇山亭社区大乡村北28号大门南侧,为山亭陈氏祖墓,重修于清代,坐东朝西,为夫妻合葬墓。墓区长8米,宽12米,占地面积约120平方米。墓冢呈半圆形石砌龟背形,墓围四周均以块石铺砌。封土长2.8米,宽3.5米,墓前立弧首墓碑,碑高0.8米,宽0.5米,厚0.11米,碑额镌刻"祖",碑文刻"五十郎陈公　妣孺人成氏",落款为"乾隆庚子年阳月重修",墓前东南角4米处立有"后土"碑刻1方。

"五十郎"即陈妃振,因50岁才成婚,故之其名。

陈孟山墓

位于马巷镇山亭社区大乡村北28号大门南侧,重修于清代,为夫妻合葬墓。墓坐西南朝东北(偏东),墓区长7米,宽5米,占地面积约35平方米。墓冢呈半圆形石砌龟背形,封土长3.3米,宽3.6米,冢前立有长方形弧顶墓碑,碑额镌刻"长房祖"三字,碑文题刻"孟山陈公　暨　妣江氏　墓",落款为"道光甲午年重修",碑高0.65米,宽0.45米。厚0.15米,供台长0.83米,宽0.44米,高0.3米,墓前有后修水泥墓埕,宽4米,进深3米。

城场林氏祖墓

位于马巷镇城场村北400米树林中，为城场村林姓祖墓，明代修建，夫妻合葬墓。墓址范围内均为树林，占地面积约1 500平方米。墓冢位于树林中部，坐东朝西，半圆形墓冢，长4米，宽4米，高1.2~1.5米，墓前立方形墓碑，碑高0.96米，宽0.85米，厚0.19米，上镌"明 始祖考 清实林公 始祖妣 慈淑苏氏墓"。墓前西北角10米处分立旗杆石2对（1对残断）及"后土"碑刻1方。

林祯祥墓 林怡斋墓

位于马巷镇琼头村东面300米，村路北面30米，修建于清代，2000年从墓南30米迁此。两墓并列相邻，均坐南朝北，占地面积约40平方米。墓前有墓埕，左右各有1只小石狮。

西侧为林祯祥墓，土堆龟形墓冢，外围以水泥围砌，宽1.3米，长1.8米，高0.8米，冢前有长方形墓碑，立于盔形水泥座中，碑刻"龙山 皇清 显考 讳祯祥 林府君 佳城""男讳有谅祔葬 男讳沛在立石"，碑高0.86米，宽0.56米，厚1.15米。碑前地上平置石板供桌。

东侧为林怡斋墓，墓冢形式及大小与林祯祥墓相同，冢前长方形墓碑，以盔形花岗岩石板夹立，碑刻"清 振威将军 怡斋林公 之墓"，碑高0.7米，宽0.47米，厚0.09米。碑前地上平置石板供桌。

林景福墓

位于马巷镇琼头社区琼头自然村牛鼻山西侧半山腰,修建于明代。坐南朝北偏东。墓区长约50米、宽80米,占地面积约4 000平方米。地表建筑有花岗岩石构筑的墓冢、墓碑、供桌、墓围、墓埕、墓埕栏杆及焚香亭。龟背长1.6米,宽1.4米,冢前为盔形墓碑,长2.1米,高0.5~0.97米,厚0.15米,太阳纹碑中镌刻"龙山林公墓",碑前为供桌,长2.1米,宽0.95米,高1米,供桌前两侧为整块石墙,左侧刻碑文,因花岗岩风化已漫漶不清。墓冢周围为"风"字形墓围,墓围前方两侧伸展出三级平台,为三级拜埕。从第一级到第三级逐级下降并逐级外展,一级从下至上略缩呈塔形,二级墓端首为石狮,三级端首为石羊。

琼头始祖墓道石坊,坐东朝西。牌坊原面阔四间,现存三间7.4米,主间面阔2.8米,次间面阔2.3米,高2.8~3.5米,坊柱直径为0.4米,占地面积40平方米。两块横坊夹一横额,面阔3.4米,高3.2米。石柱背部有长方形凹形榫口。

林君升墓

　　位于马巷镇井头村西面村边50米，修建于清乾隆二十年（1755年），为夫妻合葬墓。坐东北朝西南，面宽10米，总进深约22米，占地面积约150平方米。墓冢、墓围为三合土结构，半圆形封土宽4米，长5.8米，高1.45米，冢前为弧顶长方形墓碑，两侧有盔形护碑石板，中间直刻乾隆皇帝撰文"皇清　诰授　荣禄大夫　敬亭林公　诰封一品夫人　妣孝慈郑氏　封茔"，碑高1米，宽0.74米，厚0.15米。碑前石供桌，浮雕柜台脚，长1.9米，宽0.4米，高0.5米。墓冢周围为三合土"风"字形墓围，直径约6米。墓前三级水泥墓埕，两侧墓围端首有莲花石柱及石狮柱各1对。墓埕旁两侧约6米处各有1对石狮望柱，高4米，相距约15米。

　　墓前方15米处有墓道坊，石构，四柱三间双重牌楼式，面宽6.2米，高5米，明间额枋双面浮雕双龙戏珠和双凤朝阳纹，坊额横镌"钦赐祭葬"，两次间横额镌刻墓主生前官职。坊脊立有2对石狮。

墓前东南侧约30米处有墓碑亭，石构，四柱重檐歇山顶，面阔2.3米，进深2.2米，高4米。正面横额装饰云鹤、双龙纹，柱下附置石狮1对。亭中有乾隆二十年（1755年）所立石碑，方首长方形，高2.09米，宽0.98米，厚0.12米，额镌"江南提督林君升碑文"等，正文160字，满、汉文对照，记载林氏宦绩德行。碑座长1.2米，宽0.6米，高0.4米。

林君升（1688—1755年），字圣跻，号敬亭，马巷镇井头村人，行伍出身，初授偏裨。清康熙六十年（1721年）擢为黄岩镇游击，雍正四年（1726年）晋升定海总兵，后历任碣石总兵、金门总兵、广东提督、台湾总兵、福建水师提督。乾隆十七年（1752年），林君升升任江南提督，总辖苏、浙、闽、广、川军务。乾隆二十年（1755年）逝于军中。有《自遣偶草》《舟师绳墨》《救荒备览》等书传世。

1984年公布为县级文物保护单位。2001年公布为厦门市第一批涉台文物古迹。

林君升母亲墓

位于马巷镇井头村西500米面前坡农田中,林君升墓西面450米处,修建于清代。墓坐西南朝东北(偏东),占地面积约120平方米。半圆形土堆墓冢,直径4.2米,高1米,冢前立半圆形墓碑,中部直刻"皇清 赠一品太夫人 显妣懿德刘氏 之墓",左、右及上方高浮雕三条龙纹,碑高0.96米,最宽1.36米,碑前有石供桌。墓冢四周为圆形三合土墓围,宽5米,进深4.8米,高0.4~1米,墓前有三级墓埕,宽8米,进深6米,两侧墓围端首有莲花柱及石狮柱一对。

林卓斋墓

位于马巷镇井头村西南700米面前坡农田中,修建于清代,为夫妻合葬墓。墓坐西南朝东北(偏东),占地面积约100平方米。半圆形土堆墓冢,直径约5米,高约12米,冢前立有弧顶长方形墓碑,碑文题刻"清 勅授承德郎考林公 勅封正安人妣勤慎吴氏 墓",碑高0.84米,宽0.56米。碑前长方形供桌,长1.24米,宽0.4米。墓前有后修水泥墓埕,宽6米,进深6米。墓冢及墓围四周藤蔓、杂草丛生。

林卓斋,林君升的次子。

蒋氏始祖蒋观赐墓

位于马巷镇曾林村东200米田野中（高速路旁），为曾林村蒋氏始祖墓，修建于明末。坐东北朝西南，占地面积约150平方米，土堆状墓冢直径约5米，高1米，长满杂草、小树，墓冢前可见残断石板，墓冢后有直径约10米、深1～1.5米的凹穴，当地称墓窟。墓旁原有枫树，故此墓俗称"枫子墓"。

蒋氏二世祖墓

位于马巷镇曾林村东南200米田野中，在第一世开基始祖墓南面约70米处大榕树下，为曾林村蒋氏二世祖墓，修建于明代，坐东朝西，占地面积约50平方米。墓葬被杂草及榕树根所覆盖，隐约可见青斗石龟背形墓冢，直径约0.5米。墓主为曾林蒋氏一世开基祖蒋观赐之子。

黄宣剡墓

位于马巷镇西炉村崎头山黄廷元墓西南100米农田中，修建于清代。坐西南朝东北，占地面积约20平方米。土堆墓冢，杂草丛生，直径约3米，高1米。冢前立弧顶长方形墓碑，两侧洋灰夹砌呈盔形，碑刻"皇清 显考讳宣剡黄公 裔孙昭公附葬 墓""甲子年重修 孝男 望辉 暨 曾孙 经绒 乾给 纺纱 同立石"，碑高0.77米，宽0.54米，厚0.09米。墓碑前石供桌，长0.9米，宽0.4米，高0.3米。墓冢前有水泥墓围，宽3米，进深2米。

黄超营墓

位于马巷镇西炉村崎头山黄廷元墓西南60米农田中，修建于民国时期。坐西南朝东北，占地面积约100平方米。土堆墓冢，直径约3米，高0.8米，冢前立弧顶长方形墓碑，两翼洋灰夹砌呈弧形，碑刻"紫云 黄超营公茔 孙廷元重立石"，碑高0.84米，宽0.48米，厚0.08米。碑前长方形花岗岩石供桌，长0.78米，宽0.48米，高0.3米。墓前有水泥墓围及墓埕、半月池，宽6米，进深8米。

黄超营，黄廷元祖父。

黄廷元墓

位于马巷镇西炉村西500米崎头山东北坡，修建于民国十九年（1930年），为黄廷元生前自行设计。墓坐南朝北（偏东），面宽20米，总进深35米，占地面积约700平方米。龟背形土堆坟冢，直径约5米，高0.3～0.5米。冢前立长方形墓碑，两侧有盔形石板，墓碑刻"紫云　林淑慈　黄廷元　洪淑仪　吴淑廉　莹"，为黄廷元及洪、林、吴三位夫人名讳，落款"中华民国十九年　季春　上浣　立石"，碑高1.08米，长1.65米，厚0.11米。墓碑两侧翼石刻有黄廷元自撰墓志（107字），通长4.2米。碑前石供桌，长2.5米，宽0.8米，高0.68米，基座刻"明新堂"。墓冢前有水泥及花岗岩"凤"字形墓围及三级墓埕、半月池，宽14米，进深12米。墓围装饰石柱镌刻墓主自撰对联6对，其中的"死生宁有殊　物我皆无尽""欲成家国事　须读圣贤书"反映了他高尚的人生观。

黄廷元（1860—1936年），原名熙恢，字复初，马巷镇西炉村人，为同安金柄"紫云"黄氏四十三世。辛亥革命时，由黄乃裳介绍参加同盟会，荣膺光复一等勋章。先后参与创办《博文日报》《厦门日报》和厦门淘化食品罐头公司等，是厦门近代著名实业家，热心社会福利和教育事业。民国八年（1919年）海后滩事件中，代表民意上京请愿，终使英政府交还租界。

1993年公布为县级文物保护单位。

洪大乔墓

位于马巷镇西坂村西亭自然村北,为西亭村洪姓始祖墓,修建于明代。坐东南朝西北,占地面积约150平方米。龟背形三合土墓冢,长2.1米,宽1.5米,高0.65米,冢前呈盔形三合土墓碑,太阳祥云纹,宽1.75米,高0.8米,碑前供桌长1.75米,宽0.7米,高0.9米。墓前"风"字形墓围及三级墓埕,一至三级墓围两侧端首分别立有狮、龙首、狮,墓埕面宽6.6米,进深5.5米。此墓墓表建筑均为三合土结构,具有地方特色,保存较完整。

洪玉表墓

位于马巷镇西坂社区西亭自然村南(马巷通往新店公路西侧),为下坂村洪姓第六代祖墓,修建于明代。坐东朝西,墓区长6米,宽3米,占地面积约30平方米。龟背形三合土墓冢,长2.45米,宽2.5米,高0.65米,冢前呈盔形三合土墓碑,宽1.65米,高0.78米,碑前供桌长1.65米,宽0.75米,高0.66米。墓前"风"字形墓围及二级墓埕,墓围两侧端首三合体构件已破坏,整体墓表建筑均为三合土结构。此墓右侧为其弟墓葬,墓表亦为三合土结构。

洪焕春夫人墓

位于新店镇大宅社区大宅自然村洪厝山南麓（即大宅水库堤岸外侧东端），修建于明代，1995年重修。坐东朝西，墓区长5米，宽4米，占地面积约20平方米。龟背形水泥墓冢，封土长2.8米，宽2米，高0.38米。冢前立有"凸"字形墓碑，碑长1.25米，高0.2~0.5米，厚0.12米，供台长1.25米，宽0.44米，高0.25米，墓冢周围为花岗岩石，墓穴为天然石缝，相传此墓葬为洪厝山风水宝地之一。

洪清溪墓

位于马巷镇市头村东边，修建于明代，20世纪90年代重修。坐北朝南（偏东），占地面积约150平方米。土堆墓冢，直径约4米，高0.8米。墓前立弧道长方形墓碑，碑刻"祖清溪洪公墓""众孙□□□立"，碑高0.86米，宽0.55米，厚0.12米。碑前石供桌，长1.7米，宽0.63米，高0.38米。墓前"凤"字形花岗岩墓围及三级水泥墓埕，墓埕宽11米，进深12米。

洪乾清墓

位于马巷镇西坂社区下坂自然村中（即下坂洪氏小宗西南25米处），为西亭村洪姓第五祖墓，修建于明代。坐西北朝东南，墓区长12米，宽10米，占地面积约110平方米。龟背形三合土墓冢，封土长3.1米，宽3.4米，高0.45米，冢前呈盔形三合土墓碑，宽1.85米，高0.75米，碑前供桌长2.5米，宽0.75米，高0.5米。墓前"风"字形墓围及三级墓埕，一至三级墓围两侧端首分别立有坐狮、龙首，墓表建筑均为三合土结构，保存较为完整。

洪景询墓

位于马巷镇市头村后田山腰，现水琼线南面80米处石窟旁，为市头始祖洪清溪次子，修建于明代，20世纪80年代初重修。坐西朝东，占地面积约120平方米。土堆墓冢，直径3.68米，高0.7米。墓前立凸形无字墓碑，碑高1.1米，宽1.6米，厚0.2米。碑前石供桌，长3.18米，宽0.58米，高0.68米。墓呈"风"字形，三级墓围，墓埕宽8米，进深10米。

市头村"金山支派"（亦称"上三洪"）族谱载：洪景询墓冢背靠一块岩石，该石形似前爪隆起欲跃的猛虎，前有弧形似墙的"瑞珠"小山丘，中有一条流经九溪的山涧，故称该风水地为"猛虎跳墙"。每当秋分时节，清晨的太阳从鸿渐山露出半脸，阳光就直射在那块墓碑正中，从风水学来看，其后裔有成为"天文地理学家"之天象。

潘氏始祖墓

位于新店镇茂林村村后山腰的日辉科技园大门左侧，修建于明代，坐东向西，占地面积60平方米，地表建筑有三合土构筑的墓冢、墓碑、供桌、墓围、墓埕、墓埕栏杆。墓冢为龟背形，长1.9米，宽0.82米，高0.56米，为单墓室，三合土"凸"字形墓碑（其后裔用花岗岩石刻字贴面），长1.66米，中高0.95米，碑前为原供桌，供桌长1.68米，宽0.7米，高0.98米，厚0.12米，前为三合土墙。墓冢周围为"风"字形墓围，墓围前方两侧伸展出三级墓围，第一级长1.56米，第二级长3.82米，第三级已坍塌，从第一级到第三级逐级下降并逐级外展，墓围呈直墙体，上部仿古建筑屋脊，覆以瓦楞、筒瓦和琉璃瓦当、滴水，墙体还勾勒出凹凸的砖墙痕迹。第二级墓围的端首为坐狮（只余1只较完整）。墓埕外展，宽分别为2.26米、3米，进深5.28米，三合土夯实地面，第二级三合土墓围基础向两旁加宽0.3米，高出二级墓埕0.05米，前部有三合土构筑的成排墓埕栏杆及墓埕门，其形式仿自石构的抱鼓石、门臼、石柱、栏板等。该墓葬为同安、翔安潘姓的始祖墓，2008年重修，重修后的墓葬较好地保留原貌。

陈允济墓

位于马巷镇郑坂村山顶头自然村西边村头，修建于民国十一年（1922年），占地面积约60平方米。半球形花岗岩墓冢，直径1.2米，高0.6米，冢前立弧首长方形墓碑，两侧立有护碑石板，一侧缺损，中间墓碑碑额浮雕双龙戏珠纹，碑刻"侯亭 民国 考允济陈府君 暨 元配洪孺人 合茔"，落款"时壬戌季春谷旦"，两翼石分别刻有英文"REPUBLIC OF CHINA ELEVENTH YEAR. THAR THIRD MOON." "IN APRIL OF THE YEAR NINE-TEENTWENTY TWO"，碑高0.95米，墓碑石宽0.6米，通宽1.8米。墓前石供桌，长1.4米，宽0.6米，高0.5米。墓前"风"字形墓围和三级墓埕，两侧墓围端首立有莲花石柱一对及小石狮一对，石柱上题刻对联。

郑坂郑氏祖墓

位于马巷镇郑坂村北部村边,为郑坂村郑姓祖墓,修建于明代。坐北朝南,占地面积约100平方米。龟背形三合土墓冢,长1.5米,宽1.2米,高0.8米。冢前立花岗岩盔形太阳祥云墓碑,碑宽1.6米,高0.9米,厚0.19米。碑前石供桌,底座石板雕刻"柜台脚"、鹤鹿纹,供桌长2米,宽0.75米,高1米。墓冢周围为三合土"风"字形墓围,其上夯筑模印出卷草、莲花等纹饰。墓前为三级墓埕,两侧三合土墓围端首为龙首形,墓坪宽5米,总进深13.5米。墓前原有石狮,近期修路被毁。

陈塘丁氏祖墓

位于马巷镇朱坑村石店自然村西南800米的路旁,修建于明代。坐西朝东,占地面积约110平方米。龟背形土堆墓冢,宽3米,长5米,高0.3米。墓冢前以盔形三合土墙夹立长方形墓碑,碑高0.9米,宽0.48米,厚0.12米,正中镌刻碑文"皇明显考丁公妣郭氏祖墓""孝男锦全立石"。碑前三合土供桌,长1.5米,宽0.55米,高0.15米。墓前为三合土夯筑三合土墓围,宽10米,进深5米。此墓为新店镇陈塘回族村丁氏祖墓。

郭环墓

位于新店镇湖头村下尾埔，翔安大道东侧路旁，修建于清乾隆三年（1738年）。从东南朝西北，占地面积约400平方米。龟背形花岗岩墓冢，宽1.8米，长2米，高0.8米，墓冢前端断面为盔形墓碑，高0.8米，长2米，碑前石供桌，长2.3米，宽0.88米，高0.8米，供桌正面石板雕饰柜台脚及方格纹。墓冢四周及墓前为三合土"风"字形墓围，冢后为平直墓围，两侧为弧形，墓前两侧延伸拓展为三级墓围和墓埕，墓埕宽10米，进深7.6米，以石柱及石栏板围护，护围前有半月池。两侧墓围墙顶端饰以屋脊及龙首造型，第三级墓围端首立有三合土狮兽。墓前左右10米处各立有1对旗杆石。此墓采用的整石墓冢和三合土墓围、狮兽等，具有闽南地方特点，但地表构件已不完整，仅余墓埕护围4根石柱和3块栏板，还有南侧墓围前的立狮，原墓前的石望柱、石马、石羊于早年被盗。

据郭氏族谱记载，墓主郭环，字克大，生于康熙三十八年（1699年）九月十六日，卒于乾隆三年（1738年）二月卅日，葬下尾埔。

李诚斋墓

位于新店镇洪前村山尾自然村北面新嶝路北侧，修建于明代。坐东朝西偏南，墓宽约10米，进深13米，占地面积约130平方米。半圆形土堆墓冢，长4.6米，宽2.35米，高0.35米，冢前横置长方形墓碑，碑长3.7米，高0.94米，厚0.21米，碑中部题刻"明诚斋李公林氏墓"，碑刻前建立石亭与享堂，前为四柱单间庑殿顶石亭，宽1.73米，进深1.2米，高1.8米；后为享堂，与墓碑相连，以两块大石板夹立于碑刻两侧，其上覆以花岗岩双面坡瓦楞顶，顶宽1.6米，进深0.7米。石亭两侧各护以一块倭角大石板为墓围。亭前为须弥座石供桌，长3米，宽1米，高0.9米。供桌前有水泥墓坪及两侧石条墓围。

彭信奄墓

位于新店镇彭厝村东北1公里农田中,为石脊墓,修建于清初。坐西朝东,占地面积约300平方米。龟背形土堆墓冢,宽10米,进深8米,高0.5米,冢前三合土墙夹立长方形墓碑,碑高1.12米,宽0.6米,厚0.17米,碑文4行,镌刻"特授荣禄大夫 任浙江黄严镇中军游击 兼参将事 信奄彭公 配一品夫人 李氏 墓"。碑前石供桌长1.5米,宽0.58米,高0.6米,基座石板浮雕狮、鹿纹等。墓前两侧为三合土夯筑的"风"字形墓围,三级墓埕,宽8米,进深10米。原墓前有石狮及望柱,已失。

彭信奄,即彭汝灏,为彭厝村彭氏十一世祖,曾随靖海将军施琅征战澎湖,授封左都督,康熙四十年(1701年)后升任浙江黄严镇中军游击,死后诰封荣禄大夫。

蔡太保墓

位于新店镇蔡厝(古名大庭)村北部新嶝路北路旁,修建于明早期,2006年重修。坐东朝西(偏北),占地面积约200平方米。龟背形水泥墓冢,长2米,宽1.7米,高0.4米,冢旁为"风"字水泥墓围。墓冢前横置弧顶盔形墓碑,长2.1米,高0.65米,碑中部浮雕太阳纹及祥云纹。碑前为长方形须弥座石供桌,长1.6米,宽0.66米,高0.8米,正面浮雕万字纹等。供桌前地面有长条形石板,阴线边框,长1.05米,宽0.48米。墓前为新修墓埕及两侧三级墓围,墓埕宽4米,进深7.6米。北侧立有2006年春修墓之碑。

据蔡厝蔡氏族谱记载,蔡太保为蔡氏始祖蔡景仁次子,庠生,为蔡氏二世祖二房,子孙传衍于蔡厝等地。此墓即蔡太保与夫人叶氏合葬之墓。

蔡添秀墓

位于新店镇蔡厝村南面村边100米农田中，修建于明代，2003年重修。坐东南朝西北，占地面积约120平方米。龟背形三合土墓冢，长1.9米，宽1.6米，高0.35米。冢前为弧首盔形墓碑，长22米，高0.9米，厚0.2米，碑中部浮雕太阳纹及祥云纹。碑前有长方形须弥座石供桌，长1.36米，宽0.65米，高0.85米，两侧延伸石构平台，供桌正面浮雕万字纹及如意云头纹。墓冢四周为三合土"风"字墓围，墓前为墓埕、半月池及两侧三级墓手，墓埕宽约5.1米，进深4.3米。

据蔡厝蔡氏族谱记载，蔡添秀为蔡氏始祖蔡景仁三子，为蔡氏二世祖三房，从同安莲花小坪村过继蔡家，子孙传围仔内角。

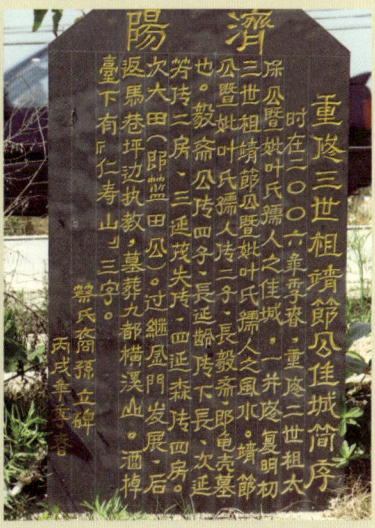

蔡大田墓

位于内厝镇许厝村珩西自然村西北500米人寿山坡，修建于明代，1998年重修。坐东朝西偏北，占地面积约500平方米。龟背形水泥墓冢，冢长3.8米，宽2.7米，高0.8米，周围为内外两层石砌墓围和水泥墓围，墓冢前为弧顶盔形墓碑，两端残后补，碑长2.3米，高0.95米，厚0.2米，碑中央浮雕太阳纹及祥云纹，正中镌刻"济阳蔡公之墓"，碑前长方形石供桌。墓前为三级墓围及墓埕、半月池，一级墓埕台阶正立面保留原有须弥石座，墓围端首饰有莲花柱及石狮柱，墓埕宽6.6米，进深9米。墓南侧立有1998年的《重修蓝田祖墓》碑。

据蔡厝蔡氏族谱记载，蔡大田，讳蜚，字鸣仲，号蓝田，为三世祖二房蔡靖节次子，为蔡氏四世祖二房，出生于翔安蔡厝，幼时过继金门琼林村，后移居翔安马巷坪边教书，死后葬于九都横西山。

蔡毅斋墓

位于新店镇蔡厝村北新嶝路北侧50米，二世祖二房蔡太保墓东面80米处，即"龟壳墓"，修建于明代。坐南朝北，占地面积约50平方米。土堆墓冢，长3米，宽2.5米，高0.5米，冢前为弧顶盔形墓碑，长3米，高1.05米，厚0.15米，碑中央浮雕太阳纹及祥云纹。碑前石供桌长3.2米，宽0.7米，高0.6米。墓前墓埕为杂草覆盖。

据蔡厝蔡氏族谱记载，蔡毅斋为蔡氏三世祖二房蔡靖节长子，为蔡氏四世祖长房。

蔡靖节墓

位于新店镇蔡厝村北新嶝路南侧路旁，即"印斗墓"，修建于明早期，2006年重修。坐东朝西（偏北），占地面积约200平方米。墓冢为花岗岩正方形三级锥柱体，底边长1.26米，通高0.7米。墓冢四周为"风"字形水泥墓围。冢前立方首盔形墓碑，碑无字。碑前为长方形须弥座石供桌，长2米，宽0.7米，高1米，底座正面浮雕双狮戏球等纹饰。墓前为新修墓埕及两侧三级墓围，墓埕宽5米，进深6.2米。北侧立有2006年春修墓之碑。

据蔡厝蔡氏族谱记载，蔡靖节为蔡氏二世祖二房蔡太保长子，为蔡氏三世祖二房。此墓为蔡靖节与夫人叶氏合葬之墓。

蔡延龄墓

位于新店镇蔡厝村北300米珩山，后坑自然村与后珩自然村村路的交叉路口榕树下，即"亭仔墓"，修建于明代。坐南朝北，面宽8米，总进深约18米，占地面积约160平方米。墓冢以长条石板围砌成长方形，宽1.5米，长2.4米，冢上覆以7块纵向长条石板，中间1块石板凸起，长2米，宽0.34米，厚0.13米。冢前部墓碑处立有庑殿顶小石亭，长1.37米，宽1.12米，高0.87米，亭前生长百年榕树。墓冢前方10米处有四柱三间墓道石坊，仅余横坊1块及坊柱4根，阔4.7米，高1.5～2米，墓冢与墓道坊之间另立有4根小圆柱及2根方柱，高0.3～0.6米。

据蔡厝蔡氏族谱记载，蔡延龄为蔡氏四世祖长房蔡毅斋长子，为蔡氏五世祖长房。

蔡钟友墓

位于新店镇蔡厝村南50米农田中，修建于明代，2001年重修。坐北朝南，占地面积约20平方米。墓表构件均为新建，龟背形水泥墓冢，四周为"风"字形墓围，冢前立有长方形墓碑及两侧盔形护碑石，碑高0.65米，宽0.4米，碑文镌刻"大庭 世祖蔡公钟友墓"。墓前有水泥墓埕及两侧墓围。

蔡钟友，蔡添秀裔孙，为明嘉靖年间（1522—1566年）刑部左侍郎洪朝选的塾师。相传洪朝选曾拜访蔡钟友，看到先生吃的是高粱粥，配的是"土鬼"酱（贝壳类的海产品，肉体形似鸟眼，当时喂猪）。回朝后，为不失先生体面，美其名曰"珍珠"饭配"凤眼"酱。

蔡延森墓

位于新店镇浦边村山头自然村中,修建于明代嘉靖四年(1525年),2005年重修。坐北朝南,面宽10米,总进深36米,占地面积约360平方米。墓冢新砌,以六角形石块砌成龟背形,长4.2米,宽3.1米,高0.5米,冢前立有墓碑并建石亭、享堂,墓碑宽1.45米,高1.85米,中幅浮雕倭角长方形碑框,碑文行楷"大明 蔡公 李氏 寿藏",落款"嘉靖四年乙酉 孟夏吉日 立",框幅高1.25米,宽0.6米;前为四柱单间双层庑殿顶石亭,亭宽2.5米,进深1.9米,高4.4米;享堂与墓碑相连,两侧夹立石板,上部覆以双面坡瓦楞顶享堂,宽1.5米,进深1米,高1.9米。堂下墓碑前有长条翘首石供桌,长1.05米,宽0.55米,高0.55米。石亭两侧为"风"字形石构弧形墓围,最宽4米,墓围端首为涡形。亭前三级墓埕,第三级墓埕长25.6米,宽5.6米,一级墓埕台阶正立面为七组动物纹石雕。墓前原立有墓道石坊,坊额刻"寿天之庆",20世纪60年代毁。

据蔡厝蔡氏族谱记载,蔡延龄为蔡氏四世祖长房蔡毅斋四子,为蔡氏五世祖四房。

蔡延芳墓

位于新店镇蔡厝村北面50米村边新嶝路南侧，即"贺表墓"，修建于明代，2006年重修。坐西朝东偏南，占地面积约300平方米。墓冢以三块长条石板纵向相叠构成，横断面呈"凸"字形，长1.8米，宽1.1米，高0.38米。冢前立有方首盔形墓碑，无字，碑长2.6米，高0.9米，厚0.14米。墓冢周围为花岗岩条石围护，平面呈"门"字形，宽3.4米，进深3.4米。碑前石供桌长2.6米，宽1米，高0.9米，基座上刻有三字，不清。墓冢前两侧有二层墓围，外围呈"八"字形，内围呈"风"字形，有三级墓坪及半月池，墓埕宽10米，进深10米，墓围下部为三合土，上沿覆以石构屋脊，端首为花岗岩龙首。墓埕前部有墓道石坊，为二柱单间，阔2.5米，高3.3米，额板镌字"蔡氏佳城"，背面字迹不清。

据蔡厝蔡氏族谱记载，蔡延龄为蔡氏四世祖长房蔡毅斋次子，为蔡氏五世祖二房。

蔡延茂墓

位于新店镇蔡厝村北新嶝路北侧30米农田中，二世祖二房蔡太保墓东面50米处，修建于明代。坐南朝北，占地面积约100平方米。龟背形三合土墓冢，长1.9米，宽1.3米，高0.2米，墓冢四周为三合土"风"字形墓围，冢前为弧顶盔形墓碑，中央为太阳纹，碑前石供桌长2米，宽0.9米，高0.55米。冢前墓埕宽4.5米，进深3.5米。

据蔡厝蔡氏族谱记载，蔡延龄为蔡氏四世祖长房蔡毅斋三子，为蔡氏五世祖三房。

蔡汝隆墓

位于新店镇蔡厝村北面500米的壬山头，修建于明代。坐西朝东，占地面积约30平方米。土堆墓冢，冢前立有长方形墓碑，字迹漫灭不清，碑高0.68米，宽0.4米，厚0.12米。

据蔡厝蔡氏族谱记载，蔡汝隆为蔡氏六世祖二房。

蔡巽天墓

位于新店镇蔡厝村东北500米农田中,修建于清代,2005年寻找确认。坐北朝南,占地面积约20平方米。为土堆墓冢,土堆墓围。据蔡氏族谱记载,蔡巽天出生于明崇祯二年(1628年),清顺治时中武进士,征战山东,33岁卒,后迁葬于此。

据蔡厝蔡氏族谱记载,蔡巽天为蔡氏五世祖四房蔡延森衍派,即官房分支的始祖,为蔡氏八世祖。

蔡云程墓

位于新店镇后村村盘山东坡山腰,修建于明代。坐西朝东,占地面积约30平方米。半圆形土堆墓冢,长2.4米,宽0.7米,高0.3米,冢前横置长方形墓碑,长2.6米,宽0.65米,厚0.2米,碑中部阴刻长方框,镌刻"考嵬山蔡公妣惠淑金氏墓",前后落款"明万历戊戌年 仲夏吉日立",框幅高0.42米,宽0.35米。墓前双层石供桌,第一层长1.4米,宽0.28米,高0.17米,第二层长1.4米,宽0.65米,高0.55米,正立面刻有行书"钦形莹"三字。供桌及墓前两侧分立大石板为墓围,长3米,高1.6米。墓前10余米处原有天然石柱,形似笏板,高约1.8米,故此地亦称"玉笏朝天"。

据蔡厝蔡氏族谱记载,蔡云程为蔡氏六世祖长房,武进士,曾在广东为县令,卒后迁葬今址。其子蔡士越,为广东益州府史官。

洪简轩墓道碑

位于新店镇洪厝村西北100米洪厝至杨厝小路旁,立于明隆庆二年（1568年）,1996年重新修整竖立。坐东北朝西南,碑为花岗岩倭角长方形,高2.6米,宽1米,厚0.2米,碑额题刻"皇明",正中碑文为两排楷书"累赠　通议大夫左侍郎　简轩洪公　暨孺人黄氏　墓道",两侧分刻小字"赐进士　通议大夫　左侍郎　洪朝选立"和"隆庆戊辰年"。左下侧另有新刻小字"丙子年桂月　裔孙福增　自新店圣林　迁此修复"。碑破为三块,上、下为原物,中部为新补。梯形石碑座,经修复,长1.36~1.9米,宽0.5~0.85米,高1米,中部浮雕麒麟纹。

洪简轩,讳龚宾,字忠宣,号简轩,又号建中,生于宣德九年（1434年）,卒于弘治十六年（1504年）,享年70岁,为柏埔洪氏十世祖,即明刑部左侍郎洪朝选之祖父。诰赠通议大夫、刑部左侍郎。原葬在杨厝村,俗称虎枷墓,即崎壁石,穴为"也"字形,墓现已毁。

洪朝选墓

位于新店镇洪厝村东15公里刺柏山西北坡,坐东南朝西北。原墓址位于新店镇东园村埕前山,明万历十五年(1587年)修建,1965年改造田地时被毁,骨殖由其族裔保存,1992年由洪氏宗亲捐资迁葬今址,仿明代风格重建墓园。墓园为长方形,坐东南朝西北,整体以花岗岩建造,周边石构围墙,总面宽35米,总进深70米,占地面积约2 450平方米。墓园中轴线为神道,前部两旁依序有石望柱及马、虎、羊、文武翁仲等石雕造像各1对,中部有四柱三间墓道坊1座,坊额题"奉天诰命",明楼正中双龙纹青石匾题刻"皇明"二字,为明代原物。石坊两侧立有现代制作的明万历皇帝《谕祭文》碑和《迁建十二世祖芳洲公墓园志》碑等。方台形墓冢位于墓园后部,前有大供桌,四周为"凤"字形三级墓围,墓围上沿为石构瓦楞屋脊及龙首造型。

墓园内保存有原墓零散石构件,有浮雕花草纹青石板、镌刻"五礁毓秀耀"石柱、镌刻"玉音淑慎 尔仪柔嘉 维诲则育 令子显名当世"残石板、镌刻"赠通议大夫刑部左侍郎"石板等。

1965年原墓出土"继母 慈淑孺人 朱氏 圹志"石质墓志铭1方,高0.37米,宽0.34米,厚0.08米,正文阴刻楷书35行,满行34字,落款"明万历十五年",由洪朝选之子兢、祝、况、克、尧等撰立。此墓志除记述朱氏懿德纯行外,还记载朱氏为夫君洪朝选辩冤、奔走呼号的情节,是研究明代中后期社会政治状况和洪朝选生平事迹的实物资料。

　　原墓另出土有"亡室　宜人端淑　蔡氏　圹志",记载蔡夫人事迹,其40岁去世,洪朝选亲撰墓志,写明"墓地在埕前村崎口之原"。洪朝选被害后,棺柩寄封在福州大中寺,明万历十五年(1587年),洪朝选案平反,其子洪兢等从榕城奉父柩回乡,与蔡氏夫人合葬。

　　洪朝选(1516—1587年),字舜臣,号芳洲,新店镇洪厝村人,明嘉靖二十年(1541年)进士,历官户部主事、太仆寺少卿、刑部左侍郎署尚书事等,以生性刚介、重名节、为官清廉著称,因得罪宰相张居正被贬回乡赋闲,后冤死狱中。

　　1993年公布为县级文物保护单位,2001年公布为厦门市第一批涉台文物古迹。

洪觐光墓

位于新店镇东界村石塘自然村西300米,修建于明代。坐北朝南,占地面积约100平方米。半圆形土丘墓冢,直径5.5米,高2米,墓冢前立长方形墓碑,两侧以新修砌的花岗岩墙夹立,碑高1.6米,宽1.5米,厚0.3米,镌刻碑文"皇明 赐进士第 文林郎 知武进县事 俨恩洪公 暨 元配孺人 林氏墓",碑前石供桌,长1.9米,宽0.9米,高1米,基座为须弥座,浮雕方格纹。墓前为"门"字形花岗岩墙墓围及水泥墓埕,墓埕宽11米,进深5.5米。

墓东北约500米处(东界村宋洋自然村北600米机砖厂内)建有洪觐光墓道石坊,仅存单间,东南—西北走向,为两石狮柱及两块横坊夹一横额,面阔3.7米,高3.4米。横额镌刻"万历庚戌进士 直隶常州府 武进县知县 洪觐光 以子朱祉貤赠文林郎 暨 配孺人 林氏 黄氏 墓道"。

洪觐光,生卒年不详,字俨恩,翔凤里人,洪朝选侄儿,万历三十八年(1610年)进士,曾任常州府武进县知县。

吴瑞墓

位于新店镇霞浯村赤土埕自然村南100米,墓表结构具有宋代风格,1988年重修。坐南朝北,占地面积约150平方米。墓冢为龟背形,以两三层弧形条石砌为椭圆形基座,冢背为六边形块石铺砌,宽2.2米,长3米,高0.4~0.7米。冢前立有梯形墓碑,碑首残缺,上宽0.4米,下宽1.1米,高0.6米,碑上阴刻太阳纹及两侧祥云纹。墓碑前以方形石板为供桌,长1.2米,宽0.65米,高0.1米。墓冢外围为花岗岩砌建的三级圆弧墓围,向墓前两侧延伸为三级墓围和墓埕、半月池,墓埕宽约12米,进深9米。墓表上保留的11块六边形块石及墓冢基座条石、墓碑、供桌等,为宋代墓葬原物。此墓为霞浯村吴氏宋代始祖墓。

王缓然墓

位于新店镇珩厝村西北500米石墓山山坡，修建于明代万历年间，占地面积约100平方米。墓冢坐东朝西，墓冢以整块花岗岩石打制而成。呈覆斗形，断面呈梯形，表面磨光，冢顶隐起对角十字线，边长0.35米，高0.25米，下部埋于土中。冢后横置长方梯形墓碑，碑两侧浮雕卷草纹及祥云纹，碑长3.9米，高0.7米，厚0.18米。原墓埕范围大，后为农田、墓地所占，现只余墓冢周围四方形墓围，以大石板竖围，宽2.6米，深2米，高0.65米。

王缓然，明万历时诰封"奉直大夫"，其父王佐，明嘉靖时诰封"地官大夫"。《泉州府志》有传。

东园孝妇冢

位于新店镇东园村西500米中山西坡，修建于明嘉靖六年（1527年）。墓冢坐北朝南，总面宽12米，总进深18米，占地面积约210多平方米。土堆墓冢，直径约3.1米，冢前横向叠放2块长方形花岗岩石板为墓碑，长3.2米，高0.56米，中部镌刻"张母　陈氏　暨妇林氏"等字，墓前以花岗岩围砌成"风"字形墓围，二三级墓手两侧前端石柱分别刻有"后土之神""大明嘉靖"和理学名宦林希元题写的"留祥顺受""驱魔永绥"。

据《同安县志》和东园张氏族谱记载，东园张氏八世张腆（1477—1558年），字子昭，号东园，人称"东园博士"。明正德九年（1514年）倭寇窜犯东园，张腆之妻林氏护卫婆婆陈氏幸免于难，自身遭杀害，婆婆感念媳妇孝行，将媳妇棺木停放堂上，直至嘉靖六年（1527年）婆婆离世，家人才遵嘱将婆媳二人棺木一起横葬在东园寨仔北，人称"孝妇冢"。林氏为林希元姑婆，林希元写有凭吊文章。

蔡贵易墓

位于新店镇吕塘村董水自然村东南250米狮山南麓，原墓建于明代万历三十九年（1611年），崇祯七年（1634年）移此合葬。20世纪90年代重修。墓坐东朝西，平面呈"风"字形，总面宽10米，总进深12米，占地面积约120平方米。龟背形冢丘，直径约7米，外围为半圆形墓围。冢前立方形墓碑，高1.4米，宽1.4米，厚0.3米，两侧方形大石板夹砌，碑刻楷书"明赐进士　浙江按察使　崇祀　乡贤名宦肖兼蔡先生　暨　配淑人叶氏　黄氏　之墓"，上款"崇祯甲戌五月　移厝艮坤兼寅申"，下款"万历辛亥四月　男献臣百拜立石"。碑前为长方形石供桌，长1.65米，宽0.84米，高0.96米。墓前两侧墓手用长方形大石板砌筑（后修的部分用花岗岩石墙构成），石板长2米，高13米，厚0.28米。

20世纪90年代，此墓被盗毁，三棺被撬，出土2方墓志铭均破碎，铭文由吏部考功郎中池浴德撰。据墓志及墓碑记载，墓主蔡贵易，生于明嘉靖十八年（1539年），卒于万历二十七年（1599年）。万历二十七年（1599年）与元配叶氏（1522—1560年）合葬于同安城北。至万历三十九年（1611年），其子蔡献臣修墓立碑，于崇祯七年（1634年）移父及大母叶氏之灵柩至翔安新店镇吕塘村董水自然村狮山与生母黄氏（1541—1628年）合葬。

墓南2公里吕塘村董水前村东南面村边观音宫前（水刘线公路旁），建有蔡贵易墓道石坊，为二柱单间，阔3.1米，高4米，额枋正面镌刻楷书"望洋阡"，两侧小字为"典礼留曹""总宪全浙"，额坊背面刻"狮山佳气"，两侧有小字"先生姓蔡　讳贵易　号肖兼　隆庆戊辰进士　历南京礼部祠察司郎中　浙江按察司按察使""万历三十九年辛亥　立石并书"等。

蔡贵易（1539—1599年），字尔通、道生，号肖兼，金门琼林村人。明代隆庆二年（1568年）进士，官至浙江按察使、南京礼部尚书。独子蔡献臣，明万历进士，官至刑部主事、湖广按察使、光禄寺少卿。

1996年公布为县级文物保护单位，2001年公布为厦门市第一批涉台文物古迹。

蒋芳镛墓

位于新店镇澳头社区上苏自然村苏坪路边，修建于明天启七年（1627年），墓坐北东朝南。平面呈"风"字形，墓区长29米，面宽29米，占地面积约300平方米。冢丘外围为半圆形墓围，封土长3.5米。宽3.2米。冢前立方形墓碑，高1.1米，宽1.25米，厚0.25米，两侧方形大石板夹砌，碑刻楷书"皇明　赐进士出身　中宪大夫　湖广按察司副使　鲸台　蒋先生　暨　配赠恭人　苏氏　封人陈氏　墓"，碑前为长方形石供桌，长1.5米，宽0.84米，高0.75米，高0.8米。墓前两侧墓手以长方形大石板砌筑（后修的部分用花岗岩石墙构成），石板长2米，高1.25米，厚0.26米。供台前拜石长1.5米，宽0.77米，墓埕长3.9米，宽4米。墓区前方竖有2根六边形望柱，边长0.15米，高约4米，2柱相距21.5米，距墓碑20米。

蒋芳镛，字任坦，号鲸台，翔风澳头人，万历三十四年（1606年）举人，三十五年（1607年）会魁，初授户部主事，差管海运新泰二仓，父病请解归省，补工部营缮。万历四十年（1612年）调广东琼州府，岁饥捐赈，全活无数，任满入都，以开运河功授湖广按察使司，万历四十四年（1616年）调任江苏按察使，享年55岁。

林竹石墓

位于内厝镇莲前村院内自然村东100米山岗西坡，修建于清初。坐西朝东，占地面积约250平方米。半圆形土堆墓冢，直径约4米，高约1米。冢前立长方形倭首墓碑，石碑中部直刻行楷"竹石林公墓"五个大字，碑宽0.55米，高0.8米，厚0.12米。碑前石供桌，底座石板雕刻鹤鹿纹等，供桌长1.5米，宽0.8米，高0.9米。墓冢前三合土"风"字形墓围，宽7米，进深10米。墓围端首立有1对石狮。墓冢前两侧15米处立有1对莲花柱头号望柱，高3.5米。

许彦明墓

位于内厝镇莲前村张厝自然村东500米山岗西坡，修建于宋代，1998年重修，为许氏萧山派六世祖墓。坐东朝西，占地面积约150平方米。半圆形土堆墓冢，花岗岩条石围砌基座，直径3.8~4.2米，高约1.6米。冢前立长方形倭首墓碑，两侧有梯形护碑石板，碑文字迹漫漶不清，碑宽1米，高1.33米，厚0.12米。碑前石板供桌，长1.9米，宽1.5米，高0.25米。墓冢四周为花岗岩"风"字形墓围，墓前水泥墓埕，宽10米，进深12米；三合土"风"字形墓围，宽7米，进深10米。墓前西侧20米处有新立花岗岩墓碑，刻字两行"萧山皇宋 诰赠承事郎 彦明许公之墓道"。墓碑、冢基及供桌为原物。

陈文雍夫妇墓

位于内厝镇莲前村斗门自然村南，修建于明代，清光绪年间重修，2008年再次重修。为莲前斗门陈氏始祖墓，其后裔分布于金门与永春在内有数千人。墓葬坐北朝南，墓区长16米，宽9米，占地面积约144平方米。龟背长2.7米，宽2.4米，冢前立有弧顶长方形墓碑，长0.83米，宽0.41米，厚0.1米，碑额镌刻"皇明"，碑文"始祖　文雍陈公　妣周氏　坟"，落款"光绪乙巳年重修""十五世孙江梅立"，碑前长方形供桌，长0.9米，宽0.44米，高0.37米。

其后裔为悼念先祖，在墓手的花岗岩石柱上题诗："祖宗心德美，家道世泽长。隐迹凡口外，置身山水间。"每逢清明节，其移居金门与永春的后裔都有近百人次前往祭扫先祖陵园。

沈世纪墓

位于马巷镇市头村军岭自然村东侧400米的军岭山（俗称卧牛头）山麓，修建于唐代，民国九年（1920）重修。坐西向东，占地面积350平方米。墓冢总面宽7.9米，总进深10.8米，墓碑为椭圆形，碑无字，高0.77米，宽1.35米，屏墙三合土结构，墓前三级土质拜埕。墓右前方10米处竖有民国九年（1920年）沈大鹏刻，光绪二十八年（1902年）福建各地沈氏宗亲向总督请求保护此陵墓的告示牌。

《福建名人词典》载："沈世纪，字沈彪，号沈勇，唐武德三年（620年）——唐垂拱四年（688年），享年68岁。光州固始（今河南）人，高宗总章二年（669年）随岭南行军总管陈政入闽，率部进驻古绥安县地（今漳浦、云霄、诏安、东山一带）。一举陷三十六畲寨，统一闽南疆土。高宗闻其骁勇，小诏赐名沈勇。高宗仪凤二年（677年）陈元光代父领军出师潮州，他随同出征，与许天正、李伯瑶等同为陈元光六营主将。后奉命屯驻漳州、诏安一带，开拓村落，营农积谷种植桑麻，为开辟漳州、诏安做出贡献，乡人立祠祀之。宋高宗绍兴二年（1132年）追封唐尚书左仆射威武辅美将军，十六年加封殿前大将军、武德侯。"

碑 文

中华民国九年，岁次庚申，花月十七日，重修竖牌。诏安县东城武魁沈大鹏立石、董事。钦命布政使衔、福建分巡兴泉永等处海防兵备道延 为出示严禁事，光绪二十八年三月十七日。据安溪拔贡生沈登云，增生沈国箕、沈衍庆，贡生沈锡梅、沈登晨，晋江县生员沈荣华、沈荣椿，诏安县举人沈纲、武进士沈瑞舟，生员沈毓英、沈瑞祥、沈瑞麟抱告，沈有光赴辕呈称切，云等二世祖考讳勇，公衔唐尚书左仆射，加封武德侯镇国将军。自唐葬在马巷岭山，土名卧牛头，坐辛向乙兼戌辰。东由穴心丈量至大路为界，计一十二丈五尺，西由穴心丈量至外分水为界，计一十三丈五尺，南由穴心丈量至外砂大石为界，计二十五丈，北由穴心丈量至囡岸为界，计五丈五尺，四至勒石。自唐历宋元明至今，仟有余年矣，谱志分明，历年巡视祭献，承管无异碑。分支闽粤泉漳等郡，予列散居，第恐世远年湮，祖坟为远，巡视难周，照顾不及。附近山棍或射利起见，或盗作虚堆，或盗采山石，以及纵放牛、马、猪、羊，任意践踏，种种戕伤。云等到坟祭扫，触目伤心，思欲弭患，不如请示勒石，以杜弊端而垂久远。合亟相率联名粘图，匍匐恳乞恩准，出示晓谕勒石，以安幽坟而杜后患，生死沾德切叩等情，计粘图说到。道据此查处坟茔，既四至分明，立有界石，岂容减占毁伤，除呈批示外，合行出示严禁为此示，仰该处附近居民人等，一体知悉，尔等须知前项坟墓界址分明，嗣后不得占界盗葬，并采取山石，以及纵畜践毁情事。倘敢故违，一经访查，或被告发，定即严拿惩办，其各凛遵毋违，特示。

右仰通知。

蔡复一夫妇墓

位于内厝镇后垵村东北300米沙溪水库北侧小盈岭大房山，修建于明代，"文化大革命"期间被损毁，仅余墓圹、墓碑及石马、石羊各1组，1994年，由旅居新加坡族裔集资复建。新墓园依山势而建，坐北朝南偏东，总面宽27米，总进深40米，占地面积约1080平方米。龟背形水泥墓冢，宽1.8米，长2.4米，高0.5米，冢前立弧首方形墓碑，高1.5米，宽1.5米，厚0.27米，墓碑无字。碑前石供桌长2米，宽1米，高0.5米，冢后有三级方形平台。墓冢外围为石构"凤"字形墓围，后部围砌两级花岗岩墓围，墓前为大型二层台级墓埕，左右两侧立石翁仲、石羊、石虎各1对，两侧建有石亭，西侧亭内立记事碑。墓埕前部建有四柱三间石构墓道坊1座，坊额题刻"赠兵部尚书""五省经略""贵州巡抚"等。

2007年公布为厦门市第二批涉台文物古迹。

蔡复一（1577—1625年），字敬夫，号元履，金门蔡厝人，后移居同安县城内北镇宫边。明万历二十三年（1595年）进士，历任刑部主事、湖广参政、山西左布政、总督云贵、湖广军务兼巡抚贵州、兵部左侍郎等。明天启五年（1626年）病逝于平定四川永宁和贵州水西土司叛乱的军旅中，朝廷赐谥"清宪"，赠兵部尚书衔，相国张瑞图为其撰写墓志铭。一生著述甚丰，著有《骈语》《遁庵全集》《督黔疏草》等。

蔡复一夫人李氏（1582—1652年），卒于清顺治九年（1652年）。康熙三十年（1691年），蔡夫人墓由外曾孙林炳宪、林炳经兄弟迁葬于蔡复一封茔。"文革"期间，蔡夫人墓出土"明　累封夫人　清宪蔡先生　元配　慈节李氏　墓志"铭一方，歙石质，高0.68米，宽0.37米，竖行阴刻楷书16行，满行54字，铭文记述蔡复一事迹及其夫人李氏（潮州令李春芳孙女）助夫拒贿等美德，是研究蔡复一生平及清初社会状况的实物资料。

苏益墓

位于内厝镇锄山苏坑村南3公里的蜈蚣仑，始建于宋代，1988年纪念苏颂研制"水运仪象台"900年时重修。坐西朝东，为南北双冢并列，前有墓埕，总面宽10米，总进深15米，占地面积约150平方米。南侧墓冢为三合土结构，冢前长方形墓碑以盔形护碑石夹立，碑刻"芦山一世祖　显妣　夫人张氏　寿域"；北侧墓冢为碎石叠砌，沙土封堆，冢前长方形墓碑以盔形护碑石夹立，碑刻"芦山一世祖　唐末隰州刺史　押卫都统军使"，原有墓碑"芦山始祖　刺史苏公益　暨　夫人张氏　寿域"砌于新碑之后，碑高1.06米，宽0.75米，厚0.15米。

苏益（875—968年），讳利用，字世进，河南光州固始县人，娶夫人张、陈、罗氏。唐光启元年（885年）自河南光州固始县随王潮入闽，任泉州押卫都统军使，居泉州。殁赠上将军，谥武安侯，移瘗锄山苏坑蜈蚣仑安土。其三子苏光诲奉政命于泉郡同安永丰乡葫芦山下建宅，取"芦山"为堂号，自此称芦山衍派，成为入闽苏氏始祖。

此后，入闽苏氏派衍繁盛，文武济著，五代孙苏缄，为国殉职，奉国军节度使，赐额"怀忠"；六世孙苏颂，官至宰相，是北宋著名的天文学家和药物学家。苏益后裔遍布全国9个省份，现移居台湾的有38万多人，旅居马来西亚的有58万多人。

1988年公布为县级文物保护单位，2001年公布为厦门市第一批涉台文物古迹。

陈温圊夫妇墓

位于内厝镇莲前村院内自然村西塘顶尾山，修建于清代，坐北朝南，土丘墓冢，墓区长4米，宽3米，占地面积约12平方米。冢前立弧首长方形大理石墓碑一方，中部直行镌刻"清 显考 六品职员 温圊陈公 妣 恩赠安人 谨敏苏氏 茔"，落款"男 永举 杖期孙 漯岳嗣 仝立"，碑高0.6米，宽0.42米，高0.1米。供台被泥土覆盖，墓前一口小池塘。

王昆季墓

位于大嶝街道东埕社区蔡妈宫东南部300米处的后店村耕地中，始建于元至元二十二年（1285年），清代重修，2000年以原墓葬翻建。坐西南朝东北，墓冢为并列三室墓，面宽10米，总进深12.8米，占地面积约130平方米。六角花岗岩封顶的龟背形墓冢，宽2.02米，进深1.97米，高0.3米。"凸"字形墓碑，碑刻"太原昆季佳城 妣陈氏黄氏 乙酉年吉日立"。碑长1.76米，高0.66米，厚0.15米。碑前石供桌雕刻线条墓室界，长1.76米，宽0.65米，高0.95米，墓冢外围为石构"风"字形墓围，墓围装饰石柱，其后裔为之镌对联"源自固始院兜 派衍珩厝后店"，从旁证明墓主是"西王"始祖。

陈世荣墓

位于新圩镇云头村边200米处，修建于清代。坐东朝西，占地面积约300平方米。半圆形土丘墓冢，直径约3米，高1米。冢前立弧首长方形墓碑，两侧有盔形护碑石，碑文镌刻"云头乡（钦大宾）世荣陈公佳城"，碑高0.98米，宽0.5米。碑前长方座石供桌，长1.65米，宽0.5米，高0.6米，石座正面镌刻鸟虫篆"贵寿藏"三字。墓前为三合土"风"字形墓围和三级墓埕，两侧墓围端首立有石狮柱1对、莲花柱1对。

凤尾墓

位于新店镇后村社区"凤尾"高地农田中,浦边小学东南80米处,修建于明代。此墓葬为后村郭氏始祖墓,坐北朝南,墓区长7米,宽2.5米,占地面积约20平方米。龟背形三合土墓冢,封土长3.3米,宽2.4米,墓冢四周为三合土"凤"字形墓围,冢前为弧顶盔形无字墓碑,长2.8米,宽0.4~0.81米,厚0.2米,中央为太阳、海水云头、缠枝纹,碑前石供桌,长2.8米,宽0.8米,高0.5米,正立面有四块石刻,正中两块雕有变形狮子戏绣球,左侧残无图案,右侧雕有凤鸟图案。

明曾祖张公墓

位于大嶝街道阳塘社区西二路南部，即南里02号楼房西侧外墙基旁，修建于明代。坐北朝南，墓葬封土直径约7米，高1.8米，墓冢的东侧2/5被民居建设楼房所占压。花岗岩墓碑，高0.75米，宽0.52米，厚0.15米，碑上镌刻"明曾祖张公墓"，落款"三世孙张延拱立"，墓围、墓埕、供桌均被杂土覆盖。

北门蔡氏始祖墓

位于大嶝街道北门社区村中路大榕树旁，修建于明代。墓冢坐北朝南，占地面积约200多平方米。土堆墓冢，冢前横向1块凸字形花岗岩墓碑，长3.3米，宽0.85米，厚0.20米，中部镌刻"大明"两字，墓围、墓埕、供桌均被杂土覆盖。

据大嶝北门蔡氏族谱记载，蔡氏始祖于明代从金门琼林移居此地。

郭培宽墓

位于新店镇后村社区村北松仔顶坡农田中，修建于清代，坐北朝南，墓区长6米，宽3米，占地面积约18平方米。土堆墓冢，冢前立有弧顶长方形墓碑，长0.77米，宽0.45米，后0.17米，碑刻"清显考培宽郭公墓"，碑前有长方形供桌，长1.5米，宽0.51米，高0.22米。

此墓葬为后村洞庭八世祖墓，清代至今，其后裔包括台湾地区在内有3 900多人。

郭梓心墓

位于新店镇后村社区汪厝自然村南95号住宅后面，修建于清代，20世纪90年代年重修。坐东南朝西北，墓区长12米，宽7米，占地面积约50平方米。龟背形三合土墓冢，长3.3米，宽5米，高0.35米。冢前为弧首盔形墓碑，长0.4～0.95米，宽0.45～1.15米，高0.95米，厚0.15米，碑刻"洞庭清显考梓心郭公佳城"，落款"乾隆乙卯季冬吉旦""孝男扬涛、箐芽、正波、开宗、文飘、文彩、文七立石"，供台长0.95米，宽0.49米，高0.55米，墓冢为"风"字墓围，墓前为墓埕、半月池及两侧三级墓手，宽约5.1米，进深4.3米。

后村郭门叶氏祖墓

位于新店镇后村社区洞庭（二）14号与55号夹巷，修建于清代。为后村郭氏祖墓。坐东北朝西南，土堆墓冢，墓区长5米，宽3米，占地面积约15平方米。墓前立弧顶长方形墓碑，碑刻"清显妣郭门叶氏孺人佳城""宣统戊年吉置"，落款"孝男鍠劝立石"，碑高0.66米，宽0.45米，厚0.1米。碑前石供桌在洞庭（二）55号偏门口被埋没，墓前"凤"字形花岗岩墓围，4块石栏杆尚存，向外两块为圆形，向内两块为方形，上刻一对楹联，上联"汾水状元裔"，下联"崧山节度家"。

郭席聘墓

位于新店镇后村社区后村村北崧仔顶坡农田中，修建于清代，为夫妻合葬墓。墓坐西南朝东北（偏东），墓区长6米，宽3米，占地面积约20平方米。半圆形土堆墓冢，封土长2.2米，宽2.5米，冢前立有弧顶长方形弧顶墓碑，碑额题刻"洞庭"，中部直行镌刻"清 进士 讳席聘郭公 暨 妣许氏 墓"，碑高0.75米，宽0.47米。墓前有后修水泥墓埕，宽4米，进深3米。

后村郭氏后裔现收藏有《郭席聘墓志铭》："郭炳璋，讳剑珍，号席聘，洞庭二十五世五柱二房。长行谊，爱笃行诗书，诱掖士类，诗文杂作，因不称余，远近贤俊，多出其门。命属壬午，陆学宪入泮，冠军，中途屯塞，懒试场屋，捐列入贡，虽未登贤书，或应试辄冠多士焉。"

郭锡政墓

位于新店镇洪前社区山前村口的水刘线与新嶝公路的交叉路口处，为新店镇后村郭氏十世祖墓，清代修建，坐东朝西，为夫妻合葬墓。墓址范围均为杂地，墓区长8米，宽12米，占地面积约80平方米。墓冢半圆形冢丘，封土长2.8米，宽3.5米，墓前立长方形墓碑，碑高0.8米，宽0.5米，厚0.11米，上镌"祖考 锡政郭府君 暨 妣勤慈柯孺人"，落款"孝男 治格 治俞 长房孙 梓新 三房孙 梓耀 五房孙 梓倩 立"。墓前东南角4米处立有"后土"碑刻1方。

郭克腾 郭克贤墓

位于新店镇浦边社区浦边自然村北32—33号民居南侧（俗称大仓山大石墓），修建于明代。依地势而建，坐东朝西。墓区长22.4米，宽10.1米，占地面积约224平方米。地表为花岗岩石墓冢、墓碑、供桌、墓围、墓埕、墓埕栏杆及焚香亭。墓冢为龟背形整体花岗岩石构件，冢前为盔形断面并刻划出圆圈太阳纹和祥云纹，为无字墓碑，墓碑长1.9米，高0.3~0.75米，厚0.15米；另一墓碑长4.6米，宽0.45~0.7米，厚0.25米。碑前为供桌，长1.9米，宽0.81米，高1.15米，供桌前两侧为石墙。墓冢周围为"风"字形墓围，墓围高于墓冢，其上两端呈蜗纹状，墓围前方两侧伸展出三级墓围，从第一级到第三级逐级下降并逐级外展，每级墓围分为内外两层，外高内低，石构墙体，上部仿自古建筑，覆以瓦楞、筒瓦和琉璃瓦当、滴水。外侧一级墓围的端首为坐狮，内侧二级墓围的端首为龙首，内三级墓围从下至上略缩呈塔形。三级拜埕，半月池宽8米，进深5米，花岗岩条石地面，前部有花岗岩构筑的成排墓埕栏杆及墓埕门，石构抱鼓石、门臼、石柱、栏板等，全长8米，高0.5~0.6米，厚0.2~0.5米。

此墓为郭克腾、郭克贤兄弟及其配偶4人合葬墓。

郭孔源墓

位于新店镇浦边社区浦边自然村北24—25号民宅南侧,为郭及其夫人三墓室建筑,修建于明代。坐东朝西,墓冢前后空地,两侧民宅,占地面积约80平方米。龟背形三合土墓冢,长2米,宽1.7米,高0.4米,冢旁为"凤"字三合土墓围。墓冢前横置弧顶盔形无字墓碑,长2.1米,高0.65米,碑上浮雕太阳纹、海水及祥云纹。碑前花岗岩供台正立面刻有行书"福禄寿"三字,前面墓埕已破坏。

据浦边族谱载:郭孔源,讳续宗,号素庵,妣林氏,继室许氏、何氏,生卒莫稽,相传二月初十为祭日,合葬鲤鱼墩首。

康氏开基祖妣赵氏墓

位于马巷镇朱坑社区与造店自然村接壤处的"鲁母献蜷"山麓，修建于明代，20世纪90年代重修。依山势坐南朝北偏西，占地面积约30平方米。土堆墓冢，封土长3米，宽2.8米，墓冢四周为三合土"风"字形墓围，冢前立半圆形墓碑，碑文镌刻"康氏开基祖坟"，半径0.7米，厚0.17米。碑前砌筑花岗岩供台，长1.05米，宽0.57米，高0.17米。冢前为三合土三级墓围及墓埕，墓埕宽6米，进深5米。此墓葬为新店镇康氏祖妣墓。

康氏祖墓

位于新店镇钟宅社区后房自然村珩山龙眼果树林里，修建于明代，1993年重修。坐北朝南，墓区长6米，宽4.5米，占地面积约30平方米。龟背形墓冢，封土长3.3米，宽3.8米，墓冢四周为三合土"风"字形墓围，冢前立半圆形墓碑，半径0.61米，碑文题刻"箱山 康氏之祖坟"，碑前为水泥抹面供台。墓后是约2 000平方米的红土坡地，常年不长草木，视野开阔。

康氏始祖墓

位于新店镇钟宅社区后房村珩山龙眼果树林里，修建于明代，20世纪90年代重修，为新店镇康氏始祖墓。坐北朝南，墓区长22米，宽12米，占地面积约265平方米。半圆形三合土墓冢，冢基为单层花岗岩条石，墓冢封土长4.6米，宽4.5米，墓冢四周为三合土"风"字形墓围，冢前立半圆形墓碑，半径为1.1米，厚0.2米。碑文题刻"箱山康氏始祖墓"。碑前供台长1.7米，宽1米，高0.65米。墓前二级墓埕正中铺砌一块拜石，长1.7米，宽1米。

珩山龙眼果树林里，共有5座修建于明代康氏祖墓群，墓区平面呈五个手指状，按辈分依次排列，故称"五指墓"。据介绍，箱山移居台湾台南县淡水镇繁衍的后裔，每逢清明节都有许多人来祖籍地寻根谒祖。

康氏二世一祖墓

位于新店镇钟宅社区后房村珩山龙眼果树林里，修建于明代。为洪前社区康氏二世长房祖墓，坐北朝南，墓区长6米，宽4米，占地面积约30平方米。半圆形三合土墓冢，封土长2.9米，宽3.6米，弧顶盔形墓碑，长2.8米，宽0.45~0.83米，厚0.1米。碑前供台长1.15米，宽0.75米，高0.45米，墓冢四周为三合土"风"字形墓围及墓埕。

此墓葬墓手左侧5米处有一座无主三合土墓葬。相传，墓主原为康氏二世长房的账房先生，即管家，临终前遗嘱将自己的遗体安葬在康氏世祖的坟墓旁。

康弼燕墓

位于新店镇钟宅社区后房村珩山龙眼果树林里，修建于明代，为洪前社区康氏祖夫妻合葬墓，繁衍后裔包括台湾台南县淡水镇康氏在内近千人。墓葬坐北朝南，墓区长7米，宽4.5米，占地面积约40平方米。三合土墓冢，封土长4米，宽4.2米，冢前立有弧顶长方形墓碑，长0.78米，宽0.48米，厚0.12米，碑刻"弼燕康公　端勤蒋婆　佳域"，落款"孝男　镇立"，碑前长方形供桌，长1.0米，宽0.4米。每逢清明节，其移居台湾的后裔都有近百人次前往祭扫。

康氏二世二祖墓

　　位于新店镇钟宅社区后房村珩山龙眼果树林里，修建于明代，20世纪90年代重修。坐北朝南，封土长、宽均3.4米，占地面积约30平方米。半圆形三合土墓冢，三合土"风"字形墓围，冢前立半圆形墓碑，半径为0.75米，厚0.15米碑文题刻"诰封　二世二学士　康公暨　一品夫人　李氏　墓"，碑前供台为花岗岩石构"柜台脚"，长0.95米，宽0.62米，高0.45米。墓前为三合土三级墓围及墓埕。二世祖二学士四房分布于刘五店浦南。

　　康氏二世祖兄弟二人，宋瑞宗景炎年间，元兵陷福州时，随康氏祖妣护驾，诰封为兄弟学士，有一学士、二学士之称。

康恪菴墓

位于新店镇钟宅社区后房村东侧珩山龙眼果树林里，北面距水刘线150米处。为洪前社区康氏祖夫妻合葬墓，修建于明代，20世纪90年代初重修。坐东朝西偏北，墓区长8米，宽6米，占地面积约50平方米。龟背形墓冢，封土长4.3米，宽5.2米，墓碑呈整块花岗岩凿成"凸"形，中部碑首弧顶，突出0.02米，碑长3.2米，宽0.71～0.91米，厚0.19米。碑文题刻"皇明　恪菴康公　罗许氏　墓"，碑前石供桌，长2.7米，宽0.6米，高0.9米。墓呈"凤"字形，二级墓围，墓埕宽6米，进深8米。

陈敦敏墓

位于新店镇洪前社区山尾自然村5号楼后面40米处农田中，修建于明代，1990年重修，坐东南朝西北。墓区长8米，宽7.2米，占地面积约60平方米。馒头形土堆墓冢，封土长2.7米，宽4.2米，冢前长方形墓碑，碑长0.76米，宽0.62米，厚0.2米，碑中部题刻"祖考 敦敏陈府君 暨 祖妣义瑟叶孺人 墓"，供台长1.17米，宽0.62米，高0.52米。

陈敦敏，同安人。此墓葬为李诚斋的姑父母夫妻合葬墓。

洪纯翼墓

位于新店镇钟宅社区后房自然村东南侧的小山包中,修建于清代。坐南朝北,墓区长10米,宽8米,占地面积约80平方米。龟背形土堆墓冢,封土长3.5米,宽4.8米,墓冢为"风"字三合土墓围。花岗岩长方形墓碑,长0.73米,高0.37米,厚0.1米,碑中镌刻"钟山 清 显考 纯翼洪府君 茔",落款"孝男 注 衍 像 笅 立"。碑前石供桌,长1米,宽0.37米,高0.45米。供桌前地面及墓埕为草坪。

洪纯翼与范氏金凤为夫妻,清代从上钟宅村分支繁衍下钟宅村,为下钟宅村始祖。

范金凤墓

位于新店镇钟宅社区下钟宅自然村东,修建于清代。坐北朝南,墓区长18米,宽14米,占地面积约250平方米。龟背形土堆墓冢,封土长3.6米,宽2.8米,墓冢为"风"字三合土墓围。弧顶盔形墓碑,长1.7米,高0.45~0.8米,碑中镌刻"钟山 清 显妣 洪门孺人范氏 佳城",落款"道光己亥年季月 男注 衍 像 笅"。碑前石供桌,长1.25米,宽0.5米,高0.35米。供桌前地面及墓埕为草坪。

范氏与洪纯翼为夫妻,清代从上钟宅村分支繁衍下钟宅村,为下钟宅村始祖。

彭用乾墓

位于新店镇欧厝社区禾美自然村南部100米处，墓冢距禾美村通往欧厝水泥路西3米，为彭厝彭氏始祖墓，修建于明代。坐东朝西，土堆墓冢，封土长3.5米，宽7米，冢前为弧顶盔形墓碑，长2.3米，宽0.42~0.75米，厚0.15米，碑中央浮雕太阳纹及祥云纹。占地面积约17平方米，墓前墓埕均被占为农垦地。

彭用乾（1351—1390年），讳玄祐，号芸轩，自幼勤耕作，喜读书，曾任教学，洪武十四年（1381年），朝廷"用孝廉取士"，广召天下忠孝清廉人士，同安县令方子张以"孝弟力田"推荐，皇帝亲试策问，擢为山东青州临朐县丞，授符命正七品官衔，因政绩突出，升任广东雷州府徐闻县，加文林郎，39岁在任内逝世，其侄将骨灰寄回故里安葬。

杨舜墓

位于新店镇东坑社区东坑自然村海湾小山包上的农田中，修建于明代，坐西南朝东北，土堆墓冢，墓葬为三室墓，墓区长16米，面宽4.6米，占地面积约300平方米。冢丘外围为半圆形墓围，封土长3.5米，宽3.2米。墓前有碑亭，花岗岩石质，为歇山式仿木构建筑，雕刻出屋脊、筒瓦、瓦当、滴水等式样。碑亭内正面墙壁上刻有墓碑，左右两侧以四块长方形大石板为墙壁，刻有墓志铭2200多字。亭前有石柱残迹，可能是围栏或望柱。

《马巷厅志》载："杨舜，字世柔，号可斋。翔风里杨江人。习法律，补邑掾，部试异等。弘治六年，赴选告降，得上高典史。清白自持，苞苴不入。邑豪有廖姓横暴，里人发其不法三十事，罪至死。当道檄舜讯鞫，执法不稍贷。邑豪伺间夜投白金三百，求免。舜白令，发其私。令惮避，姑召其人，还其金，又捐一年雇役钱，造桥梁以渡行人。督赋不受私，民无敢逋。强盗王宏久为民患，捕而戮之，民害以除。尝逐林行遇盗，知为舜不忍杀。在官六年，署篆二年，俸资外无余取。屡引疾，当事贤之不忍舍，恳至泣下乃许之。正德二年致仕，归途中见一男子冻雪僵。舜让篝至浦城活之，始知为漳人，为寻其伴而资之。是夜忽盗起，民各自救乏役。漳人昇舜及代负行装过浦城岭而免焉，人谓阴骘之报。既抵家，绝迹城市。遇万寿饰衣冠，望阙拜贺。武庙崩，制衰服哭临祠堂，尽哀三日，建祠宇，致祭田。率族人以礼祭祀，忠孝两尽，可谓一乡士矣。同邑林希元为之传。"

陈夫人墓

位于新店镇东坑社区东坑自然村西北面,修建于清代。坐南朝北,墓区长10米,宽8米,占地面积约80平方米。龟背形土堆墓冢,封土长3.5米,宽4.8米,墓冢为"风"字三合土墓围。花岗岩长方形墓碑,长0.73米,高0.37米,厚0.1米,碑中镌刻"皇清 待赠 显妣 陈氏墓",落款"孝男玉 清 泊"。碑前石供桌,长1.0米,宽0.37米,高0.45米。供桌前地面为三合土,墓埕前为草坪。

陈浮实墓

位于新店镇大宅社区陈坂自然村前,距离新莲公路约50米,修建于明代,墓葬坐北朝南偏东,墓区长6米,宽4米,占地面积约24平方米。土堆墓冢,冢前立有长方形墓碑,碑高0.75米,宽0.35米,后0.15~0.20米,碑额镌刻"皇明",碑文为"始祖 三十郎 陈公墓",落款"男诸大 诸明 诸成立石",供台已毁。

陈浮实(1323—1409年),元代从福建福清迁徙于此,为陈坂村陈氏开基祖,因30岁才建家立业,故称"三十郎"。

陈浮实夫人墓

位于新店镇大宅社区陈坂自然村象山峡谷边,修建于明代,坐西南朝东北,墓区长12米,宽4米,占地面积约48平方米。土堆墓冢,封土长3米,宽3.8米,墓冢四周为块石、三合土"风"字形墓围,冢前立长方形无字墓碑。碑前砌筑柜台脚花岗岩供台,供台长1.26米,宽0.7米,高0.86米,冢前为三合土墓埕,墓埕宽4米,进深5.2米。此墓葬为新店镇大宅社区陈坂村陈氏开基祖墓。

珩厝王门康氏墓

位于新店镇珩厝社区珩厝自然村西北"春筑石材厂"后2米,始建于清代,1973年翻建。坐西南朝东北,墓区长8.6米,宽3.8米,占地面积约130平方米。"凸"字形墓碑,碑额镌刻"珩山",碑文"皇清 显妣 王门康氏 坟",落款"男 白 淡 通 桃 立";碑长1.76米,高0.66米,厚0.15米。碑前石供桌雕刻线条墓室界,长1.76米,宽0.65米,高0.95米,墓冢外围为石构"风"字形墓围,墓前为二级墓埕。此墓冢为珩厝西王三世祖墓。

彭克循墓

位于新店镇沙美社区沙美自然村鹊峰南村中,修建于明代。坐东朝西,墓区长14.5米,宽6.5米,占地面积约94平方米。地表建筑有花岗岩石构筑的墓冢、墓碑、供桌、墓围、墓埕、墓埕栏杆及焚香亭。墓冢为龟背形整体花岗岩石构件,冢前为盔形断面并浮雕舍利塔纹路,为无字墓碑,墓碑长3米,高0.8米,厚0.2米,碑前为供桌,长2.4米,宽0.9米,高0.65米,供桌前两侧为石墙。墓冢周围为"风"字形墓围,墓围前方两侧伸展出三级墓围,从第一级到第三级逐级下降并逐级外展,石构墙体,上部为屋顶式样,覆以瓦楞、筒瓦和琉璃瓦当、滴水。外侧一级墓围的端首为龙首,内侧二级墓围从下至上略缩呈塔形,内侧三级为石雕屋面。三级拜埕,半月池被毁。

魏门陈氏墓

位于新店镇炉前社区炉前自然村五仑山山包中，修建于清代，20世纪80年代年末重修。坐北朝南，墓区长10.5米，宽5米，占地面积约50平方米。龟背长3.2米，宽4.2米，高0.33米。冢前为弧首盔形墓碑，长0.7米，宽0.48米，厚0.12米，碑额镌刻"金山"二字，碑文为"皇清 诰封七品 太夫人 魏门陈氏 茔"，落款"孝男罩 探 悟 林 立石"，供台长0.78米，宽0.46米，高0.37米，墓冢为"风"字墓围，"后土"碑1方，墓前为墓埕、宽约5米，进深3.3米。

炉前魏氏祖墓

位于新店镇炉前社区炉前自然村仙石山小山包，距炉前村南侧约1公里，修建于明末。为魏氏祖合葬墓，坐东朝西偏北，墓区长12米，宽10米，占地面积约120平方米。龟背墓冢长4米，宽5米，高0.3米。凸字形三合土墓碑，正中镶入一方花岗岩磨光石碑，高1米，宽0.66米，厚0.15米，碑额镌刻"待赠"二字，碑文为"魏公刘婆墓"，供台长1.35米，宽0.32米，高0.38米，土堆墓冢，"风"字墓围，墓前为三合土夯实墓埕，原有两根高约4.8米的望柱，农改田平整土地时被毁。

魏君衡夫妇墓

位于新店镇炉前社区炉前自然村五仑山西岩路边，距炉前村750米，修建于清代，20世纪90年代年重修。坐东朝西，墓区长23米，宽15米，占地面积约280平方米。龟背长3.5米，宽5米，高0.35米。长方形墓碑，两侧三合土夯筑，石碑高1米，宽0.66米，厚0.15米，碑额镌刻"皇清"二字，碑文为"诰授荣禄大夫 君衡魏公 偕淑慎夫人 蒋氏 配静懿夫人 贾氏 茔"，落款"孝男 信 严 备 仁 端 怙 立石"，供台长1.2米，宽0.66米，高0.54米，土堆墓冢，"凤"字墓围，墓前为墓埕、半月池及两侧三级墓手。

魏国泰祖母墓

位于新店镇东界社区东界自然村东南侧80米农田中，修建于清代。坐东南朝西北，墓区长6米，宽4米，占地面积约24平方米。龟背形土堆墓冢，封土长3.2米，宽2.6米，墓冢为"凤"字三合土墓围。花岗岩长方形墓碑，长0.9米，高0.62米，厚0.15米，碑中镌刻"皇清 诰赠夫人 孝慈林氏 墓"，落款"孙 魏国泰 立"。碑前石供桌，长2.1米，宽0.68米，高0.1米。供桌前墓埕被占为农田。

魏文伟墓

位于新店镇东界社区宋洋猴厝山的农田中，修建于清代，2000年重修。坐西北朝东南，墓区长9米，宽8米，占地面积约72平方米。龟背形墓冢，封土长3.2米，宽2.1米，新作花岗岩墓碑呈"凸"形，碑长0.68米，宽0.48米，厚0.13米。碑文题刻"皇清 诰赠总兵 文伟魏公 之墓"。原有望柱被毁，墓碑现在东界一村民的牛舍墙中。

魏文伟，与其父亲魏国泰于清代诰赠镇守金门"父子总兵"。《马巷厅志》载："魏国泰，字德良，翔风炉前人，住刘五店。胸有胆略，尤精武艺，弱冠充伍，补水师提标把总。康熙六十年，朱一贵倡乱。国泰奉檄征剿，多所追杀。台湾平，由把总历升洞庭副将。洁己奉公，兵民不扰，嗣升金门镇总兵。未赴任，会贵州苗变。又奉檄往镇远协剿。时苗势猖獗，尝夜袭镇远。国泰计兵丁在外，分防城中只有四十人，乃预出城伏兵击之，苗望帜却走，镇远之人赖以安焉。平苗后，赴金门。乾隆元年，以军功赐俸。在金五载，除番船陋规，每岁不下千金。调碣石镇，凡有陋规亦革之。后补广东右翼镇，未赴任而卒。子文伟由荫生出补守备，历官至碣石镇，有父风。"

何厝陈门梁氏夫妇墓

位于马巷镇何厝社区何厝自然村东150米竹园中，始建于明代。坐东南朝西南，墓区长12米，宽20米，占地面积约240平方米。三合土墓手，圆形土丘墓冢，直径约3.4米，墓冢前立弧首长方形墓碑，高0.65米，宽0.37米，厚0.04米，碑文题刻"明 二处士 陈公 暨 配孺人 梁氏 墓"，此墓葬的建筑时为罕见。

陈恒元墓

位于内厝镇曾厝村官路下埔西坡，为曾厝村陈姓始祖墓，修建于明代。坐东南朝西北，墓区长10米，宽8米，占地面积约80平方米。龟背形三合土墓冢，封土长2.6米，宽2.7米，高0.4米，冢前呈盔形三合土墓碑，宽1.68米，高0.71米，碑前供桌长1.9米，宽0.5米，高0.6米。墓前"风"字形墓围及墓埕，墓表建筑均为三合土结构。

吴碧涯夫妇墓

位于内厝镇上塘社区西塘自然村中，修建于清代。墓葬坐西朝东，墓区长4米，宽5米，占地面积约20平方米。土堆墓冢，封土长3米，宽4米，冢前立有弧顶长方形墓碑，长0.81米，宽0.68米，后0.15米，碑刻"皇清 提督军门 碧涯吴公 元配 诰封一品夫人 温恭 汪氏 继配 诰封一品夫人 勤慎 汪氏 封茔"、碑前长方形供桌，长1.4米，宽0.5米。高0.3米。

吴碧涯，同安溪边人。《同安县志》："吴必达，字通卿，号碧涯，怀远将军承炽子也。雍正丁未，入泮，己酉举人，庚戌联捷武进士，殿试三甲，分发广东候补。七年，补授广东海寨守府。十一年，补授琼州协镇阃府。十五年，补授广东寨游府。二十三年，补授海门营参将，还补授香山协镇府。二十四年，升授温州水陆总镇府。二十五，入京陛见，赏戴孔雀翎，调补广东左翼总镇府，升授广东全省水陆提督军门，调补本省厦门水师提督军门，带管澎台水陆官兵。三十一年，入京陛见，随驾谒泰陵，蒙赐太夫人萱寿延祺坊表，计居官三十余年，革除陋规，整饬营伍，所至有廉声，军民悦服。晚岁归田，捐赀购溪船，以其息钱充双溪书院课士膏伙。善作诗，有雅歌设壶之风。"著有《水师要略》及《碧涯诗集》。

许衍墓

  位于内厝镇后坡村东南侧200米半山腰，修建于南宋绍熙四年（1193年），1994年重修。坐东朝西，面宽15.6米，进深28.2米，占地面积约440平方米。椭圆形土堆墓冢，长6.46米，宽5.42米，高1.68米，底层用花岗岩原物条石围砌基座，高0.7米，墓冢前端立有3块长方形石板拼合的"凸"字形无字墓碑，正中碑高1.28米，宽0.88米，厚0.12米，左右长方形护碑石均为高0.78米，宽0.58米，厚0.12米。墓碑底部条石长2.24米，高0.22米，厚0.1米。墓前长方形石供桌长2.04米，宽0.88米，高0.6米。新墓园依山势而建，冢前为各级高差1米的四级墓埕及石构"风"形墓围，其中三级墓围端首为青石雕龙首，第四级墓埕两旁竖起旗杆石。

  许衍，字平子，号南埠，生于宋宣和七年（1125年），卒于南宋绍熙四年（1193年），为许厝许氏七世二房祖，宋孝宗乾道八年（1172年），赐进士第，历任福州、赣州教授，永丈县知县，后任建宁通判，未赴任而卒于京师，因多才多艺，朝廷赐谥"并肩王"。生前著本论20篇，新论20篇，杂著1集。

  据传，现内厝后坡村许氏始祖是当时派遣到此护墓的许氏族人，此后在此定居，辟建家园，播衍后裔，地名故称"后坡"。

许衍墓

位于内厝镇许厝村村东面200米处的面前山山麓，修建于宋嘉定元年（1208年），1994年重修。坐东北向西南，面宽约15米，总进深22.7米，占地面积340平方米。半圆形土堆墓冢，宽5.2米，深5.8米，高0.8米。冢前立有3块长方花岗岩石板拼合成的"凸"无字墓碑，中间长方形碑高1.2米，宽0.79米，两旁护碑石各高0.85米，宽0.55米，厚均为0.12米。长方形石构供桌长1.7米，宽1.15米，高0.45米。冢旁为"风"字水泥墓围，墓埕铺砌印斗方砖。除供桌重修外，其余石构件为宋代原物。

许衍，号田舍，内厝镇许厝村人。生于宋建炎二年（1128年），卒于宋嘉定元年（1208年），为许厝许氏七世三房祖，因隐居不仕，赐号高隐田舍翁，故有顺口溜"田舍公，田舍公，代代子孙做田翁"流传至今。生前著《墨记杼》40卷，与其兄许衍被钦赐为"兄弟乡贤"。

许伯诩墓

位于内厝镇许厝村小学校园内，修建于宋嘉定十三年（1220年），坐东朝西，为许氏萧山派八世祖墓。后因兴办乡村小学，为不失校貌，故将其地表墓冢、墓围拆除平整，墓圹顶盖距地面约0.3米，墓已毁。1988年，旅居华侨许宗玖于墓圹所在地倡立六角形碑亭，于亭内立碑纪念，碑镌"宋 临江通守 东轩许公 诰封安人 林氏 墓亭"，碑高1.96米，宽0.57米，厚0.2米。

许伯诩，号东轩，内厝镇许厝村人。宋淳熙十六年（1189年）文魁，登乡进士榜，生于乾道四年（1168年），卒于嘉定十三年（1220年），享年52岁。荫袭父亲许衍遗荫入官，补将士郎，先后任南剑川顺昌县尉、福州怀安县丞、兴化军仙游县事，终任临江通守，与其父许衍合称"父子通判"。

许东轩夫妇墓道碑

位于许厝村后房自然村北环村路旁，立于宋代，碑面朝西，长方形，方首倭角，高1.62米，宽0.74米，厚0.12米，正中竖行直书碑文"宋 临江通守 东轩许公 诰封安人 林氏 墓道碑"，背部及两侧以条石加固，基座高0.5米，宽0.8米，碑通高2.25米，占地面积15平方米。

孙朱夫人墓

位于东烧尾村后山东坡。墓葬坐东朝西，墓区南北长约14米，东西宽约7米。石砌墓围，墓围前端雕有龙首（现保存有一个）。龟背形封土，长3.2米，宽4.8米。墓碑为弧顶，高0.47～0.85米，宽1.7米，厚0.12米，墓碑上沿有护顶石，墓碑中部刻有太阳纹和云纹，无字。碑前有供台，长1.65米，宽0.8米，高0.6米，分上下两层，下层雕有卷云纹。据孙氏族谱记载，墓主为厦门孙氏开基祖孙朱的夫人赵氏，北宋乾德四年（966年）孙朱逝世，不久，赵氏逝世葬于此地。该墓墓主葬于宋代，但根据墓葬形制，应为明代重修。

乡饮宾陈日突墓

位于内厝镇锄山村娘妈宫左畔汪家山麓。修建于清乾隆四十一年（1776年），为单墓室。坐西南朝东北偏北，面宽10米，总进深约12米，占地面积约120平方米。墓冢、墓围为三合土结构，半圆形冢丘宽3.6米，长4.8米，高1.2米，冢前为弧顶长方形墓碑，两翼盔形护碑三合土夹立，中间镌刻"清　乡饮宾　宛斋陈公　墓"，落款"男　农　祈　烈　仝立"。碑高0.9米，宽0.68米，厚0.15米。碑前石供桌，长1.2米，宽0.4米，高0.5米。墓冢周围为三合土"风"字形墓围，直径约6.8米。墓前三合土墓埕，2003—2004年修路时已毁。

陈日突（1701—1776年），官章朱士可，谥号宛斋。《马巷厅志》（乡饮宾）载："朱士可，马巷人，卒年七十五。"其族谱载："生于康熙四十三年，岁甲申十月念九日子时，卒于乾隆四十一年，岁丙申十月初九日午时，享寿七十有三岁，葬在锄山土名娘妈宫左畔汪家山。"马巷素有"朱皮陈骨"之说，生前为朱姓，卒后改为陈姓。

乡饮是古代一种庆祝丰收尊老敬老的宴乐活动，一般乡饮都会选当地德高望重的老者作为乡饮宾，与官吏一起主持活动。

洪学静夫妇及长子墓

位于马巷镇蔡浦社区蔡浦小学后村路西北90米榕树下，修建于明代，坐东北朝西南。墓区长30米，宽10米，占地面积约290平方米，冢前三合土三级墓围，花岗岩长方形墓碑嵌于"凸"字形三合土墙中，碑上刻写"明 监丞□ 学静洪公 封孺人郑氏 □□墓"，碑高1米，宽0.9米。封土长3米，宽3.2米，壁厚0.27～0.3米。距墓埕5米仅存望柱1根，高4米，直径0.28～0.3米。现墓冢龟背与供台被榕树根须所包裹，此墓为明刑部左侍郎洪朝选长子洪学静夫妻合葬墓。

黄肇纶墓

位于新圩镇金柄村金柄自然村大仓山北侧山腰，修建于唐代，1994年由金柄黄氏和台湾黄氏宗亲修造。新墓园依山势而建，坐北朝南，其夫人墓室另立，总面宽32米，总进深15米，墓园景区占地面积约53 280平方米，其中墓冢占地面积485平方米。龟背形土墓冢，宽1.8米，长2.1米，高0.6米，冢前立"凸"字形墓碑，高1.2米，宽1.5米，厚0.21米，墓碑镌刻"紫云 唐监察御史 肇纶黄公 墓"。碑前石供桌长2米，宽1米，高0.5米，冢后有三级方形平台。墓冢外围为石构"风"字形墓围，后部围砌两级花岗岩墓围，墓前为三层台级墓埕，左、右两侧立石亭，亭内立记事碑。墓埕西南面部建有四柱三间石构墓道坊1座，坊额两对楹联题刻"紫云族裔扬祖德 浯水宗亲立牌坊"。

黄肇纶（669—755年），字彬夫，夫人智氏，于唐垂拱二年（686年），遵父命，携眷登程，自泉州迁往新圩镇金柄村开基，为紫云黄氏同安房始祖。肇纶生七子八女，第五子黄文雁于唐肃宗乾元二年（759年）登进士，任职监察御史，赠开国公，谥忠义。肇纶父以子而贵，赐封监察御史，智氏封一品夫人。

2007年10月由市政府公布为厦门市第二批涉台文物保护单位。

陈平崖墓

位于新圩镇上宅村以北1500米龙眼树林中,修建于明嘉靖年间。墓冢坐西南朝东北,墓区长12米,宽8米,占地面积约90平方米。土堆墓冢,封土长4米,宽5米,冢前横向叠放长方形花岗岩墓碑,长2.9米,高0.78米,厚0.2米,中部镌刻"明墓",左侧为"故考平崖陈公",右侧为"暨妣嫡母姚氏",碑前石供桌,长2.9米,高0.83米,高0.8米,正立面三堵雕刻"福禄寿"三字,墓前以花岗岩条石围砌成"凤"字形墓围,南侧10米处的一块天然花岗岩石上铭刻"诗坂"二字,为当时买地修墓之地界。

陈平崖为新圩镇诗坂村陈氏始祖。

面前埔蔡门郭氏墓

位于新圩镇面前埔村面前埔自然村中25号民宅右侧,修建于明代。坐东朝西,墓区长15米,宽12米,占地面积约180平方米。龟背形水泥墓冢,四周为"凤"字形墓围,冢前为弧顶盔形墓碑,中央为太阳及祥云纹,墓碑高0.55~0.85米,长2米,厚0.16米,供台以水泥覆盖,墓冢四周为民居,冢前墓埕下为村路。

麦垾曾氏始祖墓

位于大嶝街道东垾社区麦垾自然村中，东侧为麦垾里民居149号，南侧为麦垾里民居172号，东西两侧为空地。该墓葬修建于明代，为麦垾曾姓始祖墓。坐东北朝西南，占地面积约106平方米。龟背形三合土墓冢，封土长1.8米，宽1.38米，高0.52米，冢前呈盔形三合土墓碑，宽1.78米，高0.58米，碑前供桌长1.78米，宽1.06米，高0.9米。墓前"风"字形墓围及三级墓埕，一至三级墓围两侧端首以三合土修整，第一级墓埕面宽1.7米，进深3.4米，第二级墓埕面宽2.16米，进深4.62米，第三级墓埕已毁。此墓墓表建筑均为三合土结构，具有闽南明代以三合土构筑墓表之特色。麦垾曾氏族民在墓四周修筑围墙，加以保护。

邱时庵墓

位于小嶝社区前堡里自然村的月宫头，坐西南朝东北，土堆墓，墓前有"时庵邱公"与夫人许氏墓碑。

邱时庵是清代晚期拥有多艘商船的大船户，从事海上运输。清同治年间，清政府派翰林院检讨赵新任册封正使，内阁中书舍人（一说翰林院编修）于光甲任册封副使，于清同治五年（1866年）赴琉球册封中山王尚泰。册封时征调了邱时庵的船只，邱时庵也随册封使前往琉球。

大嶝后店王氏祖墓

　　位于大嶝北门社区妈祖庙西北角10米左右、北门里284号西南角、北门里250号后落厢房左侧，于明代修建的骨灰移葬墓。坐西北朝东南。三合土墓冢，长0.86米，宽0.9厘米。"凸"字形墓碑，长0.88米，高0.81米，厚0.16米。墓碑正中呈佛塔形，镌刻"大明王公二位之墓"；供桌长1.88米，高0.94米，正立面凸框雕刻"福、禄、寿"，下面是雕花柱础基座。二级墓埕，一埕深1.56米，宽2.26米；二埕深2.28米，宽3.02米。

　　其后裔有明代嘉靖元年(1517年)举人王佐和清代雍正元年（1723年）举人王飞龙。据《闽书》载："王佐，字子才。嘉靖壬午举人。初知睢州，值河决，竭力捍御。河卒平睢人建回龙庙河滨，生祀之。擢高州同知，南户部员外郎。以持议忤大司农，出为两淮运司。为人刚介，任高佐蹉解课者再，而家甚清白，屏居。年八十三矣，睢人请于督学，祀之名宦，不知其尚在，适移文至。令徐待赠之诗曰：'白头如越世，赤子未忘慈。百亩家无羡，千秋食有余。'亦竟以其年卒。"

陈槐村墓

位于新店镇红山果林场香山岩寺东北约430米东南坡，"真隐处"碑西侧20米，修建于清乾隆三十年（1765年）。坐南朝北，占地面积约200平方米。馒头形土丘墓冢，宽4米，长6米，高1米，冢前立盔形墓碑，中为倭角长方形墓碑，两侧有弧形护碑石，碑高1.3米，宽0.8米，厚0.12米，碑文镌刻"皇清 乡进士 文林郎 知□□开平县事 槐村陈公 墓"，碑前有石供桌。墓前两侧为三合土"风"字形墓围及墓埕，一二级墓围墓围端首分别立有1对石狮柱和莲花柱，墓埕宽12米，进深15米。墓埕前方东、西两侧立有尖首望柱，高约4米，直径0.25米，西侧镌刻"东宰五城棠阴满"，落款"乾隆乙酉仲冬"；东侧题刻"西沾两邑雨膏流"，落款"封刑科同怀兄 冕世题"。墓冢前部被盗挖，墓碑右侧的护碑石及供桌倒塌。

广修和尚墓

位于香山岩寺西面150米树林中，民国时期。坐东南朝西南，占地面积约25平方米。馒头形土丘墓冢，面积约5平方米，墓冢前立弧首长方形墓碑，高1.02米，宽0.71米，厚0.12米，碑首题刻"圆寂"，碑文为"师长 广修和尚 寿域 徒 长英祔"。

"檀越黄公"墓

　　位于香山岩寺西北150米，建于宋代，南宋绍兴年间因清水祖师显圣要求迁移黄氏祖墓重建香山岩寺，故迁建于此。坐东朝西偏南，占地面积约100平方米。墓冢为馒头形土丘，面积约4平方米，高约0.2~0.3米。墓冢前立有墓碑，中为倭首长方形墓碑，两侧为较矮的倭角长方形护碑石夹立，正中墓碑镌刻"檀越 黄公墓"，碑高1米，宽0.6米，厚0.2米。墓前有墓埕，宽8米，进深10米。"檀越"即施主，黄公因施舍墓地建寺而被尊称为"檀越"，其为黄厝村东派始祖。

成觉慧和尚墓

　　位于香山岩寺对面100米处的树林中，修建于清代。坐南朝北，占地面积约20平方米。土丘墓冢，冢前遗长方形墓碑一方，中部直行镌刻"觉苑师祖 成觉慧和尚 宝塔"，落款小字一行，漫漶不清，碑高0.68米，宽0.36米，厚0.08米。年久失修，墓围、墓埕及供台已遭破坏。

觉苑长英师墓

位于香山岩寺西北400米鼓架山坡中，修建于清代，坐东北朝西南，土丘墓冢，封土长16米，宽8.6米，占地面积约131.2平方米。冢前立长方形墓碑，碑额镌刻"觉苑"，碑文刻"长英师 塔"，落款为"徒 善述、善继、善宗 立"，碑首弧顶，碑高0.9米，宽0.46米，厚0.1米。二级墓埕之间立有4根方柱，高0.3～0.6米，墓围以乱毛石砌筑，由于无人修整，墓碑倾斜。

心慧珍和尚墓

位于香山岩寺对面350米处西球山东坡（捐银石碑下），建于清代，坐西朝东，占地面积约10平方米，土丘墓冢，冢前立有一方长方形墓碑，中部直行镌刻"心慧珍和尚 塔"，碑高0.6米，宽0.34米，厚0.08米。年久失修，墓冢封土流失严重，墓围、墓埕及供台已遭破坏。

长禄和尚墓

位于香山岩寺西北100米处的小山包中，修建于清初，坐东北朝西南，占地面积约40平方米。土丘墓冢，冢前立一方长方形墓碑，中部直行镌刻"师父 长禄和尚 塔"，落款"孝徒 善忍 立石"，封土长2.6米，宽2米，长方形墓碑，高0.54米，宽0.37米，厚0.15米。碑前供台长0.45米，宽0.3米，高0.22米，墓冢四周为三合土"风"字形墓围及墓埕。

黄氏墓

位于香山岩寺东南150米处（往田螺湖的小路旁），修建于明代。坐西朝东，占地面积约100平方米。馒头形土堆墓冢，直径约5米，墓冢前于三合土矮墙中嵌立长方形墓碑，碑文为"祖妣 黄氏墓 重新 壬辰年十月吉日 孝孙 洪昭 立石"，碑高0.67米，宽0.5米，厚0.15米。碑前石供桌，上为石板，下为三合土基座，长1米，宽0.55米，高0.65米。墓前两侧为三合土夯筑的"风"字形墓围，有三级墓埕、半月池，宽5米，进深4米。

香山明墓

位于香山岩寺东北600米采石路旁杂草中，修建于明代。坐南朝北，占地面积约15平方米。土堆墓冢，冢前嵌立长方形墓碑，长1.85米，高0.6米，厚0.16米，碑额和正中镌刻"皇明"，碑文及落款字迹已漫漶不清。年久失修，墓冢封土流失，墓围、墓埕及供台已遭严重破坏。

"娘仔墓"

位于香山岩寺西北侧"皇帝帽山"和"洪厝山"两座大山夹沟底旁，修建于南宋末年，冢前横置长方盔形墓碑，长1.85米，高0.6米，厚0.16米，碑中央浮雕太阳纹，周围环绕祥云纹。周围以块石成"风"字形拼砌，约宽3米，进深3米。墓埕下为山谷，对面山麓有一方直立平面岩石，形似一面镜子，俗称"倒照镜石"。

据传，南宋末年，皇姑身怀六甲随帝逃至闽南，卒于同安城，葬于香山山脉，称"娘仔墓"，面向镜台石，远而美人山。经日月精华反照，有回阳之灵，其推翻元朝，回复宋朝政权，宏愿感动神仙，赤脚大仙带九车十八骡驼到此，意欲修筑香山娘仔墓。然而时机已失，故将九车十八骡驼隐藏在香山山谷，便跨东海而过，其中一足迹留在香山，一足落在金门太武山。

近现代重要史迹

翔安有优秀的革命传统，大革命时期和土地革命时期，翔安是中共同安县委早期地下活动的活跃地区，中共同安县委以当地的私塾学校、家庙祠堂及药铺商店为掩护积极开展革命活动，发动群众进行抗税斗争，宣传革命思想，成立农民协会和组建农民自卫军，成立地方党小组及党支部，主要活动场所有松山小学旧址、沙美小学旧址、山亭陈氏祠堂、彭厝彭氏家庙、合安堂等。在震惊中外的厦门"5·25大劫狱"中，这些地点不仅是劫狱斗争的前期策划点，也是劫狱成功后革命武装力量和被营救出的革命同志转移和分散的接应点和联络点。

抗日战争时期，金门县政府和国民党金门县党部迁到大嶝岛上的田墘村，坚持进行抗日斗争。

浔窟烈士陵园、后山岩烈士公墓、珩厝村中国人民解放军烈士陵园和内厝烈士陵园长眠着抗日战争时期、解放战争时期及1958年"八二三"炮击金门战役中牺牲的革命先烈的英灵，是人们缅怀先烈、寄托哀思、进行革命传统教育的重要场所。

- 中共同安县委旧址（山亭陈氏祠堂）
- 陈先查烈士墓
- "八二三"炮战南京军区总指挥部旧址
- 合安堂
- 后山岩烈士公墓
- 沙美村农民协会旧址
- 中共同安县工委旧址
- 中国人民解放军烈士陵园
- 内厝烈士纪念碑
- 浔窟烈士陵园
- 彭德清故居
- 彭友圃故居
- 中共安南同边区游击队活动旧址
- 锄山地下武装斗争据点旧址
- 后树村碉楼
- 共青团同安县委成立会议旧址
- "珩厝抢盐"革命武装斗争旧址
- "后村抢布"革命武装斗争旧址
- "攻打马巷税契局"革命武装斗争旧址

- "新圩抢米"革命武装斗争旧址
- 澳头碉堡
- 大嶝"八二三"炮战遗址
- 大嶝田墘抗战时期金门县政府旧址群
- 金门县政府总部旧址
- 金门县政府分部旧址
- 金门县政府文书房旧址
- 金门县政府警察署旧址
- 金门县政府会议室旧址（田墘郑氏家庙）
- 金门县政府国民党党部旧址
- 金门县政府国民党党部书记处旧址
- 金门县政府大嶝盐兵楼旧址
- 金门县政府干部宿舍旧址
- 金门县政府国民党党部宿舍楼旧址
- 金门县政府国民党党部宿舍旧址
- "同安化工厂"旧址
- 小嶝"303"地道
- 小嶝喇叭堡

翔安文物

近现代重要史迹

中共同安县委旧址（山亭陈氏祠堂）

位于马巷镇山亭村中部，始建于宋代，清代重建，1990年重修。坐东朝西（偏南），前后两落大厝，中有天井及两侧廊道，面宽12.1米，总进深23.4米，占地面积约280平方米，祠前有石埕及麒麟照壁。前落面阔三间，进深两间，正面为凹形门廊，中开大门及两侧边门，背面为廊道，穿斗式梁架，硬山顶，双燕尾脊，屋顶两坡各有四条垂脊。后落大厝面阔三间11米，进深四间12米，穿斗抬梁混合式梁架，硬山顶，燕尾脊，厅堂内悬挂"家宰""贡元"等匾。此建筑为土木、砖石结构，除木构件为新修外，砖石结构基本为清代遗物，有石雕抱鼓石、柱础及门厅墙裙"柜台脚"、墙面贴釉面瓷砖及砖拼对联等。

1926年12月，厦门地方党组织建立后，集美学校办事处主任彭友圃和厦门大学青年学生李松林、洪天赐、许英宗、李毅然、洪宗涂、彭再添等加入党团组织，为中共同安县党组织的建立打下良好基础。

1927年国民党右派发动"四一二"反革命政变后，中共同安县党组织遭受严重破坏。同年入冬，中共福建临时省委派周少梁赴同安以侯亭小学校长身份开展党组织恢复工作。1928年春，这里秘密成立中共同安临时县委。翌年夏，张益坚任县委书记。1931年，厦门市委调李南金整顿党团组织，改县委为特别支部，李南金任书记，陈胜任组织委员，周少梁任宣传委员，杨良乘和陈先查为委员。同年12月，改由曾逸梅继任特支书记，特支归厦门中心市委领导，下辖正南、马巷两个支部，有党员10余人。1932年9月，因党员数增多，又恢复县委，县委书记周少梁。1934年秋，由彭德清继任县委书记。12月，改由陈先查担任书记兼组织委员。委员中还有郭客民、陈剑鞋、黄永妙、洪宗涂等人，下辖80多名党员和150多名游击队员及农会、妇女会、文艺社等群众团体。

该旧址1991年公布为县级文物保护单位。

陈先查烈士墓

　　位于马巷镇山亭村南部村边路口，原墓址在马巷镇公路南侧，1973年迁葬今址。坐北朝南，水泥方形弧顶墓冢，宽1.3米，长2米，高0.45米。墓冢前立有方锥形花岗岩墓碑，高2米，上镌楷书"陈先查烈士之墓"，碑体自下至上渐次收分，顶部四棱攒尖，下承石砌台座。墓体四周以琉璃瓶栏杆、石板等围成墓园，南面入口处筑有石台阶。

　　陈先查(1911—1935年)，马巷镇山亭村人，民国十七年（1928年）参加革命活动，民国二十年（1931年）加入中国共产党。翌年接受党的派遣，化名苏清流到西柯小学当校长，以教书为掩护开展活动，发展革命地下组织。1932—1934年，中共同安县委发动和领导了攻打马巷税契局、珩厝抢盐、后村抢布、新圩抢米等四次武装斗争。每次斗争，陈先查都冲锋陷阵，身先士卒。曾任中共同安县委委员，安（安溪）、南（南安）、同（同安）边区特委组织委员。民国二十三年（1934年），陈先查代理中共同安县委书记，1935年2月21日夜在住宅遭国民党军警包围，突围战斗中壮烈牺牲。1991年公布为县级文物保护单位。

"八二三"炮战南京军区总指挥部旧址

位于新店镇东园社区东园自然村沟仔南28-30号，始建于民国，为张鸿爱故居。坐北朝南，中西合璧式二层楼房。面阔八间26米，总进深15.5米，高8.6米，占地面积403平方米，总建筑面积806平方米。正面磨光花岗岩基座，上部清水烟炙砖砌筑，正面两厢为八角形前突，正门三级石砌台阶，清水砖拱形门，拱门弧度较大的5个，弧度较小的4个。一二层四周为回廊，西洋式廊柱券顶，木制楼板楼梯，清水砖腰线，建筑材料及装饰技法均以典型西洋式风格为主。

1958年"八二三"炮战，此建筑为南京军区总指挥部，七八十年代时为同安县新店公社供销社东园分社。

合安堂

位于新店镇彭厝村南部环村路北侧15米。坐东北朝西南，平面呈曲尺形，南侧一字排开面阔三间7米，进深单间4.7米，平台屋顶，靠东侧一间外门上有水泥匾"合安堂"三字。平房东侧呈曲尺状连建二层楼，面阔两间7.6米，一层内侧为拱形柱廊，二层开方窗并有圆拱形门通向平台屋顶。此建筑为花岗岩墙裙及红砖墙面、梁木结构，属于具有西式建筑风格的红砖民居。

合安堂原为老地下党员彭幼潜同志开设的药铺，是土地革命时期中共地下党秘密活动场所。1930年3月18日，厦门民众在市区中山公园举行"三一八惨案"纪念会，国民党驻海军司令部派部队包围了会议现场，大会主席张耕陶和厦大学生陈汉宗被逮捕，关押在厦门思明监狱。在此前后，共青团福建省委书记陈柏生、中共厦门市委书记刘端生、在厦门国民党内部工作的共产党员谢仰堂，平和、永定、上杭、龙岩等地在武装斗争中被捕后押解到厦门的红军和游击队的党员干部、革命骨干和普通战士也被关押在这里。

5月25日，中共福建省委领导了破狱斗争，营救出被关押在厦门思明监狱的40余名革命同志。合安堂是此次行动的秘密联络点之一，也是越狱人员转移到内地苏区的中转隐蔽点。

后山岩烈士公墓

位于新店镇祥吴村后山自然村东200米后山岩山顶。墓园坐北朝南，占地约600平方米。正中为长方体石构骨灰堂，八级台阶基座，正面顶部为四级盔形墓碑，镌刻"烈士公墓"，堂门设于后部。骨灰堂面宽11.4米，进深8.2米，通高5.6米，四周及前部为花岗岩平台及墓埕，宽22米，进深17米。公墓西侧有六角钻尖六柱凉亭，边长1.77米，高约5.5米，东侧有立有断面呈三角形的碑柱，三面嵌有辉绿岩，分别镌刻"革命烈士永垂不朽"等语句及1975年建此公墓之碑文"在革命战争的年代里，在社会主义革命和社会主义建设中，无数革命先烈执行和捍卫毛主席的革命路线，为共产主义的伟大理想献出了宝贵生命，他们的英雄业绩同山河共存，与日月争辉，为了弘扬先烈，教育后代，特建这座烈士公墓，让我们高举先烈的旗帜，踏着先烈的血迹前进吧"，落款"同安县革命委员会 一九七五年四月"。碑柱为三角基座，钻尖顶，四周为花岗岩护栏。

后山岩烈士公墓修建于1975年，殓放的是抗日战争及解放战争和解放战争中为革命牺牲的烈士骨灰，修建后，陆续将吕塘坑园埔及新店镇东园、珩厝、莲河、彭厝、澳头沿海一带的单独或零星的烈士墓迁葬于此。

1949年9月8日，祥吴、新店、洪前游击队为配合南下大军解放同安，全员参加小盈岭、湖头、西林山、大宅、马头山战斗，支援解放军解放澳头、刘五店、大嶝岛做出重大贡献。在解放厦门和大嶝岛战斗中，地下党组织积极搜集情报，筹集物资，组织大批支前船工参加战斗，其中光荣牺牲的有三位原安葬于厦门彭厝中学校园内的中国人民解放军无名英雄，有蔡厝游击队员蔡仙查、有船工梁大丁、陈莽橄等8位烈士。

1949年9月13日，新店大宅遭受国民党兵围剿，100多名游击队和民兵在解放军侦察连的援助下，毙敌连长1人，士兵12人，缴获枪弹一批，在此战斗中，游击队员陈乌沉光荣牺牲。

沙美村农民协会旧址

位于新店镇沙美村中部，为沙美学校旧址。建于清代，1997年翻建。坐东朝西，三合院式，卵石墙体砖木结构，前有院门，中为庭院，两侧小护厝（榉头），后为古厝形式，古厝以砖墙隔成三间，面阔10米，进深一间6米，木构梁架置于砖墙上，双坡瓦楞屋面，硬山顶。古厝两侧加盖翼房，均为单间，分别宽3.7米，进深6米，南侧为带阳台二层民居小楼，楼顶为硬山顶，马鞍脊屋面。总面宽17米，总进深12米，占地面积约200平方米。

1914年，在陈嘉庚支持下，彭友圃在此创办沙美学校，开展平民教育。1926年，受罗明、罗扬才派遣，彭友圃随北伐军返回翔安沙美从事党的地下活动。1927年，彭友圃在此成立农民协会和农民自卫军，彭友圃当选同安县农民协会委员长。同年，国民党右派发动"四一二"反革命政变，在全国范围内通缉、杀害共产党人，彭友圃被迫远走越南。1928—1930年，中共党员洪宗涂与县委委员许英宗以沙美小学教员身份为掩护，继续开展革命活动，发动农民参加珩厝分盐、新圩分米和抗捐税斗争，进行厦门劫狱斗争的筹划工作，1930年，这里成立中共同安县沙美村党支部，1936年，中共安南同边区特委书记彭德清率部分游击队员驻沙美村开展革命活动。1947—1949年，中共闽中地下党在这里建立党支部，组织游击队，配合解放同安的斗争。

彭友圃（1893—1931年），新店镇沙美村人，福州师范学校毕业生，曾被陈嘉庚聘为集美学校教育推广部主任，1926年加入中国共产党，翌年任同安县委书记。

1991年公布为县级文物保护单位。

中共同安县工委旧址

位于马巷镇蔡浦社区蔡浦自然村中部，始建于清代，为中共同安县工委青年委员洪宗禀的旧居，坐东朝西。建筑风格为小九架厝，建筑面积226平方米。

蔡浦村是同安地下革命的摇篮之一。1926年，集美青年学生洪宗涂回乡开展革命活动；1930年，李南金、李松林及其爱人洪永萍等曾住在洪宗命、洪湖家中从事地下活动，1932年，这里建立党支部；1947年，闽中地下党到此开展革命活动。

1949年5月，根据中共安溪中心县委的指示，经中共厦门市工委同意，于5月下旬在马巷蔡浦村洪宗禀家成立中共同安县工委，书记彭金励，组织委员林希圣，宣传委员林多速，农工委员郑天海，青年委员洪宗禀。工委成立此后，在山亭、琼头、沈井一带活动，建立一条由沿海通往沈井、新圩往前山至大帽山的通讯路线，建立两支50多人的武工队。

同安闽中系统党的组织和游击队归同安县工委统一领导，拥有游击大队队员1 300余人。6—7月，中共同安县工委在新店镇吕塘社区的后树村举办两次整风学习班，学习《党章》《将革命进行到底》《中国人民解放军布告》和中心县委的指示，扩大了党在群众中的影响，掀起同安农民运动的高潮。

1949年5—9月，中国人民解放军挥戈南下，革命形势迅速发展。中共同安工委根据中共闽浙赣省委指示精神，建立人民武装，开展游击战争。在短短的5个月内，共与国民党的盐兵、第5军、55军、保一团、保二团等展开十来次战斗，抓获敌团副官、大队长、营长、特务头子4名和10名连排级军官，俘获和瓦解敌军200余人，缴获机枪9挺、步枪200余支、子弹数万发。

马巷镇解放前夕，为加大力度发动群众，扩大政治影响，县工委积极开展镇压首恶分子和策反工作。于5月间，通过镇压反动分子蔡中郎、智擒反共救国军大队长陈益群，活捉国民党第五军通讯排长，震慑了马巷地区的国民党右派分子、策反军统特务陈企钳，乡长许宗取，教育转化了一批乡保人员，使其去暗投明，支持革命活动。这些行动配合了中国人民解放军解放马巷、澳头、刘五店、大嶝。

为了适应革命形势的发展，1949年5月底，彭金励为保护县工委机关的安全，将同安县工委机关自蔡浦搬至大帽山埔仔顶，林希圣、郑天海也跟随进入深山继续开展工作。蔡浦改为马巷区工委所在地，洪宗禀任工委书记，坐镇蔡浦村，与厦门工委及各方保持联络。

中国人民解放军烈士陵园

　　位于新店镇珩厝村白头自然村东50米红墓亭，修建于1949年10月，2002年建造雕像，坐东北朝西南，占地面积约3 000平方米。陵园中央为三层方形水泥台基，台基中部方体黑石基座，其上有3位解放军战士花岗岩雕像。边基座通高约3.5米。尚存一方"烈士之墓"墓碑，落款"一九四九年"，高0.45米，宽0.28米，厚0.16米。

　　1949年10月19日，驻扎在珩厝村的中国人民解放军29军87师259团、28军84师251团2营奉命解放大嶝岛，我军发扬英勇顽强、不怕流血牺牲、前仆后继、勇往直前的大无畏精神。我军优秀指挥员259团1营副营长王志美、1营机炮连连长周明仁、3连指导员季文达、4连连长张继松、7连连长贾中正、团直炮连副连长高振宝、251团2营5连连长黄连和等无名英雄300余名英雄为解放大嶝岛，解放全中国，建立新中国，献出年轻的生命。壮烈牺牲后埋葬于此的官兵有76名。

内厝烈士纪念碑

位于内厝镇许厝村东1里后周山西坡烈士陵园内。陵园修建于20世纪70年代，占地面积约8 000平方米。抗日战争时期、解放大嶝岛及1958年"八二三"炮击金门战役中牺牲的烈士骨骸从内厝机场原烈士墓园迁此。山脚下设有陵园围墙及铁门，沿着70多级花岗岩台阶拾级而上，坡顶上正对着庄严耸立的烈士纪念碑。纪念碑坐东朝西，花岗岩长方条石砌成，以方形基座和方柱形碑体构成，顶端为五角星，基座边长3.3米，高2.15米，碑高5米，通高约8米。碑体三面镶嵌辉绿岩，正面镌刻"烈士纪念碑"字样，两侧分别题刻"革命烈士永垂不朽""革命先烈万古长青"。碑后为水泥八角平台形墓冢，弧顶，直径4.4米，高1.7米，墓碑两侧各有花岗岩护栏平台，面积约120米。纪念碑南侧立有2005年《烈士碑记》，记载烈士牺牲经过及烈士英名，碑高1.38米，通宽1.8米，三级台阶基座。

1937年，黄永妙和宋子矛在巷东一带组织抗日后援会，多次抗击敌军骚扰，后遭受325师级第5军20师"清乡"，我游击队英勇反击，3人受伤，31人被捕，黄赞、苏水栋、黄越英勇牺牲。

在1958年"八二三"炮击金门战役中，中国人民解放军陆、海、空三军协同作战，福建沿海军民密切配合和大力支援，发扬不怕牺牲、前仆后继的精神，用鲜血和生命保卫了人民生命财产。这里长眠着炮击金门战役中英勇牺牲的一等功臣王帮德、韩福洲、叶英琪等85位革命烈士。

浔窟烈士陵园

位于大嶝街道浔窟社区后山松仔旁边。陵园修建于20世纪70年代，墓区长30米，宽20米，占地面积约600平方米，抗日战争时期、解放战争时期及1958年"八二三"炮击金门战役中牺牲的烈士骨灰殖从大嶝三岛原烈士墓园迁此。纪念碑坐东朝西，花岗岩长方条石砌成，以六角形基座构成，墓顶端为五角星，基座边长2.63米，高1.3米，碑高1.9米，宽0.91米，厚0.15米，碑体正面镌刻"烈士陵园"，左侧题刻"革命烈士永垂不朽"，右侧落款"中国人民解放军驻岛部队 福建省同安县大嶝公社"。墓碑周围有花岗岩护栏平台，纪念碑北侧立有1997年《烈士碑记》，记载烈士牺牲经过及烈士英名，碑高1.38米，通宽1.8米，三级台阶基座。

1939年，党组织派谢振群到大嶝双沪国民学校以教书为掩护，联系岛上其他学校教师郑素文（女）、张清溪、谢朝枞、郑震环、郑文谋、郑宗熙、许水盘等八人，参加地下组织的抗敌后援会，进行开展抗日宣传活动。1941年年底，金南同边区区委遭受破坏，许多党员被捕遇难。

1949年，解放大嶝时，当家作主的老区人民发扬革命传统，积极投入支前工作，筹集物资，组织船只参加战斗，许多民工在战斗中光荣牺牲。

在1958年"八二三"炮击金门战役中，中国人民解放军陆、海、空三军协同作战，福建沿海军民密切配合和大力支援，发扬不怕牺牲、前仆后继的精神，用鲜血和生命保卫了人民生命财产。这里长眠着炮击金门战役中英勇牺牲的人民解放军指战员陈国星、民耀富、吴常德、王玉心、汪长洪、刘忠采、孙天祥、董兴德、韩在奉、朱光照、陈凤洲（其中40位无名英雄）和支前民工张世兴、张松木、蔡水函等51位革命烈士。

彭德清故居

位于新店镇彭厝社区彭厝自然村南面，环村路北25米处，修建于清末。坐东北朝西南，前后两落，建筑面积约220平方米。门上悬"彭德清故居"匾，因年久失修，已破落，前落东侧厢房屋顶已倒塌。

彭德清（1911—1999年），曾用名彭楷珍、陈国华，少将军衔。少时参加同安农民协会，1927年加入共青团，1930年入党。历任共青团同安县委宣传部长、泉州特支书记、惠安县委书记、晋南县委书记、靖和浦边区中心区委书记和中共同安县委书记、中国工农红军闽南游击队第二支队政委、新四军纵队副司令、中国人民解放军第二十七军军长（抗美援朝）、海军东海舰队副司令员、交通部部长、中顾委委员等职，卒后骨骸撒在与金门一水之隔的海面上。

1928—1932年，曾担任过中共同安县委书记的彭德清与洪宗涂、许英宗、陈先查以小学教员的身份为掩护，开展地下革命活动，率领红军游击队坚持三年艰苦的游击战争，发动农民参加珩厝抢盐、后村抢布、新圩抢米和马巷抗捐税四次武装斗争以及厦门劫狱斗争的筹划工作等。

抗日战争时期，彭德清先后担任闽南抗日义勇军独立大队长、新四军教导总队二大队教导员、三纵五团政治委员、一师三旅七团团长兼政治委员、苏浙军区第三纵队副司令兼参谋长等职，率部多次挫败日、伪军的"扫荡"，多次击退国民党顽军的进攻，为民族独立和解放，为取得抗日战争的胜利建立了不朽功勋。

解放战争时期，彭德清先后任苏中军区一师三旅旅长、华东野战军四纵十二师师长、渡江先遣纵队第四支队支队长、第三野战军第二十二军、二十三军副军长，参加过苏中、枣庄、莱芜、孟良崮和淮海等著名战役。他敢挑重担，敢打硬仗，身先士卒，在历次战斗中攻必克，战必胜，战功显赫。

彭友圃故居

位于新店镇沙美社区沙美自然村鹊峰下36—39号，建于清末。坐北朝南，前后两落大厝，中为天井，两侧榉头，面宽12米，总进深18米，建筑面积216平方米，占地面积约260平方米。前落大厝面阔3间，中为凹形门廊及中厅，两侧厢房，硬山顶，燕尾脊。后落面阔三间12米，进深四柱8米，内高5.1米，中为厅堂，两侧厢房，穿斗式梁架，硬山顶，燕尾脊。此建筑为土木、砖石结构的闽南红砖古厝民居，门面及门廊以白色花岗岩为墙裙、墙腰，嵌入雕有夔龙纹"柜台脚"、案几纹转角柱础等，两侧红砖墙堵开有辉绿岩石框窗，艳丽与典雅相映衬；门廊两侧墙堵有平安富贵纹等砖雕，白色石框大门上镶嵌青石门铛。

彭友圃（1893—1931年），新店镇沙美村人，20世纪20年代初毕业于福州师范学校，受聘到集美学校担任办事员和教育推广部主任。1926年秋，彭友圃在集美加入中国共产党，是同安县早期中共党员之一。1927年2月，彭友圃和唐沙白、洪天赐、邹鲁、许宗英、彭德清、黄永妙、洪宗涂等人在沙美、窗东、蔡浦、洪厝、许厝、黄厝、彭厝等组织农民协会，参加农民协会会员2 000多名，还建立一支300多名的农民自卫军，他担任同安县农民协会委员长。在马巷、启智、窗东、沙美学校成立农会大会上，彭友圃发表演说，号召群众打倒军阀，打倒土豪劣绅！1927午3月，同安县农民协会警告马巷商会会长陈剑经不得以鸦片捐压迫和剥削百姓，但陈置若罔闻。30日晚，彭友圃率领100多名农民自卫军包围陈家，就地枪击陈剑经，这是同安共产党人向国民党反动派打响的第一枪，沉重打击了反动势力。

彭友圃多年从事党的地下活动，是中共同安县第一任县委书记、同安县农民协会委员长，也是陈嘉庚在集美办学早践者之一。

中共安南同边区游击队活动旧址

即张芙蓉故居。位于新店镇沙美社区沙美自然村鹊峰南侧，建于清代，坐北朝南。三间张榉头止，面阔11米，进深12米，内高4.7米，建筑面积132平方米，正面大门两侧为平面墙，墙体从地基至山墙均用卵石砌筑，榉头止马鞍墙，中为天井，两侧榉头，铺砖平顶。大厝西侧一间二层小阁楼，明堂面阔单间3.3米，进深6.2米，高4米，建筑面积20.46平方米，两处占地总面积约183平方米。厅堂墙裙以块石砌筑，白灰勾缝，墙身以土坯叠砌，白灰抹面，穿斗式梁架，硬山顶，燕尾脊。此建筑装饰简朴，为中共安南同边区游击队活动隐蔽点，也是中共同安县委地下党行动的秘密联络点之一。

1936年3月，中共安南同边区特委书记彭德清率部分游击队员驻沙美村，开展革命活动，隐蔽于这间小阁楼里，由于叛徒易培祥告密，莲河联保主任李期谅带领"金南同剿匪训练班"（又称"铲共义勇队"）几十人前来搜捕，在地下党接应员张芙蓉的掩护下安全突围，离开沙美接受新的战斗任务。

"七七事变"后，全国性的抗日战争开始。彭德清领导的闽南红军游击队第二支队在反围剿斗争中牵制国民党军一个师，有力地支援了中共苏区的反围剿斗争。

锄山地下武装斗争据点旧址

位于内厝镇锄山村宋氏宗祠前,为革命烈士宋代之父宋坤所建,一厅一房二层阁楼,俗称"竹篙楼",建于清末,坐东南朝西北,建筑面积92.8平方米,占地面积120米。

1931年,中共同安县委委派委员黄永妙到锄山村建立党支部,宋光埔任书记。二战时期,游击队参与收缴盐警、联保办事处武器,惩治鸦片大王纪亚扁及第二区区长曾一平的斗争;组织群众抗粮、抗税而遭到国民党多次围剿。1937年11月,在抗日统一战线政策精神指引下,黄永妙在锄山村组织抗日后援分会,地下党员蒋金花以锄山村为据点,宣传抗日救亡运动;以黄永妙、宋光埔为领导的锄山地下党在这深山里建立起抗日民族先锋队,开展军事训练,带领缉私队到沿海一带捉拿运载日货和资助敌人的走私船;收缴驻小盈岭哨兵的枪支弹药;攻打马巷乡公所。1939年11月,宋光埔、宋代、宋温等地下骨干相继被敌人杀害,在沙溪小学任教的苏琛渊到锄山落户并与宋光埔的遗孀结婚。他以教书为掩护,担任地下党支部书记,继续坚持抗日斗争,直到1945年9月被捕牺牲。1947年,林文庆、黄竹禄、陈火把发展宋水芬、宋汉、宋代、宋钳入党,建立党小组,由宋水芬、宋汉领导,坚持革命斗争直到同安解放。锄山抗日民族解放先锋队的勇士们在同安抗日史上写下了光辉的一页。

后树村碉楼

位于新店镇后树自然村，无门牌号。该建筑群坐北朝南，由三座建筑及围墙组成四合院落，东西宽10.2米，南北长10.8米，占地面积110.16米。正面一座平房，东西长10.2米，南北宽5.52米，建筑面积56.3米，砖木结构，马鞍脊，中西合璧式门廊。东南角一座平房，砖木结构，坐东朝西，建筑面积12.2平方米。西南角一座碉楼，东西宽3.13米，南北长3.9米，高三层，一层为块石砌筑，二三层为砖砌，二层四面各有一射击孔，三层前半部为瞭望台，后半部为顶楼，东、北、西三面各有一射击孔。木制楼板。该村均为柳姓居民，为防海盗于民国初年建造该楼，据传当时雇请柳大清、柳寡、柳现等三人护村，使用"乌九""盖九"土枪。

共青团同安县委成立会议旧址

即珩厝顶厝宫口王氏祖祠，位于新店镇珩厝社区珩厝自然村中部，始建于明崇祯末年，清雍正年重修，此后因年久失修破损，1988年重新翻建。坐北朝南，前后两落大厝，中为天井及两侧廊道，面宽10米，总进深22米，占地面积约220平方米。前落面阔三间，前后均为檐廊，中开大门，抬梁式梁架，硬山顶，燕尾脊。后落为厅堂，面阔三间10米，进深三间11米，抬梁式梁架，梁架粗大，硬山顶，燕尾脊。此建筑木构梁架保留清代风格。

1927年，此祖祠曾改为私塾，许宗英以扩展革命工作为借口，以教书为掩护，到珩厝拜老学者王德成研究古文学，实施新学，废私塾为珩江小学，建立同安地下党领导据点。1930年厦门"五二五"劫狱斗争时，此处也是中共地下党的接应点。

1929年夏天，中共福建省委在同安召开党团活动分子会议。同安县出席会议的代表有张益坚、林汉杰、王庶民、王丛生、许英宗、黄文苞、邹鲁、石目来、王河源等九人。在省委党团活动分子本次会议上，选举张益坚为中共同安县委书记，委员许宗英、邹鲁。同时，选出王庶民为共青团同安县委书记，组织委员王丛生，宣传委员林汉杰。当时县团委机关设在王庶民家的小楼上（该建筑由于2006年已拆迁）。

"珩厝抢盐"革命武装斗争旧址

位于新店镇珩厝社区珩厝自然村东部,即新店镇珩厝村东围盐田。占地面积约4 000平方米。盐坨边建筑一座二层盐兵楼,始建于民国,坐东南朝西北。面宽4米,进深6米,占地面积24平方米,建筑面积48平方米。

1932年4月,毛泽东、聂荣臻等同志率领中央红军一、五军团组成的东路军东征攻克漳州,威逼江东桥,兵临泉州、厦门,时闽南地下党也乘机掀起一场革命高潮。

12月21日(农历11月24日),为解决安、南、永游击区食盐紧缺的问题,根据中共同安县委的决定,三区区委书记洪宗涂和青年团同安县委书记许永宗率领从新圩、内厝、马巷、新店等地区及南安县辖的霞浯、莲河、前坂300多名盐民纷纷汇集于珩厝村北的霄垅埔,中共同安县委东区及南同边区群众听了此次武装斗争负责人彭天素简短的动员之后,抢盐大军立即向珩厝盐场挺进。地下党员王天赐把群众带到伪保长王德桥的盐坨(盐堆),武装队员彭天味把红旗插在盐坨上,众人一齐动手,挥锄挖盐,铲盐装袋。恰遇王德桥勾结的王仔良、黄赞土匪武装的夹击,发生激烈的战斗。鉴于我方几百名群众所持武器多系土枪、梭标、马刀,敌强我弱不宜相持,彭天味等武装队员当机立断,掩护群众突围转移。战斗中,陈先查、彭天味中弹负伤。珩厝抢盐斗争后,伪保长王德桥有恃无恐,反动气焰更为嚣张,洪宗涂亲自率领武装小组追杀这条地头蛇。

1933年5月,三名反动政府的收捐员驻扎珩厝村,对群众敲诈勒索,无恶不作。彭天味领导的武装小组于天凌晨把这三名捐棍从被窝里拉出来,分别在沙美学校操场和茂林山枪决,除暴安良。

"后村抢布"革命武装斗争旧址

位于新店镇后村社区洞庭（二）176号，建于民国十九年（1930年）。坐东朝西。建筑风格为一组三落大厝，前后两个天井，面阔12米，总进深36.7米，建筑面积440.4平方米。前落大厝面阔三间，进深一间7.5米，天井4.6米，正中为凹形门廊，柜台脚卧龙纹路，花岗岩青石窗两边台湾产瓷砖贴面，身堵两侧题书"善为传家宝　忍是积德门"，内外墙裙均为磨光花岗岩长方形石板拼砌。墙身红砖砌筑，水涮石抹面装饰，穿斗抬梁综合结构，斗拱双狮、双麒麟漆金木雕；中落大厝面阔三间12米，进深三间11米，硬山顶，燕尾脊，前廊梁架有垂莲拱、人物及花鸟纹等漆金木雕；后落前有天井4.1米，面阔三间12米，进深三间9.5米，中为厅堂，两侧厢房，内高5.8米，此建筑为土木、砖石建材结构，建筑风格简约，石柱础、石门铛、檐角的"墀头"石雕及梁架上木雕等民国原有建筑物。院前西北角凿有一口水井，井口边长0.45米，井口距水面2.5米，井水清澈见底。

1933年1月19日，为了救济贫苦农民御寒过冬，同安地下党领导人陈先查、洪宗涂、黄永妙召集马巷东、西、南、北区区委、游击队长到新店后山岩开秘密联席会议，讨论布置对后村抢布的具体行动任务，确定时间，分配各区游击队员、农会会员、革命群众人数，应带的武器及工具、各区队集中地点、进出后村路线、指挥口号等。巷西、巷北各队集中地点在山后亭村，巷东、巷南各队集中地点在后山岩。陈先查负责现场总指挥，洪宗涂、黄永妙分率武装游击队负责警戒出入后村路线，保护革命群众安全撤退。

1月20日傍晚，巷东、西、南、北区游击队在队长杨协、陈墙、刘瓶、彭天味带领1300多人从马巷山侯亭、崎头宫汇集到新店后山岩。21日凌晨四时许，兵分两路向后村挺进，队伍行抵后村村边，早有当地地下党的同志为向导，立即把郭玲亮"顺胜布店"的三落大厝包围住，游击队员攀上前落榉头，锯断天井铁罩，入室开门。数百名群众以手电筒照明，拥入厅堂，把橱柜上的布匹和大房仓库的布料全数搬取。

由于后村抢布的游击队员和群众人声鼎沸，惊动了驻扎村南的国民党民团。民团急出截击。在火力敌众我寡的情况下，现场总指挥陈先查急忙发出撤退命令，数百名抢布群众在游击队员的掩护下迅速撤离，西区游击队员杨文懋不幸中弹牺牲。

"攻打马巷税契局"革命武装斗争旧址

马巷税契局位于马巷街80号（原名为马巷四甲街傅氏巷），与原水产捐证收所合并一处。其旧址是一店屋，无后门，此建筑为朱云语所建，修建于清末，坐西朝东，占地面积约80平方米。

1932年9月，中共同安县委为解人民于倒悬，救百姓于水火，决定攻打马巷税契局，打击反动派的嚣张气焰，支援闽西的反"围剿"斗争。9月12日凌晨四时左右，县委陈先查和巷东游击队长陈墙带领40多名武装队员，在县委彭德清的指挥下，径往马巷税契局门口，伪装鱼贩叫门交税。税契局店门一开，游击队员便一拥而入，活捉税契局长陈瑶远及其两名捐虫并于马巷四甲街横巷隘门边就地枪决。战斗仅一小时许，就胜利完成战斗任务。

共产党攻打马巷税契局，消息传遍同安县山区海岛。从此，剥削者再也不敢在马巷地区大肆搜刮民膏，鱼肉百姓。

"新圩抢米"革命武装斗争旧址

位于新圩镇新圩社区上市街101、172-175号,始建于清末民国初期。坐东朝西,前后两落大厝,中央天井,两侧榉头,面阔三间11.56米,总进深三间17.45米,包括前后檐柱,内高5.1米,建筑面积约202平方米。此建筑原为黄文鞭旧居,后因欠债被黄铿抵押,用于创办新圩源窿碾米厂。

1927年,彭德清到新圩播下革命火种。曾于东寮、井上、诗坂村与陈烟火、陈文质接上关系,开展组织农民协会,进行地下活动,并领导群众抵抗"三征",筹集粮草,支援解放同安,成为闽西南县工委供应粮草和各种物资的转运站。

民国二十二年(1933年)3月,正遇青黄不接之时,中共同安县委为了帮助贫苦群众度过春荒,解决百姓温饱,在同安县委陈先查的指挥下,在陈诚志、黄文情等地下武工队员的配合下,游击队员带领群众围抢囤积居奇的新圩源隆碾米厂开仓分米,遭新圩民团堵击,当地土豪劣绅的抵抗,在行动中,王同志(海南人,名字不详)和县委通讯员陈珠两位同志壮烈牺牲。

澳头碉堡

位于新店镇澳头社区澳头自然村海墘西岸边,与金门岛和厦门五通一水之隔,始建于抗日战争时期,坐东朝西。碉堡为抗日期间国民党所建,砖石混筑结构,水泥抹面,长3.9米,宽3.2米,通高2.9米,碉堡墙壁厚0.6米,顶厚0.5米,通往碉堡门宽1.4米,枪眼内径0.25米,占地面积12.48平方米。

1949年9月19日,中国人民解放军解放同安,同年11月11日下午2时许,国民党军队派出12架美式轰炸机轮番轰炸海上交通和军事要地澳头,惊恐万状的村民纷纷躲进此碉堡,洞穴被炸塌,17人遇难。

大嶝"八二三"炮战旧址

位于大嶝街道大嶝岛东南端,即原中央军委副主席、国防部长迟浩田亲笔题名的"英雄三岛"战地观光园内南侧,入口前身是海峡之声广播电台的空压机房,由钢筋混凝土浇铸而成,两座大门重达2.4吨,墙壁厚1.2米,顶板厚1.6米,层高6.6米,空压机房长19米,宽15米,占地面积285平方米,防弹级别是30吨。

从空压机房南角经过战地坑道,总长210米,由花岗岩条石修砌而成,高1.8米,宽1.2米,离地面约2米,建筑面积252平方米。坑道内墙壁上每隔4米挂一盏煤油灯,地面靠右边修一条宽0.12米高0.1米的排水道。坑道出口建有一间安放军事广播大喇叭之处,长5.1米,宽3米,高2.6米,墙厚1.2米,板厚1.9米,建筑面积15.3平方米。从空压机房到安放喇叭间总建筑面积552.3平方米。喇叭最大直径2.86米,长4.47米,重1588公斤,堪称"世界之最"。它采用仿声学原理,以压缩空气为动力,用语言信号控制高压气流,产生并传播语言音乐声波,最大声功率两万声瓦,有效传声距离12公里。

该遗迹与金门一衣带水,隔海相望,是全国唯一面向金门,以统一祖国大业为主题,以占地观光为内容,融爱国主义教育、国防知识教育、军事科普教育、休闲娱乐为一体的多功能教育基地和旅游胜地。

大嶝田墘抗战时期金门县政府旧址群

位于大嶝街道田墘社区，现保存有金门县政府总部旧址、金门县政府分部旧址、金门县政府文书房旧址2处、金门县政府警察署旧址、金门县政府会议处旧址、金门县政府干部宿舍旧址、大嶝岛盐兵楼、国民党金门县党部旧址、国民党金门县党部书记处旧址、国民党金门县党部宿舍旧址、国民党金门县党部干部宿舍旧址等12处文物遗存。

1937年金门沦陷后，金门县政府从金门岛迁至大嶝岛。抗战胜利后，金门县政府从大嶝迁回金门。前后八年时间，金门县政府在大嶝借用民房设立机构，组织军民坚持抗战。

金门与大嶝有历史的渊源，《同安县志》《马巷厅志》《金门县志》记载：晋太康三年（282年）置同安县，后并入南安县。唐贞观十九年（645年），析南安县西南角置大同场。后唐长兴四年（933年）大同场升置同安县，金门、厦门均隶属同安县。宋神宗熙宁时（1068—1077年）建都里，大小嶝、金门为同安绥德乡翔风里十五、十六都（即大、小嶝）和十七至二十都（即金门）。清乾隆四十年（1776年）设马巷厅，大嶝、小嶝、金门属之。民国元年（1912年）裁马巷厅，析同安县嘉禾里（今厦门）、金门、大嶝、小嶝置思明县，同年升思明府。民国四年（1915年），析金门、大嶝、小嶝置金门县，大嶝属金门县第七区。

抗战时期金门县政府旧址群是第三次全国文物普查时新发现的反映海峡两岸"五缘"关系的重要涉台文物，2009年11月16日，福建省人民政府公布为第七批文物保护单位。

抗战时期金门县政府旧址是反映海峡两岸"五缘"关系的重要涉台文物，是反映两岸同胞团结一心、共御外侮民族精神的实物见证，对加强两岸交流，实现两岸的和平统一有重要的意义。

抗战时期金门县政府旧址发现以后，引起社会各方的广泛关注和重视，国家文物局领导和多批海峡两岸的组织、机构、团体和个人都前来参观和考察，《厦门日报》等相关刊物对其进行了报导。国家文物局将其列为第三次全国文物普查重要新发现。2009年11月被福建省人民政府公布为第七批省级文物保护单位，现拟申报国家级文物保护单位。

金门县政府总部旧址

位于大嶝街道办事处田墘社区田墘北里131号，建于清代，坐东朝西，两落红砖古厝民居，面阔11.7米，总进深31米，建筑面积约362.7平方米。前落面阔三间，雕砖贴面，菱形红砖装饰墙面，上部为清水烟炙红砖院墙，门楣上方镌刻"荥阳衍派"四字。正面院墙水车堵装饰着彩绘泥塑，雕刻凤鸟吉祥图案和"居之安""和为贵"楷书文字。下部花岗岩板石砌筑，底部是柜台脚石柱础，前面花岗岩磨面石埕。中为天井，两侧榉头。后落面阔三间，进深三间，进深11米，高8.5米。中为厅堂，硬山顶，燕尾脊，脊堵装饰吉祥花卉。步通两端板顶上各有一间用清水烟炙砖砌筑的小阁楼，马鞍脊。抗日战争时期，该民房为金门县政府总部。

金门县政府分部旧址

位于大嶝街道办事处田墘社区田墘北里137号（金门县政府总部北侧），始建清末民国初期，中西合璧二层楼房，木制楼板、楼梯，砖石结构建筑，坐东朝西，面阔三间8.5米，进深1间半6.1米，高6.5米，建筑面积103.7平方米。一楼下部花岗岩条石砌筑，上部清水砖墙面，石框大门与镜面墙平行，门楣上浮雕"兰桂联芳"四字。二楼三合土墙面，南北通长阳台，马鞍脊，墙体严重剥落。

抗日战争时期，该民房为金门县政府分部。政府部委领导张西湖的长子张嶝福（回金门后改名张金福）在这座楼房出生。

金门县政府文书房旧址

即"攻打大嶝乡公所"革命武装斗争旧址。位于大嶝街道办事处田墘社区郑氏家庙北部，田墘北里123—124号，始建于民国年间，中西合璧二层洋楼，坐北朝南，面阔15米，进深7米，高6米（其中第一层高2.5米），建筑面积为105平方米。一层下部花岗岩条石砌筑，清水砖柱，柱础方石，清水烟炙红砖墙面，窗周围用东南亚产瓷砖装饰。二楼女儿墙和柱廊为欧式结构，个别挑梁用混凝土建筑。二层正面为拱形柱廊建筑，楼顶为天台，四周围琉璃瓶式栏杆，并有纹形灰塑装饰。一层正门墙堵窗旁贴面和柱头饰东南亚产瓷方块花釉砖，二层侧墙为大三角形山花装饰，部分墙壁剥落，屋面坍塌。

南侧另为一幢闽南民居建筑，田墘北里123，与124号二层式楼房连为一体，坐东朝西，面阔三间10.8米，进深11.3米，建筑面积121.04平方米。土木结构，为小九架。

民国三十八年（1949年）5月1日，中共同安县工委（闽浙赣边区委员会系统）指挥部，委任陈明贤为指导员，陈福庇为队长，陈粪扫、陈丕带为分队长，带领大陆游击队10余人轻装渡海，登上大嶝岛田墘村，配合大嶝岛30余名游击队员，一举攻下大嶝乡公所，缴获5支枪，没收户籍册和田赋册，控制大嶝乡达半个月之久。

1949年5月中旬，在闽中游击队泉州团队第三团指挥下，中共同安县工委决定收缴莲河盐场、霞浯、东园盐兵的枪支。参加攻打大嶝乡公所的游击队跨海登陆，又投入这场战斗。林文庆任指挥员，大帽山武工队队长陈诚志率小分队赶往支援，战斗持续7个昼夜。

9月初，大嶝游击队中队长许大知、副中队长曾焕土、许天送、许天降渡海侦察敌情，绘制敌军布防简图送交驻莲河中国人民解放军29军侦察连。大嶝解放前夕，许菊同志受党支部派遣，送情报回大陆时，遭敌军枪击而牺牲。

10月19日，驻扎在一水之隔莲河、珩厝村的中国人民解放军29军87师259团和28军84师251团2个营奉命与盘踞大嶝岛的国民党军展开激战，大嶝宣告解放。

这两栋建筑为抗日战争时期金门县政府文书房。

金门县政府警察署旧址

　　位于大嶝街道办事处田墘社区郑氏家庙南侧，始建于民国初年，中西合璧式二层建筑，坐南朝北，面阔三间11.5米，进深一间4.5米，通高5.6米，建筑面积103.5平方米。正面为花岗岩墙裙和清水烟炙红砖墙面，一层有凹形石框大门，正门两侧墙面以红砖拼贴"万"字锦纹，二层面阔三间，中为门，两侧有石雕漏窗，正面是东西通长阳台，用绿色彩釉陶装饰栏板并有方格形琉璃栏杆，硬山顶，两坡屋面，土形山墙，为闽南红砖建筑风格，由于多年疏于管理，檐廊木梁腐朽，略有坍塌状况。

　　抗日战争时期，该民房为金门县政府金门县政府警察署。

金门县政府会议室旧址
（田墘郑氏家庙）

位于大嶝街道办事处田墘社区居委会办公楼西北侧20米处，始建于明崇祯年间，重建于清咸丰年间。20世纪90年代再次重修。坐东朝西偏北，前后两落，中为天井两侧回廊，总面阔12米，总进深23.5米，建筑面积约282平方米。家庙前为砖坪和石坪，前埕22.5米，正门前至照壁30.6米，新建的照壁上泥塑麒麟图案。前落面阔三间，前为檐廊，中为凹形门廊，背面为宽廊道，中设大门，两侧开边门，正门下部为石雕，两侧有双鹿、双鹤、双麒麟浮雕，石雕均为明代原物，木雕多为新作。正面院墙清水烟炙红砖贴面。后落墙体穿斗式木结构，中部抬梁式结构，两廊斗拱雕花，歇山式，双翘脊，脊堵有花卉、龙凤剪瓷制作，筒瓦屋顶，门廊两左右1对方形石柱，门檐垂华拱，楣上悬"郑氏家庙"木匾。厅堂内悬有"崇祀褒忠""笃学可风""户部郎中""会魁""乡贤""解元"匾额。祠内保留着大量精美的清代石雕柱础，极具闽南红砖古厝的保护价值。

抗日战争时期，该家庙为金门县政府会议室。

金门县政府国民党党部旧址

位于大嶝街道办事处田墘社区田墘南里337号，始建于清末民国初期。坐东朝西，两进院落，中央天井，两侧榉头，面宽三间12.2米，总进深22.5米，其中一进进深一间7.3米，二进进深两间11米，天井4.2米，宽6.1米，建筑面积274.5平方米。前落中为凹形门廊及门厅，两侧厢房，正面墙裙板石砌成，硬山顶，燕尾脊。下厅两侧版筑用漆金书画装饰。塌寿两侧深堵饰烧瓷花卉，正面墙六角形砖拼，垂花拱，水车堵泥塑图案，窗堵用台湾产瓷砖装饰。大门设置三副防盗隔挡门，外侧瓜柱门臼。北侧榉头于1958年"八二三"炮战被炸毁，现只依旧主后裔费心守护，然而，难防文物不时遭盗窃。后落中为厅堂，两侧厢房，镜面内大门四周木制看架，穿斗式梁架与土砖墙夹砌，脊堵内有剪瓷花卉和灰塑吉祥纹路，脊斗各泥塑一尊凤狮，规带两侧各铺筑5条筒瓦，中间板瓦屋面。硬山顶，燕尾脊，楣上悬"燕翼贻谋"泥匾，寓意业主但愿后裔犹如燕子口衔淤泥，翼夹稻草，常年回南方垒窝筑槽一般，回故里繁衍生息，建家立业。

抗日战争时期，该民房为金门县政府国民党党部。

金门县政府国民党党部书记处旧址

位于大嶝街道办事处田墘社区郑氏家庙照壁南侧南里418号，始建民国初年，20世纪90年代重修，中西合璧式二层建筑，坐西朝东，面阔3.8米，进深11.6米，高7米，占地面积35.8米，建筑面积71.6平方米。下部条石砌筑，外墙原黑壁砖贴面，外貌现有改变（重修时用水泥抹面）。两坡顶屋面，土形山墙，屋顶板瓦。木制楼板、楼梯。大门向东，花岗岩石头过梁门，门前建有雨搭，砖砌拱形廊柱，6层清水砖出檐，木板顶铺砌方砖。现为田墘社区老人活动场所之一。

抗日战争时期，该民房为金门县政府国民党党部书记处。

金门县政府大嶝盐兵楼旧址

位于大嶝街道办事处田墘社区田墘村北里159号，始建民国初期，中西合璧二层楼房，砖石结构建筑，坐北朝南，面阔三间10.6米，进深7.3米，高6.3米（其中第一层高3米），建筑面积154.76平方米。一楼下部为花岗岩条石砌筑，廊柱和墙面均用红砖砌体，水涮石抹面装饰。二楼楼顶为欧式女儿墙，东西通长柱廊式阳台，廊柱用清水烟炙砖砌成，中部上端镌刻"仰之弥高"四个大字，两侧有飞马图案。一楼风格为中式，二楼为欧式。二层廊顶塌陷，部分墙体剥落。

抗日战争时期，该民房为金门县政府金门县政府驻大嶝盐兵楼。

金门县政府干部宿舍旧址

位于大嶝街道办事处田墘社区田墘村西部北里132号,始建于民国。闽南大九架砖石结构建筑,癸亥年孟夏翻修,坐东朝西,面阔11.2米,一进院落5.7米,天井4.3米,二进院落10米,总进深20米,高5.8米,建筑面积224平方米。整体建筑下部条石砌筑,上部红砖贴面,两厢榉头,子孙巷两端上方各建一间小阁楼。硬山顶,燕尾脊。花岗岩柱础、柜台脚、瓜菱形门铛。凹寿门楣上方泥塑"荥阳衍派"四字。正面院墙水车堵装饰彩瓷。后轩保存一座漆金神龛和一张供奉案桌,色彩完好,精雕细琢。神龛上四字"爱存慤著"寓意深刻。

抗日战争时期,该民房为金门县政府干部宿舍。

金门县政府国民党党部宿舍楼旧址

位于大嶝街道办事处田墘社区田墘南里351号,始建于民国初年,为中西合璧式二层建筑,俗称"八角楼",坐北朝南,面阔三间11.8米,进深一间16.36米,其中八角楼进深8.3米,占地面积192.34平方米。主体建筑面积93.94平方米。建筑结构下部条石砌筑,山墙上部用黑壁砖,正面以清水烟炙砖贴面,院宅大门朝西,南北回向,欧式的女儿墙、阳台和柱廊。一二层木制楼板,楼梯踏步木制,转台石砌。前落面阔三间,板顶屋盖,西南两侧回廊,东侧两厢房,1座木楼梯向东回旋登上,二楼中间廊柱东西通长,院内天井西南角凿一口深水井。整座楼房堂皇富丽,雄伟壮观。

抗日战争时期,该民房为金门县政府国民党宿舍。

金门县政府国民党党部宿舍旧址

位于大嶝街道办事处田墘社区田墘南里355号，始建清代，坐东朝西，前、后两落大厝，中为天井，长4.1米，宽6.5米，砖下三级台阶。左右榉头，南侧单边护厝，面宽16米，总进深21.8米（其中一进6.7米，二进11米），建筑面积约348.8平方米。前落大厝面阔三间，中为凹形门廊及中厅，两侧厢房，抬梁式梁架，硬山顶，燕尾脊。后落大厝面阔五间16米，正厅和后轩进深11米，两侧厢房，穿斗式梁架，硬山顶，燕尾脊。前落门面为花岗岩墙裙，柜台脚雕有纹路，上部清水烟炙砖贴面，檐下"水车堵"和"墀头"泥塑鹿、人物等浮雕，塌寿正门两侧身堵有马、花鸟砖雕，其技法表现出动态的人物故事。后落面阔五间，其中左一间已坍塌，门厅梁架上的木雕被炮战炸毁，2004年屋面翻修。子孙巷步柱底部圆形花岗岩柱础，脊堵泥塑图案装饰，规带两侧各4排筒瓦，此建筑为土木、砖石结构的闽南红砖民居。

抗日战争时期，该民房为金门县政府国民党宿舍。

"同安化工厂"旧址

位于新店镇茂林社区东坂自然村西南面田野中，始建于1958年，原坐北朝南，生产基地占地面积约5 600平方米。现夷为平地，仅存烟囱1座，基座底部直径4.6米，四周设置4个烟道气孔，长0.8米，宽0.4米，烟囱整体高达20米，37层钢筋爬梯，每隔0.6米布上一层，烟囱逐层上缩，每砌0.3米红砖用钢筋混凝土浇梁，梁厚0.15米，烟囱砖壁用白灰泥塑"同安化工厂"五个大字，清晰可见。

1958年，当时同安县政府拟在沿海发展工业生产，以海水提炼硫酸等化学元素，正遇国家困难时期，资金投入有限，项目建设被迫中止。

小嶝"303"地道

位于大嶝街道小嶝社区客渡码头东北侧50米处，与金门一衣带水，两岸仅距3 600多米。地道始建于1963年3月，当时苏联军队入侵我国珍宝岛，制造严生的流血事件，我国边防部队被迫进行自卫还击，台湾当局也蠢蠢欲动。在这一严峻的国际国内形势背景下，小嶝军民开挖这条地道，为防止泄密，故命名"303"地道。

小嶝喇叭堡

位于大嶝街道小嶝社区东部海边的环村路旁，距金门3 600米，堡高10.8米，宽8.1米，占地面积87.48平方米，堡里安装48套当时世界上最大的军事广播喇叭。整套装置用铅灌制而成，每个喇叭号筒长5米，重达1吨。这些喇叭当年用登陆艇运来，由12条汉子逐个抬上岸。这种大喇叭有效传声距离可达12公里，这座喇叭堡的广播可以覆盖整个金门东部地区，是当年我军对金门岛进行广播宣传的主要工具。

广播是配合炮战的政治攻势，是瓦解敌人的攻心战，被誉为"兵神"。广播与炮战相辅相成，如果说炮兵的炮弹是有形的炮弹，在对岸阵地上开花；那么广播则是无形炮弹，在国民党军心里开花。当年包括林毅夫在内的许多国民党官兵听了广播，受到感召，或泅水，或驾舟，毅然归来。

其他文物

　　翔安地处滨海，多丘陵山地，溪流短小，地下泉水充沛，因此，凿井汲水成为古代人们生产、生活用水的主要渠道，从村边、田间直至门埕前、厝内，开凿着众多水井，这些水井或方或圆，或砖砌或石垒，不仅是人们赖以生存的必备设施，不仅许多地方因水井而得名，而且流传着许多传说故事。沈井村的东北村边，就因古时在此开凿过两口大水井并聚落成村而得名，它养育着一代一代沈井人，伴随着沈井村的发展；在沈井村南面的石头井曾在清淤时出土了一方民国初年的买地券方砖，其内容反映了清末民初土地买卖关系和契约形式；林尾溪仔边六角井，修建于宋代，是翔安境内现存年代最早的古井，民间传说宋代杨文广持枪戳井出泉，是古往今来文人游赏吟咏之古迹。大嶝"义泉"古井则向人们描述了400多年前倭寇袭扰大嶝时的腥风血雨场景和当地烈女不屈抗争，投井而死的惨烈场面。翔安新圩御宅自然村至迟南宋时就有聚落，传说元兵追杀南宋幼帝赵昺一行曾途经此地，留下"御宅"和有关鱼池、御井、马池的传说。

　　"石敢当"三字刻于小石碑上，古人以为可以镇压不祥，民间则以为可以辟邪、镇风、平浪、制煞，此俗唐代即有。《急就篇》云"石敢当"，颜师古注："敢当，言所当无敌也"。闽南地区习惯在"路冲"之处竖立"石敢当"，有的还在碑身加刻其他神祇或符号图案以增强辟邪的功效，有的则将石头雕刻成狮头等造型，以此用来辟邪镇妖。珩厝海边的虎头石敢当上镌刻有"龙军虎将"的字样，是难得的实例，因其年头久远，具有镇邪法力，已成为当地供奉的神灵之物。

其他文物

- 买地券砖
- 沈井明代古井
- 九宝山胜迹
- 雷公电母石柱
- 御宅鱼池
- 御宅御井
- 御宅马棚、马池
- 林尾六角井
- 美人井
- "义泉"井
- 澳头"石狮巷"
- 虎头石敢当
- 古代苏铁树
- 黄国标"岁贡执照"
- 太学生印石洪公暨孺人王氏合葬墓志铭

买地券砖

2004年,马巷镇沈井社区对位于村南部200米处的石头井进行改造,在清理井底淤泥时,发掘出土正方形红砖两块,边长0.3米,厚0.02米。一块单面四周墨书四句七言吉祥语,上下、右左对读为"白鹤下时飞上天,黄鲤脱了入深泉,福地安居大富贵,儿孙金榜世代传",中间有墨书花押并题写"科甲联登";另一块砖单面由外沿顺时针向里环写文字四五圈,记述陈氏祖先所购地基位于"福建泉郡同邑马巷辖全禾里六都沈井保沈井乡六路甲"和地基上所建房屋,以及买卖双方姓氏和所买之地、房屋的地点、方位及四至,中有落款"民国十年"及古契约定式中的见证人、书写人姓氏等。

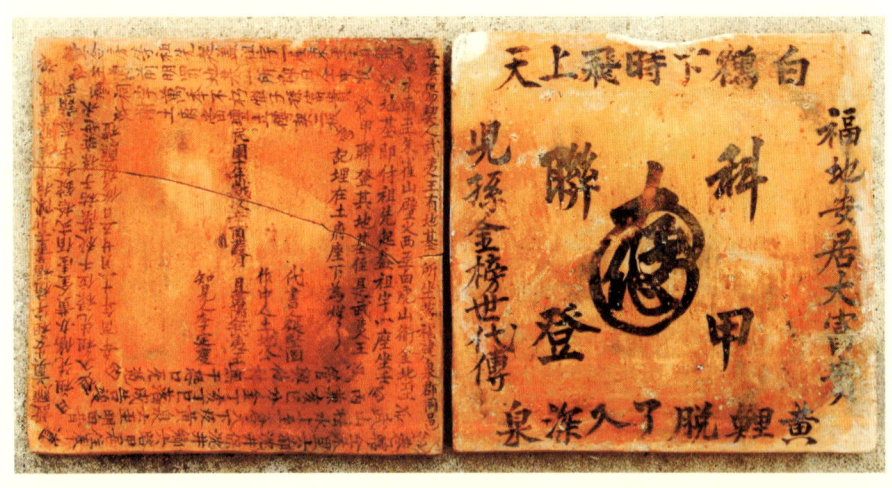

沈井明代古井

位于马巷镇沈井村东北面村边80米处,相传古时沈姓来此凿井落户居住,沈井村因此而得名。古井为两口石砌大井,南北相距20米。井壁以石块垒砌,圆形井口直径2.5~2.8米,深约30米,现水面距地表2.5~6米,南面古井之井口现已改成四孔,此井曾因其出水多,每逢旱季时,可灌溉良田60亩。

九宝山胜迹

九宝山位于翔风里柏埔（今翔安区新店镇洪厝村）东南、翔安大道西侧，相对海拔约50米，方圆约1平方公里，由于此山有许多天然象生、象物岩石：石刀桥、笔架、棋盘、金箱、玉印、石梅、仙床、石龟、石牛等诸胜，造型惟妙惟肖，栩栩如生，美不胜收，故名九宝山。山之麓有温泉，四时不涸，质咸味苦，濯之能疗百病。此山是翔安著名的自然景观。

雷公电母石柱

位于新店镇东界社区东界自然村"许氏家庙"前的池塘边。始建于明代万历年间,坐东朝西,占地面积35平方米。为2根圆柱,直径0.2米,高1.5米,立于新修的砖砌长方形台座上,台座长2米,宽1.5米,高0.7米。其一根石柱浮雕一位男武士形象,脚踏卷云纹,头顶彩云,双手执短刃,纹饰上方镌刻"玉旨雷公火",石柱背部有长方形凹形榫口;另一石柱浮雕一位身着宽袖披风形象的女性,足蹬祥云,头罩朵云,双手持小锤,上方镌刻"玉旨电母火",背部有长方形凹形榫口。石柱上"雷公""电母"为古代神话传说人物,其形象雕凿生动传神、立体感强,应为明代宫庙建筑遗物。

"文革"期间"破四旧"时,雷公电母石柱被劈开铺路,上世纪90年代,东界乡老将其复位,重新修筑。

御宅鱼池

位于新圩镇凤路村御宅自然村72—73号民宅前面。鱼池四周岸边以卵石砌,近圆形,长约70米,宽约30米,占地面积约2 100多平方米,据《同安县志》记载的民间传说,南宋末年,宋幼帝赵昺曾逃亡至此,村民以鱼池内的"白肠白肚"鲤鱼供奉皇上。池南30米处御宅自然村96号民宅右侧巷内有御井。

御宅御井

　　位于新圩镇凤路村御宅自然村96号民宅右侧巷内，始建于南宋年间，以大块卵石砌建，长方形井口，长1.5米，宽0.66米，井腔长3.5米，宽2米，深约3米。水井占地面积为16平方米，开凿御井专供皇家饮用。

御宅马棚、马池

位于新圩镇凤路村御宅自然村西南农田中,始建于宋代末年,坐东朝西偏北。辟建马池、马棚为御马歇息与洗浴之处。马棚为前后两落大厝,面阔11.5米,进深16米,建筑面积184平方米,占地面积300平方米。前落面阔三间,进深5.2米,天井进深3.3米,后落面阔三间11.5米,进深三柱7.5米,内高4.5米,板瓦屋面,硬山顶,燕尾脊。

马棚周边一口为不规则椭圆形石砌水井,直径1～1.5米,现为当地村民生产活动用水。

林尾六角井

位于新圩镇林尾自然村东南1800米的溪仔边北坡,修建于宋代,古井四周杂草丛生。因井口用水磨条石砌为六角形,故称六角井。井口直径0.8～1米,由六块石板拼合而成,石板高0.45米,长0.5米,厚0.07～0.1米,因受挤压,略有变形,井沿可见长期使用磨损痕迹,原井深丈余,现底部淤积,水深0.5米,泉水溢满井口。原资料记载,井栏石板可见镌刻"政和"二字,故推测古井为北宋政和年间(1111—1117年)所造,井底有天然石板4块,板上镌篆书若干,字迹难辨。

《同安县志》记载,古井附近曾分布古村落,明成化年间(1465—1487年)常有文人来此怀古抒情。民间传说杨文广南征来此,用枪首戳井底冒出泉水。

美人井

位于小嶝岛前堡妈祖庙东北角100米处,开凿于宋代,乃是小嶝岛十八景之一。井口石构长方形,长1.12米,宽0.76米。红斑土井壁,井口直径0.8米,井深约6米。水井四周环海,上层3米的井水是淡的,下层是咸的。井后1.6米处有长方形石碑一方,碑高1.52米,宽0.58米,厚0.1米,碑文镌刻"宋遗址　美人井　小嶝十八景之一　1993年孟春立"。相传,先人定居小嶝岛时,用水又咸又涩,名叫"美人"的讨海小姑娘不忍村民深受之苦,每逢初二、十六日长跪于此地,苦求妈祖恩赐一口甘甜水井。妈祖深受感动,托梦于美人,美人依据妈祖"旨意",在庙后100米处刨开泥沙,果真一股清泉涌出,故取名"美人井"。

"义泉"井

位于大嶝街道东埕社区东星小学东侧围墙外菜地里。俗称"鸦片井",在这块井的旁边竖有一块花岗岩碑刻,坐西南朝东北,高1.08米,宽0.45米,厚0.11米。碑上竖排镌刻"泉"两个大字,落款明嘉靖二十九年(1560年)立,每个字直径0.26米;碑首有"皇明"两字,每字0.11米。碑文的最后边竖写"庠生王氏妻 贞烈吴氏 死崩于此",正文有16小字诗句"特此留石 百斥群酗 舍生成名 千古不朽"

据《福建通志》《泉州府志》《金门县志》详尽记载:"吴氏庠生,妻王氏。嘉靖二十八年(1559年)避倭大嶝寨中。寨陷被执,骂贼不绝口,贼将杀之。有告其为大家妻,以索赎者,乃令老妪扶之行。适见道旁有深泉数十丈,遂投而死。后人名其泉曰'义泉'"。因此,"义泉"成为大嶝人民抗倭寇,保家园的历史见证。

澳头"石狮巷"

位于新店镇澳头社区澳头自然村后埔顶10—45号,即澳头海边"苏氏家庙"后,始建于明末清初,小巷东西走向,南北两侧为澳头村后埔顶村民的民居。大多数宅第门面向此巷,笔直的小巷长约500米,宽2.3～4米,占地面积1800平方米。巷内靠南侧立有两只石狮,其中一只高0.83米,胸围1.11米,重约400斤;另一只高1.17米,胸围1.63米,重约1500斤,石狮对面左侧一座古厝的榉头西侧外墙壁上入石刻一方,长0.42米,宽0.28米,镌刻"来龙进宝",人们故称这条小巷为"石狮巷"。

虎头石敢当

位于新店镇珩厝村西200米村路旁,坐东朝西竖立于小土坡上。圆首长方碑形,花岗岩质地,上部阴刻出正面的虎头形象,形似猫,中腹分两列镌刻"龙军虎将"四字,字迹略不清晰。石敢当高0.9米,宽0.35米,厚0.09米,从其造型风格及石质风蚀程度看,当属明代。石敢当前立有"司土"小石碑,高0.4米,宽0.2米,其旁并建有小庙1座。

古代苏铁树

位于大嶝街道小嶝社区八角楼西侧。苏铁起源于东亚，别名铁树、番蕉，属常绿乔木、裸子植树的一种。2007年厦门市绿化委员会、厦门市翔安区人民政府将其列入古树名木（编号XA111）。

明代，琉球王国是中国的属国，琉球与中国的交流始于1372年，前后持续了500多年。据史料记载：清末，小嶝船队邱大顺2次随护国使赵新，4次运载京米到过琉球，因此受到赵新的请封。同治三年（1864年），御赐匾额"仁周海"一方和檀香一盒；册封邱大顺为琉球王。

历史上小嶝岛航海发达，交通便捷，这棵铁树就是他当年从琉球引进的，植于许家后院，古铁树和许家人和谐相处，它得到许家几代人的呵护。

黄国标"岁贡执照"

2011年4月，区文物工作者在新圩镇新圩社区下市居民黄火跃家中发现一张兵部左侍郎福建督学部院秦绶章于清光绪三十一年（1905年）颁发给其曾祖父黄国标考中岁贡第五名（经元）之"岁贡执照"，全文如下：

钦命兵部□（左）侍郎福建督学部院秦 为
知照事□□□□六月初二日准：

国子监次开所有监肄，请各省岁贡给与贡单一摺等因于乾隆四十一年四月初五日发起具奏本月初十日，内阁交出。初七日。奉旨，知道了，钦此。相应钞录原奏知照，计粘单一纸，内开嗣后廪生出贡，各该学政于考准之日当堂填给贡单。其收执赴监肄业者，仍取本籍地方官文结迨亲赍贡单投验，倘无单呈验□驳回外，将遗漏给单之该学政指叅。请旨交部议处，至现在肄业及续来之岁，贡生内如出贡在乾隆四十年以前，未经给有贡单者相沿已久，各该政更易数任，若概令补给贡单，未免滋扰。请核验本籍文结外，再咨查礼部，俟准。部覆贡册有名，仍准其肄业，报满咨部铨选，毋庸补给贡单，以归简易等。因到院准此，业经通行在案。今本部院于光绪叁拾壹年考过准充岁贡生，遵例颁给印单，付本生收执，以便赴监肄业呈验，察照施行，须至单者。

计开

黄国标，年肆拾玖岁，同安县学廪生光绪肆年入学，光绪拾陆年补廪，考充光绪贰拾玖年分岁贡。

光绪叁□□□月十三日单。

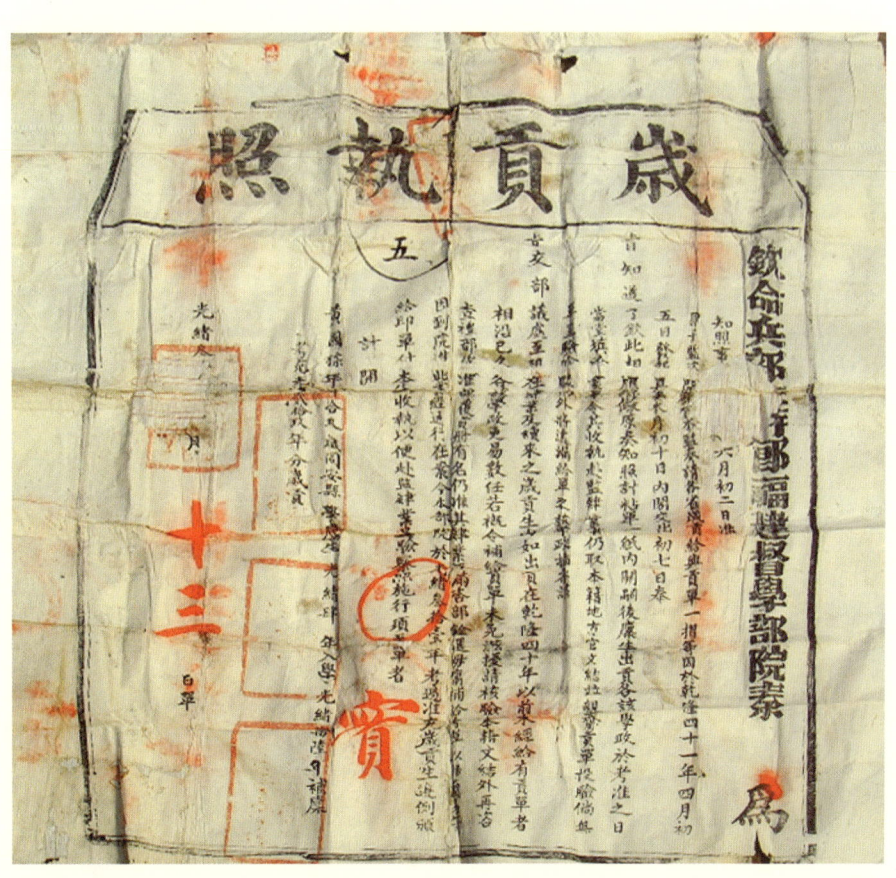

太学生印石洪公暨孺人王氏合葬墓志铭

皇明

　　印石洪公之知予拱,在予未知日。予初时与少司寇芳洲公,冢孙正贞宪相从事,于邑之西边偏。公雅以文相推重,若有凤契,予举乡荐,公忘予陋,以男聘予女,予举礼闱,公忘予贫,百允供应必需,相与处无异一家,予女蚤没,公孺人相继往,予亦浮沉仕□者屡矣。公长男邦泰及予婿仲基,敦好有加,一日涕泫然持所为状属予志,谓予素知公也,即不文安忍,嘿嘿按状。公讳忱,字诚愎,甫别号印石。始祖十九郎,从光州固始,仕宋为南安令。因南渡,卜居于同之柏埔。十一传为赠右副都御史公蕤宾。蕤宾生封刑部左侍郎公溱。溱生莆郡司公朝夔,郎公父也。住而峋嶙,学操觚,辄作惊人语。少司寇公芳洲,深□之,谓:"儿驹行汗血,是其致千里者。"故于有犹子中,最钟爱。十五岁,同司训避倭寓郡城,与今大□陈公章阁饲肄业,郡有□□童之称。十八补弟子员,再试棘围,竟以短视,楷书涂鸦,不得志于主者。芳洲公因以顺天,用朱卷命公北游太学。时,大司成林公士章阅试,大赏识,以避同乡,置第二,然意专属公云。秋闱谓泗水邹公所拔,执卷白主司,必欲得解,以此重违主司意,争之不得。然而,名已隆隆起,一时都名士,咸欲得公而缔交焉。丙子,就试复备中式而厄于数□,盖公之天质英颖,捆搋诸子百家文,如洪川巨浸,而胸怀洒廓出之,是以无不人人刮目,至所以厄,非文之故也。后因弟象晋蚤没,念二亲垂白,不忍远离,遂舍举子业而舞彩,凡所以事司训公及太孺人者,无不曲至。司训公谢世,岁入羡馀必以归太孺人,听其分于姊妹及中表盖养志云。以次子时杨,为弟继而抚弟二孤女有加,妆送之腆,虽亲女不得齿,盖其天性孝友类如此。晚年杜门不与户外事,大□玉吾林公及宿友静宇王君相过后,或时吟绝句中"圣人以自适"劝之仕,则不应,常对予言曰:"吾以于诗得其情,于酒得其趣,世人白首穷经,浮沉功名,到底有何着落。"相率以为伟语。性犹慷慨,嗜义轻财,凡朋戚党族,婚姻丧葬,有不足,必以公为外府。公亦视□□为厚薄,未尝不惬其意,以往成获有欺匿者,亦令自省改,未尝疾言遽色,故终公世,无不人人乐为用焉。配孺人为高浦所王公凤知女,年十七归,辄去□练,执巾栉,以朴素相将。公外游,事舅姑必以孝,处妯娌戚属必以和,程督子若孙,朝夕课□,必以严。凡公所以不问家计而得以余赀,厚所知儿孙,峥嵘俱有,短月□,皆孺人内助力也。公生嘉靖甲辰年九月初九日,卒于万历丙午年八月三日,享年六十有三。孺人生嘉靖己酉年六月六日,卒于万历戊申年六月十七日,享年六十,盖寿不满其德云。丈夫子三,邦泰,庠生,娶参政叶明元女;时扬,太学生,娶庠生陈士麟女;仲基,聘余女卒,娶庠生郭嘉会女,继娶王从周女。女子三:一适庠生池显□;一适庠生郑复雅;一适太学生李莳明。孙男八:敷志,娶庠生陈子鲁女,继娶叶炜女;敷忠,娶李梦玉女;敷恩,聘太学生叶濂女;敷惠,聘余弟廷极女;敷懋,未聘,邦泰出;敷谦,时扬出;敷锡,敷锷,仲基出,俱未聘。孙女九:一适主政陈士兰子黼箴;一适州守杨乔椿子兆鹑;一许孝廉吴必达子一麟;一未许邦泰出;一适州守赵仕隆子巩;一许黄有典子祚基;一许庠生池显谟子□;一未许,时扬出;一未许仲基出;曾孙男一,敷志出。今于万历丁巳年正月二十四日酉时,合葬于翔风里之古泽。余依状而志之,盖不敢负所知也。铭曰:

　　食报者,轩其车,食德者,充其间。公识其大,先畬而□□,不求售,好德无休,谐以眉案,蓝玉是俦。交相济之,谓克无攸。遂之谓柔□诸名山。可以长发后裔而荫千秋。后之人观古之泽,郁郁佳气,知公与孺人之优游。

　　赐进士文林郎,行取拟礼部精膳司主事,制眷生张延拱颡拜撰。

消失文物

　　2004年以来，为配合土地开发和大规模基本设施建设的进行，市、区文物考古部门在建设项目的工程范围内进行了文物调查、勘探，对发现的文物遗存进行了测绘或抢救性发掘，获得一批重要的资料和珍贵的出土文物。翔安区是厦门市近年来文物考古工作量最大、新发现地下文物最多的地区，为研究翔安及厦门地区的历史提供了重要的、不可替代的实物资料。

　　根据第三次全国文物普查的规范，将这一类在原址已经不存在迹象的文物遗存列为消失文物。

消失文物

- 乌山新石器时代墓葬
- 宋吴公墓
- 五代筒瓦墓
- 宋陈桀墓
- 宋无名氏双室墓
- 宋无名氏三室墓
- 明许宗继墓
- 明"钦广"墓
- 明林廷超墓
- 太学生洪印石墓
- 明柯毅斋墓
- 朱威朴墓
- 清洪廷仪墓

乌山青铜时代墓葬

位于新圩镇乌山村，出土情况不详。1972年，村民蔡水息平整土地时采集到4件石戈，其中3件被挖断丢弃，剩余1件，同时出土3件陶器，其中1件似陶壶。石戈为灰白色页岩，呈舌状，两侧刃部呈对称弧形，无脊无内，锋部夹角较大，援部较宽，援端齐平，后部有一对钻圆孔，断面为扁椭圆形。整体磨制规整，通长13.3厘米，宽6.6厘米，厚0.9厘米，孔经0.6厘米。从器物特征分析，属新石器时代墓葬。原址已不存，石戈现收藏于同安区博物馆。

宋吴公墓

五代筒瓦墓

该墓位于浦园村肖厝自然村西面150米处山脚，2005年4月7日，对翔安海底隧道翔安陆路区域进行考古勘探时，发现该墓并抢救清理。墓室内堆满积土，坐西朝东，长2米，外宽0.51～0.55米，内宽0.35米，高0.4～0.45米，东部墓表1/3为小路所破坏。墓室整体以筒瓦头尾相衔接逐层围砌，共5层，筒瓦呈半圆筒形，一端大一端小，小端呈瓦舌状，长30～32厘米，直径10～12厘米，红色或青色；墓底以2层方砖铺设，方砖薄而大，边长34厘米，厚0.5厘米。

西部墓底覆置两块顺向筒瓦，应为遗骸枕头，枕旁出土细小的圆柱体发簪，长约10厘米，直径0.15厘米，断成数截。墓中部清理出青釉碗小瓷片，小唇口，胎薄，青黄釉，细小开片，剥釉，为厦门同安地区五代时期窑址所生产。

  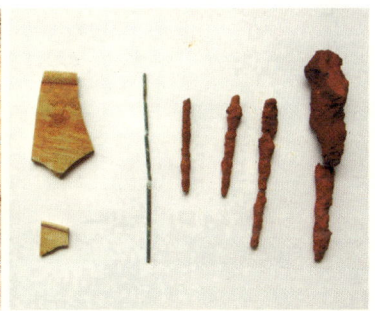

2006年3月6日，马巷镇后滨村西南300米的厦门火炬园东部开发区基建工地发现该墓，墓葬距地表约0.5～1米，坐东北朝西南，中室和南室墓口被挖开，北室尚保留封门砖墙。此墓为砖砌券顶三室墓，墓室长2.15米，宽0.75米，高1米，各墓室之间以0.24米厚砖墙相隔。墓壁以长方红砖砌成，砖长24厘米，宽12厘米，厚7厘米，墓顶以楔形长方红砖起券，墓底铺垫单层红色方砖。墓室外在弧形方砖单层围砌，最外层以厚0.25～0.3米的疏松三合土包裹夯筑而成。各墓室内底部均铺垫一层白灰泥，棺木已腐，余下少量尸骨，头部位置均清理出1块小石块。中室前部出土彩绘人像砖1块、残断长方形黑褐色砚台1方、直径约1厘米的小玉环1件；北侧墓室出土铁剪1把。

中室出土的彩绘人像砖为正方形红砖，边长30厘米，厚1.5厘米，以红、白、黑三色绘出站立的人物像，砖上人物头戴前低后高双帽翅的官式帽，即"乌纱帽"，身着长袍，双手执笏于胸前，色彩鲜艳。砖背墨书行楷5行："口人堂堂 口吃天仓 福至主受 祸来我当 吴公墓"。

此墓为宋代夫妻合葬墓。

宋陈桀墓

2005年12月2日，马巷镇西炉村李厝自然村北500米官山墓（厦门火炬园东部开发区工地）平整土地时发现该墓，仅余1/3墓室。墓为长方形砖砌券顶双室墓，距地表0.5～1坐东北朝西南，墓室外围包裹三层弧面方瓦，再以较疏松的三合土包裹。墓室以长方形建，上部以楔形砖起券，墓底铺设三层方砖，其下有5～8厘米碳层，及三合土墓基。长长37厘米，宽22厘米，厚8厘米；楔形砖长33厘米，宽15厘米，断面呈梯形，短边长7厘米边长8.5厘米；方砖边长31厘米，厚25厘米。单个墓室长2.66米，宽0.97米，高1.25米，两之间以0.22米厚砖墙相隔。墓室方砖以白灰抹缝，墓室内刷涂白灰浆一层，南侧墓室墓横架长条石。两墓室内棺骸已朽，墓室前部墙角立有墓志铭1方，字迹朝外，墓后部发现形铜镜1面及铁棺环5个，北侧墓室中部出土"开元通宝"铜钱5枚。此墓为宋代夫妻合葬

方形铜镜，素面，三边镜缘凸起，长13厘米，宽9.8厘米，厚0.2～0.4厘米。

棺环，铁质，四大一小，大者直径10.5厘米，小者直径7.5厘米。

墓志铭，黑青石，倭首长方形，残断为两块，高46.5厘米，宽31.5厘米，厚1.5厘米。和碑首分别题刻篆书及楷书"先考云岩陈公圹志"，碑文楷书13行。碑文记载，墓主陈字仲芳，号云岩，生于宋嘉定十四年（1221年），亡于咸淳二年（1266年），葬于咸淳（1273年），墓志由独子一正撰写。

墓碑，花岗岩盔形，中为太阳纹，周围环绕祥云纹，长1.7米，高0.78米，立于原墓冢供桌，长方形花岗岩，长1.56米，宽0.84米。原位于墓碑前。

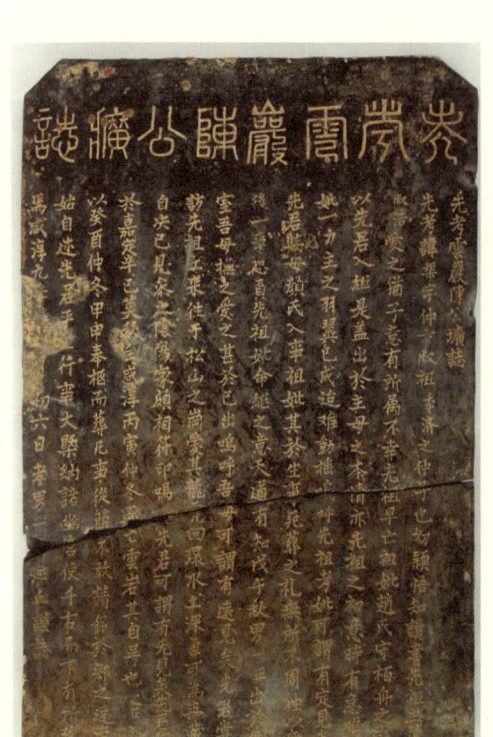

宋无名氏双室墓

　　该墓位于新店镇新兴街东村对面40米的榕树下（厦门华天涉外学院一期工程范围内中部地段北侧），2005年12月28日因开发建设进行抢救清理。古墓坐北朝南，为三合土双室墓，墓冢为三合土龟背形，墓碑为太阳纹及卷云纹无字墓碑。墓冢下为二个墓室，均以三合土筑成，单个墓室分别长2.6米，宽0.7米，高0.85米。墓室前端上部横置一块花岗岩石板。墓室前部墓门已被破坏，内部积土厚约0.4～0.5米，包含大量碎瓦、陶瓷片。

　　经清理，墓室内出土器物品种有筒瓦、青瓷罐、陶盆、陶网坠，其中一种带盖的青釉瓷罐，器型较大，外部堆贴卷草纹，器内底部的淤土中可见少量腐烂的骨骸，为敛尸的骨灰罐。

　　墓室前端底部以筒瓦横排数层叠砌，推测是以筒瓦为材料砌造墓葬的封门墙，因遭破坏，今只残留高度0.1～0.15米。

　　从墓内出土遗物及墓葬形制特征分析，此墓为宋代火葬墓，约距今900～1000年。宋元时期，闽南地区火葬习俗流行，此墓的文物资料是研究宋代闽南及厦门地区的丧葬风俗习惯的可贵实例。

宋无名氏三室墓

该墓位于新店镇新兴街东侧街后40米榕树下（厦门华天涉外学院一期工程范围内东北角），2005年12月31日因开发建设进行抢救清理。古墓坐西朝东，占地面积约80平方米，地表建筑以三合土夯筑而成，三合土龟背形墓冢，冢前为三合土太阳纹及卷云纹无字墓碑，碑前有长方形供桌，墓冢外为"风"字形墓围，墓围内侧有卷草纹，供桌两侧的墓围上可见仿自中国古代传统建筑屋脊上的瓦楞、滴水、瓦当及错缝叠砌的砖墙结构，墓围前端为龙首形，墓前至少有二级墓埕，北侧墓围和墓埕位置被榕树根缠绕并破坏。墓冢下为三合土构造的并列三墓室，共宽2.7米，各墓室高度相同，为0.86米，长度略有不同，其中中室宽0.78米，长2.89米，室内堆满填土，清理至底部未发现棺骸遗迹及其他遗物；北室宽0.65米，长2.29米，清理腐朽棺木1具，墓底积水约0.15米；南室宽0.78米，长2.32米，清理腐朽的棺木1具；南室外东端另辟1小室，宽度和深度同于南室，长度为0.4米，除上部0.3米为填土外，其余下部均为生土，该室未发现文物。

此墓经清理，北室棺木内发现1具已高度腐朽的尸骨，棺木下有4块垫棺砖，其中2块模印几何形花纹，分别为菱形花纹和三角形锦地花纹。南室内清理出一具棺木及一具骨骸，棺木内底部及墓底多掺杂白色石灰，墓底部有4块垫棺砖，均模印几何纹花纹，花纹样式同于北侧墓室所出垫棺砖；在墓室东北角出土青釉瓷钵1件。

此墓为三合土三室墓，各墓室长短并不等同，东南角多建1座小墓室，前、后均无墓门或封门现象，采用从上往下放置棺木的下葬方式，墓室形制特殊，是可贵的宋代葬俗资料。

明许宗继墓

该墓位于新店镇溪尾村浦尾社西面400米山坡（"钦广墓山"），即厦门南洋学院一期工程范围内中部地段龙眼树林中。2006年1月13日因开发建设进行抢救清理。墓葬占地120平方米，坐西朝东，冢前三合土三级墓围，花岗岩长方形墓碑嵌于"凸"字形三合土墙中，碑上刻写"明石泉许公、淑肃张氏墓"，碑高0.77米，宽0.7米。距墓碑后2.6米地表下约0.5～1米处发现三合土墓葬，三合土外椁平面呈"凸"字形，宽2.8米，长3.2米，壁厚0.25～0.3米。椁内为长方形砖砌券顶双墓室，以0.4米的砖墙相隔，墓室长2.4米，宽0.8米，高0.85米，三合土墓椁与砖砌墓室之间竖砌三层方砖。二墓室连建三合土方形小墓室，内宽0.6米，深0.5米，高0.6米，底部铺垫方砖。此墓为夫妻合葬墓。

小墓室内出土2块红砖墓志铭和1套锡制小冥器，包括床、桌、椅、锅、桶等生活起居用具。在南、北侧墓室内各发现棺骸一具，北室棺木虽朽但尚成形，棺内有完好骨骸1副，左手边清理出墨、砚各1件，头边发现骨簪1支；南室棺木及尸骨均已朽烂，清理后发现"万历通宝"5枚。

墓志铭，2块，方形红砖，边长30厘米。出土时2砖相叠，1砖铭文向里，另1砖表面墨书"明许公张氏圹志"，以铁丝十字捆扎，边侧抹封白灰泥，立于小墓室后壁。墓志先刻写后描黑，共15行，首题"明显考许公暨妣张氏圹志"，内容记述墓主许宗继，别号石泉，生于成化四年闰十月（1468年），卒于万历四十年（1612年），享年八十有五；其妻张氏生于成化八年（1472年）壬辰六月，卒于万历四十七年（1619年），享年八十有八。明崇祯三年（1630年），安葬于翔风里十四都张厝面前山。墓志中有关墓主的出生年应减去一个甲子年（即60年），才符合实际年龄。墓志上多记载一个甲子，反映了子孙祈求先辈长命百岁的心理。

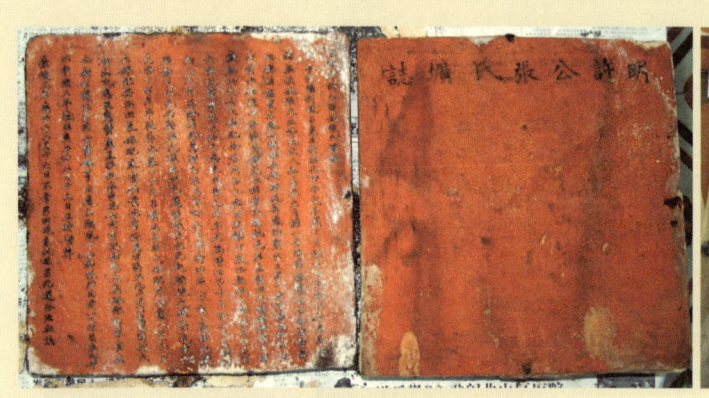

明"钦广"墓

该墓位于新店镇溪尾村浦尾社西面200米山坡（"钦广墓山"，即厦门南洋学院一期工程范围内东部）。依山势而建，坐南朝北，占地面积约320平方米。地表建筑有三合土构筑的墓冢、墓碑、供桌、墓围、墓埕、墓埕栏杆及焚香亭。墓冢为龟背形，长1.95米，宽0.8米，高0.5米，冢前为盔形断面并刻划出圆圈太阳纹和祥云纹，为无字墓碑，墓碑长1.6米，高0.9米，碑前为供桌，供桌长2米，宽0.7米，高1.1米，厚0.1米，供桌前为三合土墙。墓冢周围为"风"字形墓围，墓围高于墓冢，其上有卷草纹，两端呈螺旋状，宽4.5米，进深4.2米，墓围前方两侧伸展出三级墓围，第一级长1.75米，第二级长3米，第三级长4米，从第一级到第三级逐级下降并逐级外展，每级墓围分为内外两层，外高内低，内高1.2~2米，外高1.8~2米，墓围呈直墙体，上部仿自古建筑屋脊，覆以瓦楞、筒瓦和琉璃瓦当、滴水，墙体还勾勒出凹凸的砖墙痕迹。外侧三级墓围的端首呈龙首状，内侧三级墓围的端首为坐狮（只余2只较完整）。墓埕宽7.5米，进深8米，三合土夯实地面，前部有三合土构筑的成排墓埕栏杆及墓埕门，其形式仿自石构的抱鼓石、门臼、石柱、栏板等，全长7.5米，高0.5~0.6米，厚0.2~0.5米。

2006年1月10日，因开发建设进行抢救清理。墓冢下为长方形砖砌券顶双室墓，墓冢后部有直径0.5米盗洞一个，通往墓内左右两室，供桌下封门墙留下一条约1×0.25米的盗缝，墓室前半室堆满泥土及墓砖。墓室以长方形砖砌建墓壁，扇形砖起券，长2.3米，宽0.9米，高1.4米，墓底以白灰泥夯实抹平。墓砖制作粗糙，砖背均有两个凹孔，既减少用料，又易于烧透，同时不降低承重力，体现了古人的聪明才智。

东西二墓室均发现腐朽的骨骸，东墓室内还出土1面弦纹铜镜及1块酱釉执壶的碎瓷片。从该墓墓表建筑、太阳云纹墓碑及墓内出土的铜镜等特征分析，此墓为明代夫妻合葬墓。

明"钦广"墓地表三合土建筑，规模大，做工考究，保存较完好，具有较高的文物价值。此墓传为新店彭厝彭氏家族七世祖——彭钦广之墓，当地流传着明代富绅彭钦广因打死佣人而被斩首，死后赐葬"金头颅"的传说。

明林廷超墓

2005年12月8日于马巷镇郑坂村东北400米赤山仔尾（厦门火炬园东部开发区基建工地）平整土地时发现该墓，距地表0.3～0.5米，坐东北朝西南，北侧墓室已挖毁。此墓为长方形砖砌券顶三室墓，中室前另辟一墓志室。墓室均以长方红砖砌建墓壁，楔形红砖起券，单层方形红砖铺底，墓室之间有三合土墙相隔，厚约0.2米，墓室外围砌一层方砖或弧面方瓦，其外夯筑包裹极为坚韧的三合土，土层厚0.4～0.5米。墓室长2.13米，宽0.7米，高0.82米；墓志室底部铺方砖，其余墙壁均为夯筑的三合土，顶部为长条石覆盖，长0.9米，宽0.5米，高0.78米。墓葬南室棺木已朽烂无存，底层铺垫白灰泥5～8厘米，未发现其他遗物；中室底部铺垫白灰泥一层及垫棺方砖砖4块，出土已渐腐朽棺木一具，骨骸已朽烂，墓室前端两角落各出土小酱釉瓷罐1件，垫棺砖出发现明代"万历通宝"5枚。墓志室正面立放1方墓志铭，出土锡制冥器1套。此墓为明代夫妻合葬墓。

墓志铭，黑青石，弧顶长方形，长7.8厘米，厚4.1厘米，厚3厘米。碑额篆刻"明　文举　廷超林公　暨　配贞淑彭孺人　合葬墓志铭"。碑文小楷刻写36行，约2000余字，分别由三位进士出身者为墓志撰文、篆额及书丹，铭文记载：墓主林廷超生于明万历十五年（1587年），卒于崇祯四年（1631年），享年四十七；其妻彭孺人生于万历二十一年（1593年），卒于万历四十一年（1613年），享年二十一。明崇祯十七年（1644年）合葬于翔风里十二都之福场山。

该墓穴出土了锡制冥器20件，以锡线、锡片、锡块制作的小型日常生活器皿，包括架子床、供桌、太师椅、五供器皿、各种桶、盆、脸盆架、炉灶、勺匙、男女侍、锡鸡等。

太学生洪印石墓

该墓位于新店镇西滨村下店自然村北500米山坡，原墓前地表立有长方形花岗岩墓碑，坐北朝南，碑文镌刻"明　太学生　印石洪公　暨　配孺人王氏　墓"。2005年7月10日，翔安海底隧道翔安陆地隧道口施工平整，此墓被洪氏后裔挖掘迁葬。墓室为三合土外椁，内为长方形砖砌券顶双室墓，墓室长2.75米，宽0.8米，高0.98米。墓壁以长方"雁"字纹红砖砌建，墓顶以楔形砖起券，墓底三层方砖铺垫，双墓室前连建三合土方形小墓室，内边长0.5米，高0.8米。三合土外椁与砖砌墓室之间加砌三层方砖或弧形方瓦。

墓室内分别出土两具红漆棺木，男性棺内出土小木盒、木梳、铜镜、玉如意帽钮、折扇；女性棺内出土小木盒、木梳、折扇、铜镜及木尺（长28.5厘米）。此墓为夫妻合葬墓。

小墓室出土黑青石弧首长方形墓志铭1方，碑额篆刻"皇明"，碑首刻写"太学生　印石洪公　暨　孺人王氏　合葬墓志铭"，长约0.8米，宽0.4米，碑文为小楷26行，约1200余字，记述墓主洪公印石生于嘉靖二十三年（1544年），卒于万历三十四年（1606年），享年六十有三，其妻王氏生于嘉靖二十八年（1549年），卒于万历三十六年（1608年），享年六十，万历四十五年（1617年）合葬于翔风里。墓志由赐进士、文林郎、行取拟礼部精善司主事、制眷生张廷拱撰写。

明柯毅斋墓

该墓位于内厝镇赵岗村南约300米处，坐北朝南，2005年12月29日，因开发建设进行抢救清理。墓室为三合土外椁，内为长方形砖砌券顶双室墓，以0.3米砖墙相隔，墓室长2.7米，宽0.81米，高1.2米。西侧墓女性墓室出土双系陶罐、陶瓶、陶烛台、陶香炉、小陶罐、弦纹铜镜等随葬器物12件，东侧男性墓室出土双系陶罐、黑釉小陶罐、砚台、墓志铭等随葬器物9件。

墓志铭，2块，方形红砖，边长31厘米，厚2厘米。均为单面墨书行楷26行，约500余字。碑首为"明　□□塘头　毅斋柯公　暨　室邵氏　墓志铭"及"外甥　丁酉乡贡　碧峰谢复春　述行状"，"赐进士第　直隶松江府知府　前监察御史　沂东　刘存德　撰"，"赐进士第　刑部郎中　眷生　欧山　黄铸　书"，铭文记述墓主："柯毅斋生于成化丁酉年，卒于嘉靖乙巳年，享年七十。妻室邵氏生于成化庚子年，卒于嘉靖丙午年。嘉靖癸丑合葬于赵岗之原。"

朱威朴墓

该墓位于新圩镇后行村西北1公里半山腰（翔安东部仓储基建工地中），2011年4月22日，因开发建设进行抢救清理。

该墓葬为马巷镇后亭社区与新圩镇后行村朱氏族群始祖墓，坐西北朝东南南，占地面积约100平方米，冢前三合土三级墓围，花岗岩长方形墓碑嵌于"凸"字形三合土墙中，碑上刻写"显考　威朴朱公　墓"，落款"男　拱柱　行已　仝立石"。碑高0.57米，宽0.36米。供台长0.97米，宽0.36米，厚0.085米。墓为明代三合土单室墓，墓室以三合土包裹，内刷涂白灰浆一层。墓底铺设三层方砖。墓室内棺骸已朽，墓室前部墙下出土2块红砖墓志铭，字迹模糊不清，墓后部发现长方形铜镜1面，北侧墓室中部出土砚台1块，"开元通宝"铜钱3枚。

清洪廷仪墓

该墓位于新店镇西滨村下店自然村北400米山坡，坐北朝南偏东，墓前有四块长石板铺成的墓埕，占地面积约20平方米。墓冢平面呈八角形，下部以条石为基础，上部为三合土，直径4米，高1.6米，冢前并立3块相连墓碑，以方石柱相间，以浮雕案几纹石雕板为基座，墓碑上沿横置屋脊形条石，墓碑通长3.25米，高1.14米。中部墓碑镌刻"柏埔 大学生洪公廷仪之墓"，上方脊形条石刻有"行四"，东侧墓碑镌刻"妣洪门朱氏墓"，其上条石刻"四配"，西侧墓碑镌刻"考廷杰洪公墓"，上方镌刻"行六"。碑侧有盗洞，通往墓室内部。

2005年7月，翔安海底隧道施工，此墓由洪氏后裔挖掘迁葬。墓冢内为长方形砖砌券顶三墓室，各墓室分别长1.9米，宽0.8米，高0.85米，各墓室均出土红方砖墓志铭2块，均为单面墨书，边长30.5厘米，厚3厘米。6块墓志铭分别为"皇清待赠洪府君享龄七十三太学生崇贤公墓志铭""公讳廷仪，字忠侯崇贤，生于康熙丙戌年，卒于乾隆戊戌年，先寄葬向东上，逮嘉庆二年改葬古宅，与原配朱氏及弟廷杰同穴""皇清待赠洪府君享龄七十三敦学公墓志铭""先严讳廷杰，字印侯，号敦学，生于康熙壬辰年，卒于乾隆甲辰年，先寄葬东山顶，逾年改葬古宅与母会穴，至嘉庆二年复迁与伯廷仪公合葬"；"皇清待赠洪祖妣朱孺人享龄八十一谥 淑慎墓志铭""（朱氏）生于康熙子戌年，卒于乾隆戊申年，停柩□年，至嘉庆二年始与廷仪合葬"。根据墓碑、墓室形式及墓志内容，此墓为"一妻二夫"合葬墓，朱氏先嫁于四兄洪廷仪，夫亡后，再嫁六弟洪廷杰，三人合葬墓由洪廷杰与朱氏之子于清嘉庆二年（1797年）修建。此墓反映了清代闽南家族的特殊婚姻状况及丧葬制度。

厦门市翔安区文物地图

① 古宅十八弯（区县级文物保护单位）
② 黄肇纶墓（市级涉台文物古迹）
③ 金柄黄氏大宗祠（市级涉台文物古迹）
④ 苏益墓（市级涉台文物古迹、区县级文物保护单位）
⑤ 同民安关隘（区县级文物保护单位）
⑥ 蔡复一墓（市级涉台文物古迹）
⑦ 马巷城隍庙（市级涉台文物古迹、区县级文物保护单位）
⑧ 马巷元威殿（市级涉台文物古迹、区县级文物保护单位）
⑨ 黄廷元墓（区县级文物保护单位）
⑩ 同安县委旧址（区县级文物保护单位）
⑪ 陈先查烈士墓（区县级文物保护单位）
⑫ 林君升墓（市级涉台文物古迹、区县级文物保护单位）
⑬ 香山岩寺（区县级文物保护单位）
⑭ 沙美农民协会旧址（区县级文物保护单位）
⑮ 蔡贵易墓（市级涉台文物古迹）
⑯ 坂山林氏家庙（市级涉台文物古迹）
⑰ 松山小学旧址（区县级文物保护单位）
⑱ 洪朝选墓（市级涉台文物古迹、区县级文物保护单位）
⑲ 东界石塔（区县级文物保护单位）
⑳ 金门县政府旧址建筑群（省级文物保护单位）

文物普查掠影

精细测量

野外调查

严谨登记

走街串巷

查证史实

现场座谈

拍摄资料

后记

　　翔安历史悠久，从新圩乌山发现的新石器时代遗存可以推断，当时就有人类在此生产、生活。数千年来，勤劳的翔安人民创造了灿烂的古代文明，留下了珍贵的文化遗产。建区伊始，为处理好文物保护与新区开发建设的关系，区文化部门在市文广新局（原市文化局）、市文保中心的支持下，于2004年着手进行文物普查，同时针对新区开发过程中出土文物进行了有效保护，积累了大量翔实的文物和历史资料。第三次全国文物普查中，翔安区再次对全区文物进行了全面的田野调查，查清文物遗存总数多达433处。

　　本书以第三次全国文物普查资料为基础，结合多年来在辖区内开展的普查和考古发掘发现，按具体类型分撰七个章节，如实记录自古以来翔安人民刀耕火种、以海为田、守家创业的史迹，是市、区文物工作者的研究成果，客观反映翔安区现存及部分消失文物的实际情况，为今后的文物保护、开发和利用提供参考依据。

　　许多厦门老一代的文物工作者都参与了历次的文物普查和考古调查发掘，陈志铭、陈娜、陈文、郑东等市文博系统工作者为本书出版提供帮助和支持，本丛书前期筹备过程中，还得到纪清渊、李泉林、李正南等同志的支持，在此一并致谢。

　　由于编写人员的知识背景、理论视野有限，立意角度也各自不同，遗漏资料不知凡几，难免有疏漏和舛误之处，恳请专家、读者批评教正；为方便读者阅读，书中对部分碑刻、墓志铭等文字进行断句，若有不当，也请不吝赐教。

编委会
2013年8月

图书在版编目(CIP)数据

翔安文物/靳维柏,潘志坚主编.翔安区文体广电出版旅游局编.—厦门:厦门大学出版社,2013.10
(香山文化丛书)
ISBN 978-7-5615-4336-8

Ⅰ.①翔… Ⅱ.①靳…②潘…③翔… Ⅲ.①区(城市)-文物-介绍-厦门市 Ⅳ.①K872.573

中国版本图书馆 CIP 数据核字(2013)第 235451 号

厦门大学出版社出版发行

(地址:厦门市软件园二期望海路 39 号 邮编:361008)
http://www.xmupress.com
xmup@xmupress.com

厦门集大印刷厂印刷

2013 年 10 月第 1 版 2013 年 10 月第 1 次印刷
开本:787×1092 1/16 印张:31.25 插页:2
字数:435 千字 印数:1~3 000 册
定价:185.00 元

本书如有印装质量问题请寄承印厂调换